天皇の歴史 3

天皇と摂政・関白

佐々木恵介

講談社学術文庫

学術文庫版のまえがき

本書は「天皇の歴史」シリーズの一冊として、二〇一一年二月に刊行されたものである。その直後に東北地方太平洋沖地震による東日本大震災が起きた。この震災を直接、間接のきっかけとして、日本の社会が大きく変化したと実感している読者の方は少なくないだろうし、筆者もまたその一人である。

歴史を研究する者にとって、時代の画期をどこに置くかということは重要な関心事である。近現代の日本の歴史が、太平洋戦争の敗戦を最大の画期とすることは動かないにしても、その後現在にいたるまでの七〇年以上の歴史を、どのような事件、出来事、現象をもって区切るかには、さまざまな意見があるだろう。筆者が専門とする一千年前とは異なり、とくに現代では人々の置かれた環境や世代によって、時代に対する「実感」に違いがあるから、だれもが納得するようなこの七〇年間の時代区分は、現段階ではむつかしいといわざるをえない。しかしそれでもなお、東日本大震災が大きな画期となるだろうことは、震災を「第二の敗戦」と表現する場合もあることなどからみて、間違いないのではなかろうか。

そのようななかで、本シリーズの主題である天皇と、天皇をめぐる状況にもいくつかの重要な変化があった。女性の天皇を認めるかどうか、生前の退位（譲位）をよしとするかどうかといった問題について、さかんな議論が巻き起こったのである。これらは一八八九年に制定された「(旧) 皇室典範」、および一九四七年制定の「(新) 皇室典範」に基づく近代天皇制の枠組には収まりきれない問題であるため、一つの結論にいたるのは容易ではないと思われる(譲位については「皇室典範特例法」という形で暫定的に決着したが)。本書で扱う平安時代の天皇の姿を、このような議論の直接の参考にするのは、明治期に定められた近代天皇制のありかたが、太古からのあるべき天皇の姿だとする議論と同様、きわめて乱暴なはなしである。しかし、古代にはなぜ女性の天皇が次々に出現したのか、なぜ譲位による皇位継承が常態とされたのか、などについて歴史的事実に即した認識を持つことは、現在の天皇をめぐる議論を深めるためにも、あながち無意味なことではないと思う。本書を含む本シリーズ全体が、そのためにいくらかでも資するところがあれば幸いである。

二〇一八年　一月

佐々木恵介

目次

天皇と摂政・関白

地図・図版作成
さくら工芸社

天皇の歴史　3

天皇と摂政・関白

序章　天皇の変貌と摂関政治

摂政・関白と摂関政治

本書で取り扱うのは、九世紀半ばの文徳《もんとく》天皇（在位八五〇～八五八）から十一世紀半ばの後冷泉《ごれいぜい》天皇（在位一〇四五～六八）までの約二〇〇年間、政治史上の時代区分でいうと、摂《せっ》関《かん》政治の時代ということになる。

いうまでもなく、摂関政治とは、藤原北家《ほっけ》が摂政や関白の地位について、朝廷の政治を主導するという体制を指す。摂政は天皇の権能の一部を代行するもので、『日本書紀』に神功《じんぐう》皇后が、夫仲哀《ちゅうあい》天皇の死後、摂政として政治を行ったという伝承があり、聖徳太子（厩戸《うまやど》皇子）や中大兄《なかのおおえ》皇子も摂政だったとする史料があるが、それらの実態は不明である。確実な初例は、九歳で即位した清和《せいわ》天皇の時の太政大臣《だいじょうだいじん》藤原良房《よしふさ》で、前に挙げた皇族の摂政に対して、「人臣初の摂政」と表現される場合もある。また、大正天皇が病気のため、皇太子裕仁《ひろひと》親王（昭和天皇）が、五年間ほど摂政をつとめたことも、よく知られている。一方関白は、天皇の政務を補佐する存在であり、実質的には光孝《こうこう》天皇の時に、太政大臣藤原基経《もとつね》（良房の養子）が関白の職務をつとめたのが始まりである。摂政・関白の地位は幕末にいたるまで、十六世紀末の豊臣秀吉・秀次を除き、藤原北家が独占したが、そのなかで、摂政・関白に権

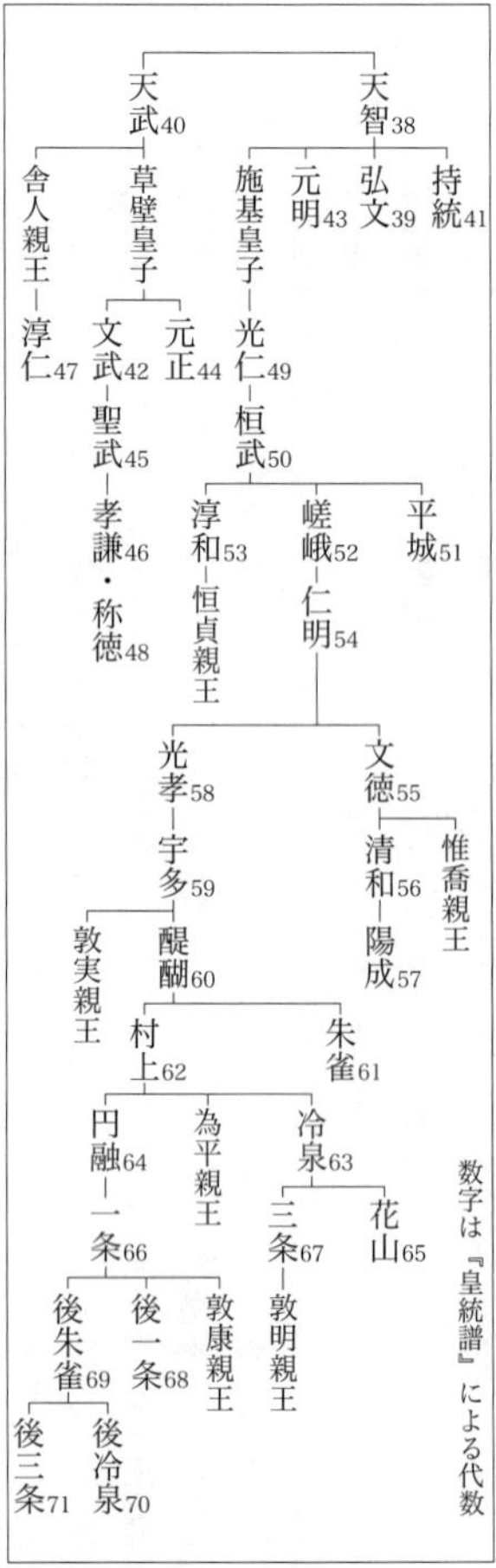

天皇系図

力が集中した時代を、摂関政治の時代と呼ぶのである。

読者は、摂関政治という言葉で、どのようなことを思い浮かべるだろうか。摂政・関白が天皇を抑えつけ、勝手気ままな政治を行っていたというイメージを持っている人もいるかもしれない。あるいは、当時の貴族は寝殿造《しんでんづくり》の邸宅で、日々宴遊にふけっていたと想像するかもしれない。このようなイメージが一般的だった時期があるのは事実だが、いずれにしても、ある時代に対するイメージや評価は、それぞれの時期の状況を背景に、歴史的に形作られてきたものである。そこで、この時代の天皇のありかたを探っていくために、まず摂関政治というものがこれまでどのように捉えられてきたのか、振り返ってみたい。

摂関政治への評価

摂関政治という概念やそれに基づく時代区分の端緒は、新井白石《あらいはくせき》の『読史余論《とくしよろん》』（一七二四年）に見出すことができる。本書は徳川六代将軍家宣《いえのぶ》に対する講義録をまとめたもので、公家と武家の歴史を政治の形や政治権力の所在によって、それぞれ九変と五変という時代に分けてその推移を述べ、江戸幕府成立の必然性・正当性を説いた史論書である。そのなかで白石は、公家の時代を藤原良房の摂政就任から説き起こしてこれを一変とし、藤原基経による陽成《ようぜい》廃位、光孝擁立以後を二変、冷泉《れいぜい》から後冷泉までを三変として、一変は外戚専権が始

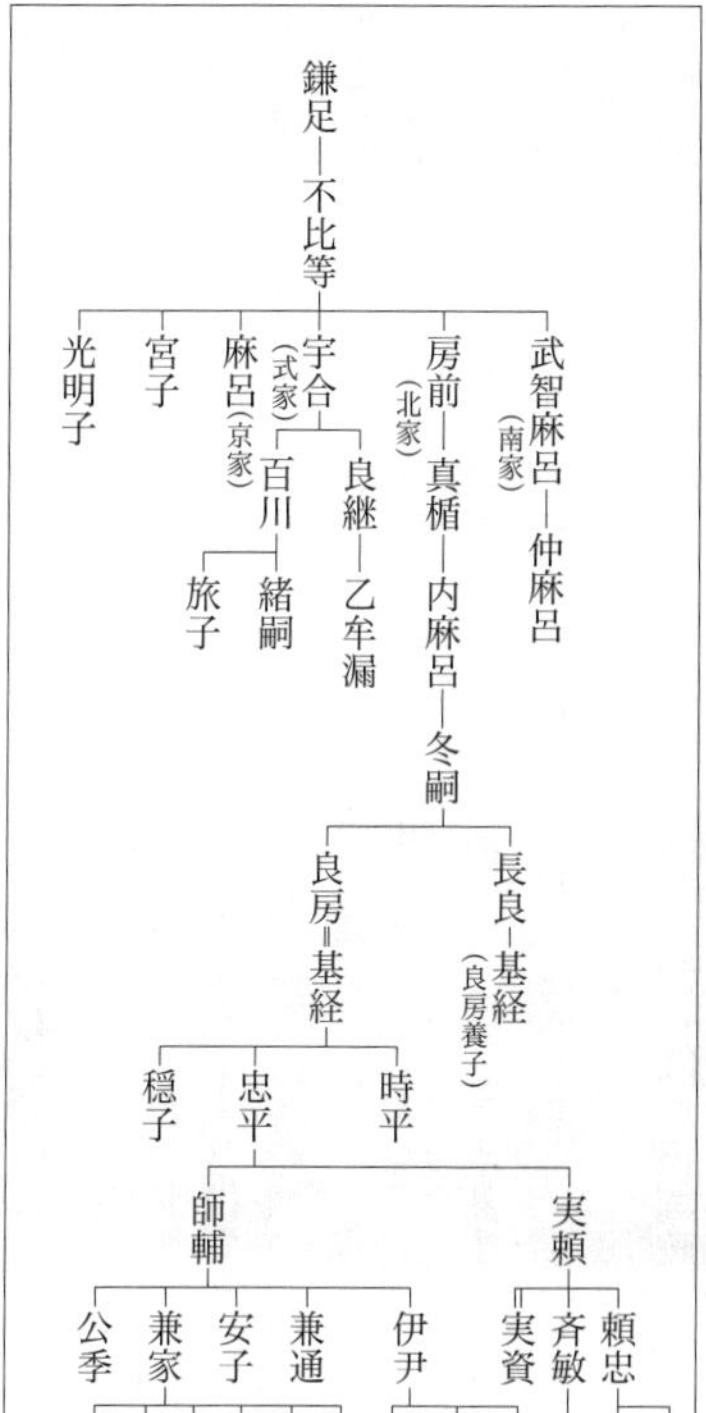

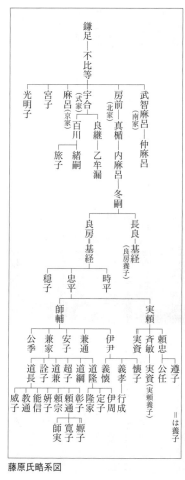

藤原氏略系図

まった時代、二変は藤原氏の権勢が日々にさかんになる時代、三変は外戚が専ら権力を握った時代とした。

また二変のなかで、宇多《うだ》・醍醐《だいご》・村上《むらかみ》の三天皇が摂関を置かなかったことに注目し、三変に続く後三条《ごさんじょう》・白河《しらかわ》天皇の四変の時代は、「政、天子より出づる」時代として、後三条天皇が摂関家の権力を抑えたと叙述しているから、白石は各時期の権力の主体として、天皇と摂関とを明確に対置していたことがわかる。

中世までの貴族の歴史観では、摂政・関白の存在はいわば自明のことであり、天皇対摂関といった捉え方もなかったから、摂関政治という概念は当然生まれようもなかった。これに対して白石は、武家の立場から摂関による政治を歴史的、あるいは相対的なものとして捉えたのである。

近代に入ると、九世紀の半ば頃からの約二〇〇年間を摂関政治の時代とする捉え方がほぼ定着する。しかしその評価については一九六〇年代初め頃まで、消極的・否定的な見方が一般的だった。すなわち摂関政治といえば、摂政・関白が天皇の意向をほとんど無視して行う恣意的あるいは専制的な政治であり、政治を行う場も、朝廷ではなく、摂政・関白の政所《まんどころ》（家政をとりしきる機関）で、彼らが政治を私物化していたという見方である。

例えば、一八九〇年（明治二十三）に刊行された日本史の概説書『国史眼《こくしがん》』では、冷泉天皇から後冷泉天皇まで（九六七〜一〇六八）を「藤原氏擅権《せんけん》」の時代（「擅」は「ほしいまま」の意）とし、皇室の衰微は冷泉・円融《えんゆう》朝に顕著となったこと、摂関家は政所を設けて、政所が発する御教書《みぎょうじょ》によって政令が出されたこと、その結果政治の公私混淆が進んだことなどを述べている。『国史眼』は当時の帝国大学文科大学（現在の東京大学文学部）教授であった重野安繹《しげのやすつぐ》（一八二七〜一九一〇）・久米邦武《くめくにたけ》（一八三九〜一九三一）・星野恒《ほしのひさし》（一八三九〜一九一七）の三名によって著されたもので、もっとも権威ある日本史概説であった。したがって、その後の歴史学界に及ぼした影響も大きく、少なくとも戦前の摂関政治に対する評価は、おおむねこのようなものだったといってよい。

天皇と摂関は対立したか

戦後になっても、やはり当時の東京大学教授であった坂本太郎の『日本史概説』（一九五〇〜五一年）では、摂政・関白は形式的には天皇を補佐する者であるが、実質的には天皇の権力を奪う者であるとした。また、摂関政治がすべて政所で行われたことには一定の疑問を呈し、その本質は律令政治だとしながらも、その形式化と私権化が極度に進んだものとの評価を下している。以上のような見方には、「王政復古」という形で明治維新を成し遂げた近代日本国家にとって、「天皇親政」こそが天皇のあるべき姿だという観念が、その背景に存在していたことはいうまでもなく、それは戦後にいたっても摂関政治の評価に少なからぬ影響を及ぼしていたのである。

このような摂関政治像を根本的に見直すきっかけとなったのが、一九六一年に発表された土田直鎮《なおしげ》「摂関政治に関する二、三の疑問」という短編である。土田はそれまで東京大学史料編纂所で、『大日本史料』第二編（編年順に事項・事件を列挙し、事項・事件ごとにそれに関する史料を掲げた書物で、第二編は一条天皇の寛和《かんな》二年〈九八六〉から白河天皇の応徳《おうとく》三年〈一〇八六〉までを範囲とする）の編纂に携わってきた経験をもとに、とくに政所政治という考え方は思いつきに類するもので当時の実態に即しておらず、また摂政・関白があらゆる政務を専決したわけではないと説いた。土田の主張の基礎には、従来の摂関政治像がいわば観念上の産物であって、史料に基づいて組み立てられたものではないという深い疑念があったのである。

そこでこの提言を一つのきっかけとして、日記や儀式書などの史料に基づいた摂関政治の研究が進められ、現在にいたっている。本書もそうした研究の蓄積に多くを負いながら、摂関政治の性格や、その中での天皇のありかたについてみていくわけであるが、近年の研究動向をふまえるならば、かつてのように天皇と摂関を対立的に捉えるのではなく、両者を総体として捉えたうえで、摂関政治の特徴をみていく視点が必要となろう。

また、本書のもう一つの大きな課題として、天皇の権能を代行あるいは補佐する摂政・関白が定着していくなかで、天皇のみがなしえたことは一体何だったのかという点を追求していきたいと考えている。この問題は、現在にいたるまで連綿と天皇が存続してきた理由を考えることにもつながるだろう。

太上天皇の変質

次に、摂関政治の時期の天皇について考える前提として、その直前の九世紀前半に天皇をめぐって生じた重要な変化を、いくつか指摘しておきたい。

弘仁《こうにん》元年（八一〇）の薬子《くすこ》の変（平城太上天皇《へいぜいだいじょうてんのう》の変）は、日本古代の太上天皇のありかたを変える大きな転機となった事件である。平安京の嵯峨《さが》天皇と、前年に譲位して平城宮で療養していた太上天皇との対立によっておきたこの政変は、その規模自体は大きなものではなかったが、単に二人の権力者の対立というのにとどまらず、君主権の所在という構造的な問題をその背後に抱えていたからである。

日本古代の太上天皇は、制度的には大宝律令《たいほうりつりょう》によって生み出された。持統《じとう》太上天皇が孫の文武《もんむ》天皇を支えるという時代に制定された大宝律令では、太上天皇は天皇と同等の権能を持つ存在、言い換えればもう一人の天皇と位置づけられていた。この体制は、天皇と太上天皇の関係が良好であればとくに問題はないのだが、両者の関係が悪化すれば、即座に国政の混乱を招く危険性をはらんでいた。八世紀後半、藤原仲麻呂《なかまろ》（恵美押勝《えみのおしかつ》）政権の末期に生じた淳仁《じゅんにん》天皇と孝謙《こうけん》太上天皇との対立は、その典型的な例である。

嵯峨天皇と平城太上天皇の場合も、政変の数ヵ月前から両者の緊張が高まり、太上天皇は平城京への還都のために造宮使を任命し、これに対抗して嵯峨天皇は人心の混乱を理由に固《こ》関《げん》（京・畿内での政治的混乱が東国に波及するのを防ぐために、伊勢鈴鹿・越前愛発《あらち》・美濃不破の三関を固守させること）を命じるにいたった。これらの命令は、いずれも太上天皇・天皇の詔勅《しょうちょく》という形で出され、その定立・施行には太政官《だいじょうかん》をはじめとする律令官僚機構を動かす必要があったから、官人たちも平安京と平城京に分かれて双方に従い、「二所朝廷」という事態が生じたのである。

この政変に勝利した嵯峨天皇は、弘仁十四年（八二三）、弟の大伴《おおとも》親王（淳和《じゅんな》天皇）に譲位すると、自らの太上天皇号を辞退した。これに対して淳和新天皇は、あらためて嵯峨に太上天皇の尊号を奉り、両者の間で何度かのやりとりがあった後、結局嵯峨は太上天皇号を受けることとなった。この過程で、太上天皇の地位は、天皇が退位すると自動的に獲得されるものではなく、新天皇による尊号奉上（任命と言い換えてもよい）によってはじめて認められるようになった。同時にこれ以後の太上天皇は、平安宮の外にある「～院」と呼ばれる御所に居住し、太上天皇自身が任命した院司にその生活を支えられながら生活することとなる。これらによって、太上天皇はもう一人の天皇という性格を払拭し、天皇とは父と子、兄と弟といった親族関係によって接する、いわば一私人となったのである。

なお、譲位した天皇の呼称としては、上皇、出家した場合には法皇とするのが一般的だが、本書では、原則として律令に定められた太上天皇を用いる。

皇后の変貌

また奈良時代までは、皇后も天皇と同等の権能を行使しうる存在とされていた。律令制以前から、皇后を経て女帝として即位する例がみられ（推古《すいこ》・皇極《こうぎょく》・持統）、律令制では皇后は皇族から出ることが前提となっていたのはそのためである。そして、その前提に反して立《りっ》后《こう》した光明皇后《こうみょうこうごう》が、夫の聖武《しょうむ》天皇退位後、娘の孝謙天皇から淳仁天皇の時代にかけて、紫微《しび》中台《ちゅうだい》という令外官《りょうげのかん》（律令に定められていない官職）を通して天皇としての権能を実質的に行使したこともよく知られている。

ところが平安時代に入ると、その時々の政治的状況にもよるが、皇后と天皇大権との結びつきは消滅し、そもそも仁明《にんみょう》天皇から醍醐天皇の途中までは、皇后そのものが立てられない時代が続く。この問題は、本書第四章第二節であらためて考えていくが、いずれにしても、摂関政治の時代以後、皇后が天皇の権能を行使する事態も、その条件もなくなるのである。

以上のように、律令制当初には、太上天皇や皇后も天皇としての権能を行使しえた、換言すれば同時に複数の天皇が並び立つという状況がありえたし、実際にあったのであるが、九世紀前半までに、天皇のみが天皇としての権能を行使する存在となっていく。摂関政治は、これを前提条件の一つとして始まるのである。

蔵人頭の役割

また嵯峨天皇の時代には、蔵人所《くろうどどころ》と検非違使《けびいし》が設置され、これも摂関政治成立の重要な前提となった。蔵人所は、嵯峨天皇と平城太上天皇との間の緊張が高まっていた弘仁元年三月に設置され、藤原冬嗣《ふゆつぐ》と巨勢野足《こせののたり》がその実質的長官である蔵人頭《くろうどのとう》となったのに始まる。その成立に関する史料では、蔵人所は機密文書と訴訟とを取り扱うとされているが、設置の時期が薬子の変直前であること、太上天皇の寵愛が厚かった藤原薬子が尚侍《ないしのかみ》をつとめていたことなどから、嵯峨天皇のもとに太政官等からの情報を速やかに集めると同時に、天皇の意思を確実に官僚機構に伝達するために設けられた可能性が高い。律令制の下では、尚侍を頂点とする内侍司《ないしのつかさ》が、常に天皇の側に仕え、「奏請・宣伝」、すなわち太政官をはじめとする官僚機構からの奏上を天皇に取り次ぎ、天皇の命令を官僚機構に伝達する役割を果たしていた。そのルートが太上天皇方におさえられているのに対抗して、嵯峨天皇は蔵人頭にその役割を担わせたと考えられるのである。

従来女性官人（律令制では宮人《くうにん》と称する）が行っていた「奏請・宣伝」の役割を、これ以後男性官人が果たすようになるわけであるが、この変化は単に性別の問題だけにとどまらなかった。蔵人所の職員は、四等官構成と官位相当を有する律令制官職とは異なる性格を持っている。まず彼らは、通常の任官の手続きを経ないで、天皇個人によって任命された。すなわち、ある天皇が任命した蔵人は、その天皇の在位期間中は蔵人であり続けるが（もちろん他の官職に遷《うつ》ることもある）、天皇の代が替わると、彼らはその職を離れ、新天皇によって新たにその蔵人が任命されるのである。したがって、蔵人は国家の官僚というよりは天皇個人に直属する者であり、その人選については天皇個人の意志がより強く反映された。

もう一つの特徴は、蔵人は必ず律令制官職を本官としているという点である。摂関政治の時代になると、頭中将《とうのちゅうじょう》・頭弁《とうのべん》という呼称がよく使われるように、蔵人頭には近衛中将《このえちゅうじょう》（近衛府の次官）を本官とする者と、中弁《ちゅうべん》（太政官の事務局の一つである弁官局の職員で、大臣以下の公卿と八省・諸国との間のパイプ役をつとめる）を本官とする者が一名ずつ任命されるのが一般的となった。しかし蔵人所の成立当初から、頭をはじめとする職員が、近衛府などの武官や弁官、あるいは文官の人事を担当する式部省の輔《すけ》・丞《じょう》などを本官とする例が数多く知られている。内侍司の宮人が内裏《だいり》の中だけでその職務を果たしていたのに対して、蔵人は一方で国家の官僚機構にも足場を置きながら、「奏請・宣伝」に従事していたのである。これを天皇の立場からみれば、蔵人を通じて官僚機構の状況を的確に把握しつつ、より効率的に自らの意思を太政官等に伝達する手段を獲得したことになろう。

検非違使の設置

さらに嵯峨天皇の時代には、蔵人所とならんで、摂関政治の時代以後、重要な役割を果たすことになる検非違使も設置された。検非違使の設置に関する史料は、蔵人所以上に限られていて、初期の検非違使の活動については不明の点も多い。しかし、天皇個人によって任命される点、律令制官職（検非違使の場合はもっぱら左右衛門府《えもんふ》の次官以下）を本官とする点は、蔵人所と共通している。その職務は、よく知られているように平安京の犯罪取り締まりと犯人追捕《ついぶ》、現代でいえば警視庁のそれに相当するものだった。嵯峨天皇は自ら「万代宮《よろずよのみや》」と宣言した平安京の治安維持を、直属の検非違使に担わせようとしたのである。

このようにして嵯峨天皇の時代には、既成の律令制官僚機構とは別に、天皇個人に直属する蔵人所と検非違使が設置され、天皇の意思をより効果的に官僚機構に伝達し、これを動かすしくみが形成されはじめるが、このことも摂関政治が成立するための重要な前提となった。もっとも蔵人所と検非違使の機構が整備され、その権限が確立するのは九世紀末の宇多天皇の頃であり、摂関政治全盛期の蔵人所・検非違使の活動については本書第四章第三節で詳しく触れることになろう。

内裏から出なくなった天皇

最後にもう一つ、九世紀前半に生じた天皇についての変化で、摂関政治の前提として重要だと思われることを指摘したい。それは天皇が次第に内裏から出なくなっていくという現象である。

古代の天皇の行幸について整理した研究によれば、まず天武天皇から称徳天皇の時代までは、天皇の行幸が頻繁で、しかもかなり遠隔の地まで多くの日数を費やして出かけている。例えば、元正天皇の美濃行幸（養老《ようろう》元年〈七一七〉）、聖武天皇の伊勢・美濃などへの行幸（天平《てんぴょう》十二年〈七四〇〉）、称徳天皇の紀伊行幸（天平神護《てんぴょうじんご》元年〈七六五〉）などが著名である。次に光仁《こうにん》天皇から仁明天皇の時代にかけては、遠方への行幸は姿を消し、そのかわりに平安京郊外への遊猟のための行幸がさかんに行われた。行幸先は、交野《かたの》（現大阪府枚方市から交野市にかけての丘陵部）・水生野《みなせの》（水無瀬野。現大阪府島本町の淀川沿いの低湿地）・大原野《おおはらの》（現京都市右京区大原野）・北野（現京都市上京区から北区にかけて）などが多かった。

ところが本書の対象となる文徳天皇以後になると、天皇の京外への行幸はほとんど行われなくなっていく。すなわち摂関政治がはじまる頃には、天皇は内裏から外に出ることは稀になり、十世紀になると、平安宮内の施設である八省院《はっしょういん》（朝堂院ともいう。大極殿と朝堂からなる国家的儀式の場）や中和院《ちゅうかいん》（天皇が自ら祭祀を行うための祭場）へ赴く時でさえ、行幸と呼ばれるようになるのである。この現象は、別の言い方をすれば、天皇が自らの身を不特定多数の人々の前にさらさないようになるということでもある。

以上、九世紀前半の天皇をめぐって起きた変化で、摂関政治の前提として重要だと思われる点について指摘した。天皇としての権能を行使しうる者が天皇一人に限定され、その天皇の手足となって律令制官僚機構を動かす直属の官僚群が形成されると同時に、天皇自身はそれらの官僚群などに囲まれ、人前にはあまり出ていかない存在となっていったのである。やや乱暴な言い方をすれば、この時代、天皇は強烈な個性を持った生身の権力者から、権力の中枢に位置しながらも、その存在感を希薄化させた一個の装置、あるいは制度へと変貌を遂げていく過程にあったとすることもできよう。

本書の構成

最後に本書の構成を簡単に述べておくことにする。本論は七章からなっているが、このうち第一章・第二章・第三章の三つの章では、ほぼ年代を追う形で、摂関政治の成立とその後の変化について述べ、そのなかでの摂関と天皇との関係がどのようなものであったかを、個々の摂関・天皇に即して具体的にみていく。なお第二章は、藤原忠平《ただひら》が朱雀《すざく》天皇の摂関をつとめた時代をはさみ、摂関が置かれなかった「延喜《えんぎ》・天暦《てんりゃく》の治」の時代を取り上げることになるが、そこでは冒頭に述べた摂関政治の評価という視点から、後世、この時代がどのように捉えられていたのかについても注目してみたい。

一方、第四章・第五章・第六章・第七章の四章では、本書が対象とする時代の天皇全般に関する事象を取り上げる。第四章では、天皇・摂関を含めたこの時期の王権全体の特徴を考え、第五章では天皇と儀式・政務との関係、第六章では天皇と宗教・祭祀との関わりについて、第七章では天皇と財政との関わりや天皇の財産についてみていく。そこでは、これまで述べてきたように、天皇が生身の権力者から一個の装置、制度へと変貌を遂げるなかで、天皇のみがなしえたことは何だったのかという問題を追求する視点を重視したいと思う。

第一章　摂政・関白の成立と天皇

1　最初の摂政、藤原良房

承和の変

承和《じょうわ》九年（八四二）七月十五日、嵯峨《さが》太上天皇が五七歳の生涯を閉じた。天皇として約一四年、太上天皇として約一九年、あわせて三三年間にわたり天皇家の長として君臨した彼の死は、朝廷に大きな波紋をもたらした。当時の仁明《にんみょう》天皇は嵯峨と皇后　橘　嘉智子《たちばなのかちこ》との間の子であり、淳和《じゅんな》・正子《せいし》内親王を両親とする皇太子恒貞《つねさだ》親王は、母正子内親王が仁明天皇の同母妹であったから、嵯峨からみれば外孫にあたる。また、公卿では右大臣　源　常《みなもとのときわ》と参議源信《まこと》が嵯峨の子、大納言　橘　氏公《たちばなのうじきみ》は橘嘉智子の兄、そして本節の主人公ともいえる中納言藤《ふじ》原良房《わらのよしふさ》は、嵯峨の娘源潔姫《きよひめ》を妻としており、嵯峨太上天皇は当時の天皇家を中心とする貴族社会で、血縁・姻戚関係の頂点に位置していたからである。その嵯峨太上天皇が没したことで、とくに皇太子恒貞親王の地位は、父淳和太上天皇がこの二年前に没しているだけに微妙なものとなった。

七月十七日、春宮坊帯刀《とうぐうぼうたてわき》の伴健岑《とものこわみね》と但馬権守《ごんのかみ》の　橘　逸勢《たちばなのはやなり》の謀叛が発覚する。その内容は、通説では、嵯峨太上天皇の逝去を契機に、健岑らが恒貞親王とともに東国に入り、反乱を起こすというものだったとされている。彼らにどれだけの成算があったのか、恒貞親王はどの程度この計画を知っていたのかなど、この種の事件の例に漏れず真相は不明である。なお、本シリーズ第二巻では、伴健岑らが擁立しようとしたのは恒貞親王ではなく、計画を彼らから告げられ、密書を橘嘉智子に送った阿保《あぼ》親王（平城天皇皇子）その人だとする説が出されているので、参照されたい。

いずれにしても事件の処理は速やかで、健岑は隠岐、逸勢が伊豆に配流、恒貞親王は皇太子の地位を廃されたほか、皇太子に近いと目されていた大納言藤原愛発《ちかなり》・中納言藤原吉野《よしの》・参議文室秋津《ふんやのあきつ》などが左遷された。その結果、事件前は公卿の序列では第六位で中納言だった良房が大納言に昇って第四位となり、翌月には仁明天皇の長子で、良房の同母妹順子を母とする道康《みちやす》親王が皇太子に立てられた。良房は第四位といっても、その上位には高齢の左大臣藤原緒嗣《おつぐ》（六九歳）と大納言橘氏公（六〇歳）、および政治的にはほぼ無力といってよい右大臣源常がいるだけであり、しかも自分の甥にあたる道康が次代の天皇を約束されたわけだから、この時点で朝廷における良房の主導権はほぼ確立されたといえる。

仁明天皇の時代

仁明天皇の在位期間（八三三～八五〇）は、政治史的にみれば、今述べた嵯峨太上天皇の逝去と承和の変を境に大きく変化した。それ以前は、天皇の主導のもとで、文人や政務に練

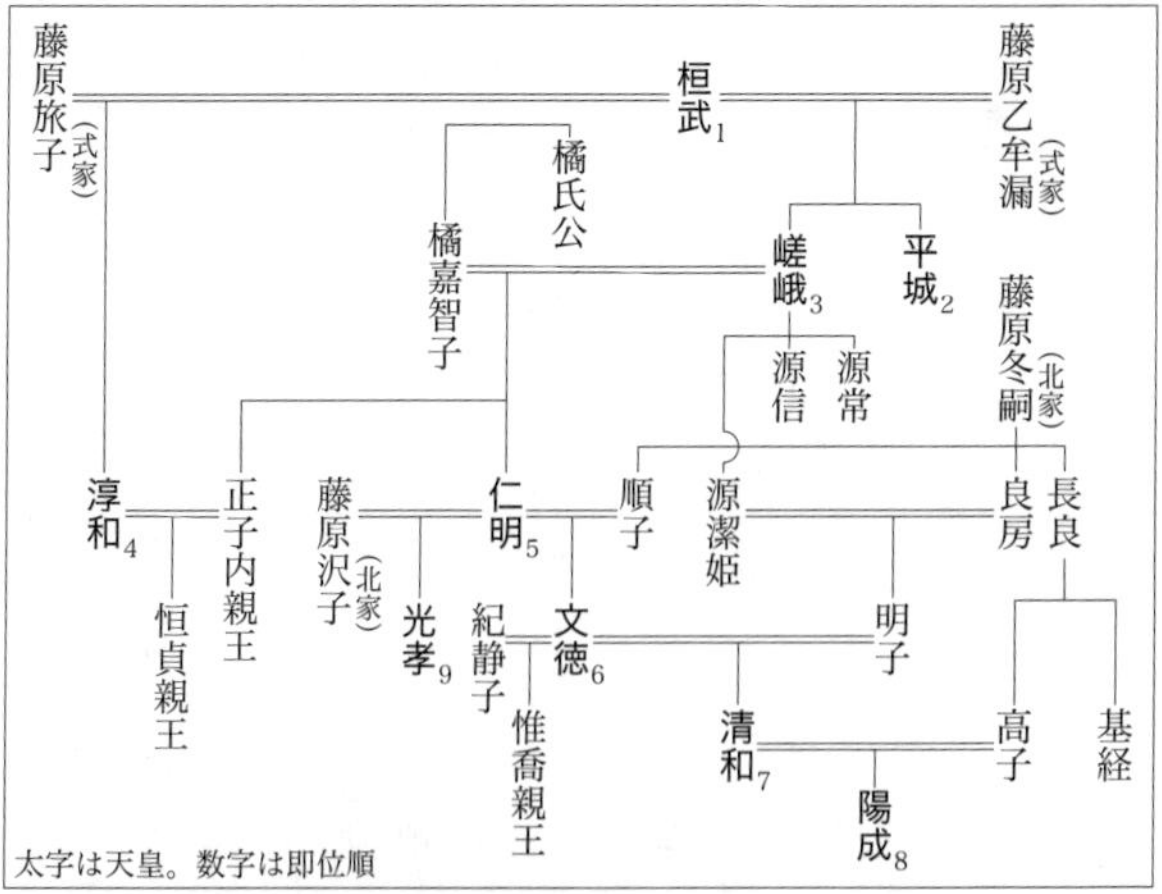

桓武から光孝までの天皇家と藤原氏

達した官人を公卿に抜擢することも多かったが、承和の変以後になると、天皇が政治の前面にでてくることはあまりなくなり、同時に公卿のポストは藤原北家《ほっけ》と嵯峨源氏など、ごく限られた氏族で占められるようになっていく。もちろんそれが仁明天皇の時代の後半に急速に進行したわけではないが、この「官職の貴族化」と呼ばれる傾向の端緒が承和の変にあったことは間違いない。承和の変以前の政界を「桓武政権」「嵯峨政権」などと呼ぶ場合があっても「藤原冬嗣《ふゆつぐ》政権」などとは呼ばないのに対して、以後は「良房政権」「基経《もとつね》政権」であって、天皇の名を冠することがないというのも、この変化を如実に示しているのである。

しかし一方で、仁明天皇の在位期間を全体として捉えると、この時代は後世の天皇のありかたに重要な影響を及ぼすことになる時代でもあった。『続日本後紀《しょくにほんこうき》』の末尾に置かれた仁明天皇の伝記には、天皇が「衆芸」（さまざまな学芸）に秀でていたとして、具体的には「経史《けいし》」（儒教と史学、当時の貴族にもっとも重視された学問）、「漢音」（唐の長安周辺で行われていた中国語の発音、桓武天皇が学者や僧侶に漢音の学習を義務づけた）、「文藻《ぶんそう》」（漢文・漢詩の制作）、「書法」（書道、とくに草書）、「弓射」（武芸）、「鼓琴吹管《こきんすいかん》」（楽器の演奏）、「医術」（とくに薬の処方）などを挙げている。また宮廷での饗宴がさかんに催され、そのなかで従来の漢詩に代わって和歌が重んじられるようになるのも、仁明天皇の時代だと指摘されている。

このような仁明天皇の時代に対して、三善清行《みよしきよゆき》は『意見十二箇条』（延喜《えんぎ》十四年〈九一四〉）で、奢侈を好み、そのため財政の窮乏を招いたという批判的な評価を加えている。しかし一方で、宇多天皇が「深草聖帝《ふかくさせいてい》」（深草は仁明天皇陵の所在地）、大江匡衡《おおえのまさひら》（九五二〜一〇一二）が「承和聖主《じょうわせいしゅ》」と称するなど、高い評価を与える人々もあった。いずれにしても、とくに天皇と学芸の結びつきという点で、仁明天皇が天皇の歴史に占める位置は軽視できないものがある。

文徳天皇と良房

嘉祥《かしょう》三年（八五〇）三月二十一日、仁明天皇が清涼殿《せいりょうでん》で没し、東宮道康親王が皇位を継承した（文徳天皇）。時に二四歳。その四日後、仁明天皇葬送の日に、文徳天皇と藤原明子《めいし》との間に惟仁《これひと》親王が誕生、この年の十一月には生後わずか八ヵ月で皇太子に立てられた。良房は、文徳天皇に対しては母方の伯父という立場だが、惟仁親王の立太子によって、次代の天皇の外祖父という地位を約束されることになったのである。

ところで、文徳天皇の皇太子については、天皇と良房の間に葛藤があったことが古くから指摘されている。惟仁親王の誕生以前、天皇にはすでに三人の皇子があり、天皇は長子である惟喬《これたか》親王（母は正四位下紀名虎《きのなとら》の娘静子《せいし》）を皇太子に立てようとしたが、良房に抑えられたというのである。

まず、清和・陽成・光孝三天皇の時代を記す『日本三代実録《にほんさんだいじつろく》』の冒頭には、長子である惟喬を超越して惟仁が立太子することを暗示する童謡が載せられている。また大江匡房《おおえのまさふさ》（一〇四一〜一一一一）の談話を筆録した説話集『江談抄《ごうだんしょう》』には、天皇は惟喬を皇太子としようと考えたが、良房の権勢をはばかって言い出せず、ひそかに神仏に頼ったとある。さらに『大鏡《おおかがみ》』裏書には、天皇が惟仁に代わって惟喬を太子に立てようとしたことを察した良房が、惟仁に辞退させようとしたところ、源信《みなもとのまこと》（嵯峨皇子）が天皇を諫めたため沙汰止みとなり、天皇はその憤懣を抱いたまま、まもなく亡くなったという、『貞信公記《ていしんこうき》』（藤原忠平《ただひら》の日記）逸文とおぼしき文章がある。

このような史料から、文徳天皇の本意が惟喬親王の立太子にあったことはほぼ確実なのであるが、天皇がそれを実行に移そうと考えたのがいつ頃なのかについては、惟仁の立太子の時点とする説と、文徳朝の末年近く、天安《てんあん》元年（八五七）頃とする説がある。ともかくこの問題や、在位中東宮雅院や冷然院《れいぜんいん》などといった御所を転々として、一度も内裏《だいり》に居を構えなかったこと、内裏の正殿である紫宸殿《ししんでん》で政務をとらなかったことなどから、天皇は終始良房の権勢の前に屈服するしかなく、政治面でも主導的な姿勢をとらなかったという見方が一般的である。

しかし、仁寿《にんじゅ》三年（八五三）二月には天皇が良房の邸宅に行幸して桜花の宴をともに楽しんでおり、また『日本文徳天皇実録』末尾の伝記では、常に政治に意を用いていたともあるので（同書は良房の養子基経を総裁として編纂されているから言葉通りに受け取れない面もあるが）、上記のような捉え方はやや一面的なのではないかとも思える。

太政大臣の性格

天安《てんあん》元年（八五七）二月、右大臣良房は、太政大臣に任命され、それに伴い、大納言源信・藤原良相《よしみ》がそれぞれ左大臣・右大臣に昇った。彼らの任命を告げる宣命《せんみょう》で、文徳天皇は良房を太政大臣とした理由として、良房が自分の外伯父であること、親王の時代から現在にいたるまで天下の政を助け仕えてきたこと、にもかかわらず、先帝（仁明）が良房を右大臣に任命して以来、その働きに酬いていなかったことを挙げている。

太政大臣は『職員令《しきいんりょう》』（各官司の官人の定員や職務を定めた律令の一篇）に、「一人《いちにん》に師範として（天皇の師範となる）、四海に儀形《ぎけい》たり（天下の人々の模範となる）。邦《くに》を経《おさ》め道を論じ（政治の姿勢を正す）、陰陽を燮《やわら》げ理《おさ》む（天地自然の運行を穏やかにする）。其の人無くば則ち闕《か》けよ（適任者がいなければ欠員のままにしておく）」と規定されている。『職員令』では、一般に官職名を挙げた後、「掌」云々として、その官職の職務を挙げるのに対して、太政大臣には「掌」（職務・職掌）が記されていない。したがって上記の文は、太政大臣となるにふさわしい人物の徳性を説明したものである。さらにこの文言は、唐の三師《さんし》（太師《たいし》・太《たい》傅《ふ》・太保《たいほ》）・三公《さんこう》（太尉《たいい》・司徒《しと》・司空《しくう》）という、やはり大変徳のすぐれた人物に与えられる名誉的な地位に関する文言を引き写したものとされている。したがって、そのような名誉的な地位であるから、それにふさわしい者がいなければ任命しなくてもよい、ということになるのである。

しかし、唐の三師・三公が特定の官司に所属しないのに対して、日本の太政大臣が太政官という官司の筆頭に置かれているのは重要な違いである。太政官の一員である以上、『令《りょうの》集解《しゅうげ》』などの令の注釈書が述べるように、太政官の政務と無関係ではあり得ず、左右大臣と同じように太政官の政務を主導する最高の官職、太政官の上首という側面も持っていた点にも注意しなければならない。

良房以前の太政大臣の実例をみると、大宝律令成立以前の大友《おおとも》皇子・高市《たけち》皇子という二人の皇族はしばらくおくとして、大宝律令が成立して、太政大臣が太政官の上首という位置づけになってからは、八世紀後半に恵美押勝《えみのおしかつ》（藤原仲麻呂、唐風に大師と呼ばれる）・道鏡《どうきょう》（太政大臣禅師）の二人がいる。彼らはそれぞれの時期の政治的状況からみて、単なる名誉的地位として太政大臣となったのではなかろうが、太政大臣として具体的にどのような権限を行使していたのかはよくわからない。

また太政大臣という地位は、奈良時代以来、しばしば没後に与えられる贈官としても登場する。その初例は藤原不比等《ふひと》であるが、桓武天皇の頃からは、その時期の天皇の外戚、より具体的には外祖父あるいは外曾祖父に贈るという慣行が定着していく。良房を任命した宣命のなかで、文徳天皇がまず第一に良房を自分の外戚（外伯父であるが）だとしているのも、このような贈太政大臣の性格とは無関係ではないだろう。

太政大臣良房

それでは良房が太政大臣に任命された意義はどのように捉えられるだろうか。前述したように、文徳天皇は政治に対して積極的ではなく、また立太子問題で良房に屈服したという見方がある。その見方を推し進めていけば、太政大臣への就任は良房が文徳天皇に要求したものであり、就任後はその地位に基づき良房が天皇に代わって政治を専断した、すなわち実質的に摂政の職務を果たすようになったとの捉え方も可能であろう。

しかしこのような見方は、やはり皮相に過ぎるように思われる。太政大臣任命の約二ヵ月後にあたる天安元年（八五七）四月、良房を正二位から従一位に、良相を正三位から従二位として左近衛大将を兼任させるなどの叙位・任官が行われた。そのことを記す『日本文徳天皇実録』の記事の冒頭には「天皇、南殿《なでん》に御す」とあり、文徳天皇が内裏の正殿である南殿、すなわち紫宸殿に出御したと記されている。これは叙位・任官の結果を、文官・武官の人事を担当する式部省《しきぶしょう》・兵部省《ひょうぶしょう》の官人が、紫宸殿の南庭に列立する群臣に対して告知する儀式についての記述であり、その際天皇が紫宸殿に出御するのは、いわば当然のことであった。にもかかわらず、ここで出御のことが特筆されているのは、文徳天皇がこの時点で天皇大権のなかでももっとも重要な権能である叙位・任官などの人事権を維持していたことを示している。したがって文徳天皇の時代の太政大臣良房は、天皇の権能を代行するというのではなく、基本的には太政官の上首としての立場で国政に臨んでいたと考えるべきであろう。

京都御所の紫宸殿　現在の建物は、安政２年(1855)に再建されたもの

そうだとすれば、なぜ文徳天皇は良房を、源常の死去によって斉衡元年（八五四）以後空席だった左大臣ではなく、太政大臣としたのだろうか。そこには、やはり幼年の皇太子惟仁親王の存在が関係していると考えるのが自然だろう。前述した惟喬親王の立太子問題がいつ表面化したかにもよるが、仮にこの問題が良房の太政大臣就任以前に一応の決着をみていたとすれば、生来病弱であったとされる文徳天皇としては、第一希望ではなかったとしても同じ実子である惟仁親王が成年にいたる前に即位する可能性を考慮して、良房を太政大臣にしたと解するのである。すなわち良房を太政大臣とした最大の理由として、惟仁親王が幼年で

皇位を嗣いだ際、太政官の上首以上の職務、すなわち摂政としての職務を良房に期待するという含みがあったのであろう。

前述したように、良房を太政大臣に任命した際の宣命には、その理由としてまず良房が天皇の外伯父であることが挙げられている。一方、この当時の太政大臣については、天皇の外祖父・外曾祖父に贈られる地位という観念が存在していた。したがって、この宣命を聞いた貴族・官人たちは、近い将来惟仁親王の即位という事態が実現すれば、良房が天皇の外祖父かつ太政大臣として、天皇および国政にどのように関与するかが容易に予測されたのではないだろうか。

幼帝清和と外祖父・良房

天安二年（八五八）八月二十三日、文徳天皇は「倉卒」（突然）に重病に陥り、言語不通という状態で四日後に三二歳で死去、ただちに惟仁親王が皇位を嗣いだ。清和《せいわ》天皇である。時に九歳。七世紀末、一五歳で天皇となった文武を大幅に下回る幼帝の誕生となった。清和清和天皇はこの年十一月に即位の儀式を行い、『公卿補任《くぎょうぶにん》』など後世の史料では良房をこの時摂政としたとする。しかし、この時代のもっとも基本的な史料である『日本三代実録』では、良房の処遇についての記事はなく、また摂政になったとすれば、当然存在したはずの辞表とそれに対する慰留の勅答のやりとりも記されていないから、良房の処遇を定めた詔勅等はなんら発せられなかったと考えてよい。

しかし、この後清和天皇が陽成天皇に譲位した際、それと同時に基経に摂政の職務をつとめるよう命じた勅には、忠仁公《ちゅうじんこう》（良房に死後贈られた諡号《しごう》）と同様に「幼主（陽成）を保輔《たす》け、天子の政を摂《と》り行」えとあり、また九歳の幼帝に対して、外祖父である太政大臣良房が「保輔」しなかったとは考えがたいから、実際には清和が皇位を嗣ぐと同時に、良房は摂政の職務をつとめるようになったとするのがごく穏当な理解であろう。

それではなぜ良房を摂政とするという史料がみられないのか。前述した陽成天皇の摂政を命じた清和の勅を初例として、前天皇の譲位によって幼帝が即位する場合には、前天皇が譲位と同時に新天皇の摂政を特定の人物に命じるという手続きが踏まれるようになる。ところが文徳天皇は、日頃から病弱であったにしても、直接的にはおそらく脳溢血などの急病で逝去したため、この手続きをとることが物理的に不可能だった。しかし前述したように、文徳天皇が良房を太政大臣に任命した時、そこに遠くない将来、幼帝が即位した場合、良房が太政大臣として摂政の職務をつとめるという含みがあり、その含みを宣命を聞いた貴族たちが充分に認識していたとすれば、清和の即位にともなって良房の処遇になんら言及がなかったのも、逆にごく自然なことだったと理解できよう。

清和の元服と応天門の変

貞観《じょうがん》六年（八六四）正月、清和天皇は一五歳で元服の儀を挙げたが、これに伴う良房の処遇の変更もやはり史料にはみられない。しかし、すぐ後に述べるように、良房は貞観八年八

平安神宮の神門　京都市左京区。応天門を模して明治28年(1894)に建てられた

月、勅により天下の政を摂行するよう命じられているから、元服後まもなく、いったん摂政の職務から離れたと考えるのが妥当である。

貞観八年閏三月十日、応天門《おうてんもん》が何者かによって放火され、焼失する。応天門は平安宮の八省院《はっしょういん》（朝堂院《ちょうどういん》）の正門である。この事件で朝廷は騒然となり、諸大寺での祈禱《きとう》、全国の神社への奉幣《ほうべい》などが繰り返された。有名な「伴大納言《ばんだいなごん》絵巻」には、事件の直後、参内した良房と、それをかぶりものもつけずに寝所で迎える清和天皇の緊迫した姿が描かれている。八月三日になり、左京の人大宅鷹取《おおやけのたかとり》という人物が、応天門の放火は大納言伴善男《とものよしお》とその子中庸《なかつね》の仕業だと密告し、事件は急展開する。そのようななかで、同月十九日、太政大臣に天下の政を摂行させる、すなわち摂政の職をつとめるようにという勅が出された。天皇は、良房に再び摂政の職務を行わせることにより、事件の処理を委ねたのである。

摂政良房の職務

さて、これ以後、貞観十四年（八七二）九月に良房が没するまでの間、良房の摂政としての職務はどのようなものだったか、言い換えれば清和即位から元服までの時期に比べて違いがあったのかどうかについては、いろいろと議論のあるところである。

この問題を考えるための史料としては、貞観十三年二月十四日、清和天皇が初めて紫宸殿で聴政《ちょうせい》したという『日本三代実録』の記事がある。ここでいう聴政とは、太政官から奏上された案件に対して天皇が決裁を下すということであり、承和以前、すなわち仁明天皇の時代までは、天皇が毎日紫宸殿に出御して聴政していたが、仁寿《にんじゅ》以後、すなわち文徳天皇の時代からこの時までは、その儀が絶えていたという。天皇が紫宸殿で聴政するかどうかと摂政の有無とは完全に対応するわけではないが、ともかくもこの日以降、清和天皇がより積極的に国政に関与するようになったのはたしかである。

一方その直前の同年正月九日には、公卿が議所に集まって除目議《じもくぎ》が行われたという『西宮記《さいきゅうき》』（十世紀後半、源高明が著した儀式書で、同書の写本には、それぞれの儀式についての先例や日記の文章を引用した勘物《かんもつ》と呼ばれる書き入れがある）の記述がある。除目議とは任官の会議のことであり、通常は天皇の日常の居所（九世紀末以後には清涼殿となる）に公卿を召して、いわば御前会議の形式で行われる。これに対して、摂政がいる場合には、天皇が関与せず、宜陽殿南《ぎようでんみなみ》庇《びさし》にあった議所（内裏のなかでの公卿の執務場所）で摂政臨席のもとに行われた。したがって右の『西宮記』の記述は、貞観十三年正月の除目議がまさに良房が摂政として行ったことを示している。もともと良房が摂政としてどのような職務を果たしたかに関する史料は非常に限られているので、断定的なことは言えないのであるが、上記の二つの史料を整合的に解釈しようとすれば、貞観八年八月以後、同十三年正月までは、良房は清和元服前と同様の摂政の職務をつとめていたが、翌月から清和天皇がより積極的に国政に関与するようになったということになろう。

2 関白基経と阿衡事件

陽成天皇の即位と摂政藤原基経

承和の変以来、三〇年以上の長きにわたり朝廷に君臨した太政大臣藤原良房が、貞観十四年（八七二）九月、六九歳で没すると、その政治的地位は、良房逝去の直前に右大臣となった養子の基経《もとつね》に受け継がれた。基経の実父は良房の兄長良《ながら》であり、男子がいなかった良房がその能力を買って養子としていたのである。清和天皇は、貞観十年十二月に誕生した貞明親《さだあきら》王を翌年二月に皇太子としており、貞明親王の母は基経の実妹高子《こうし》であったから、基経は次期天皇の外伯父という立場も約束されていた。

貞観十八年十一月、清和天皇は突然譲位の意志を明らかにし、同月二十九日には九歳の皇太子を自らの御所染殿院《そめどのいん》に召して譲位した。その際、前述したように基経に対して「幼主を保輔け、天子の政を摂り行」えとの勅を発する。これを告知した宣命には、基経がこれまで内外の政を怠りなくつとめており、新天皇の外伯父でもあるから、幼い新天皇を委ねるのに足る人物であるとして、天皇が自ら政治を行う年齢に達するまで、良房が自分（清和）を補佐したのと同じように「政を摂り事を行う」（摂政行事）ようにするとある。これも前述したように、幼帝への譲位の際に、前天皇が特定の人物に摂政を命じるという手続きは、この時を初例として以後踏襲されることになるのだが、もう一つ注目すべき点がある。

それは基経が右大臣で摂政の職務を行うよう命じられたという点である。良房が清和天皇の摂政をつとめたその根拠は、文徳天皇の時代に太政大臣に任命されたことにあった。ところが陽成即位の時点で、基経は右大臣に過ぎず、その上席には左大臣　源　融《みなもとのとおる》がいた。右の宣命では、基経に摂政の職務を命じる直前の箇所に、融が自分は左大臣の職務に堪えないとして何度も辞職の意志を示してきたと、なにやら言い訳がましいことが述べられているが、当時の貴族にとって右大臣である基経が摂政をつとめることには、やはり一種の違和感があったものと思われる。結局基経は、四年後の元慶《がんぎょう》四年（八八〇）十二月、「帯ぶる所の官は、摂政の職には相当らず」という理由で太政大臣に任命され、太政大臣の地位と摂政の職務との関係が再確認されることとなった。しかし一方で、この時点までの四年間、右大臣で摂政をつとめたことは、摂政が太政大臣の地位から切り離された一種の官職とみなされるようになるきっかけとなり、先例ともなったのである。

さて、陽成天皇は元慶六年正月、一五歳で元服し、その直後に基経は摂政を辞任する旨の上表を出しているが、天皇はこれを許さず、さらに同七年八月にも辞表を出し、これも認められなかったので、陽成退位まで摂政の職を続けていたものと考えられる。

陽成廃位と光孝擁立

元慶八年（八八四）二月、陽成天皇は基経に対して病気を理由に退位を申し出て、内裏から宮外の二条院に遷った。『日本三代実録』はこのように記すが、陽成天皇の素行に大きな問題があったため、基経が退位を強要したというのが一般的な見方である。わずか一七歳で退位した陽成は、この後天暦《てんりゃく》三年（九四九）、八二歳で没するが、太上天皇となってからも奇矯な振る舞いが目立ったようで、「物狂帝《ものぐるいのみかど》」などとも呼ばれ、また在位中の事績については、先例として採るのを避けられる場合も多かった。

陽成に代わって天皇となったのは、仁明天皇と藤原総継《ふさつぐ》の娘沢子《たくし》の間に生まれ、当時五五歳になっていた時康《ときやす》親王、すなわち光孝《こうこう》天皇だった。陽成天皇からみれば祖父の世代にあたる人物である。基経がなぜ時康親王を擁立したのかについては、実際のところよくわからないのだが、親王は即位後、自らの皇子女にすべて源朝臣《みなもとのあそん》の姓を与えて臣籍に降下させ、皇位が一代限りであることを宣言した。

関白の職務「内覧」

光孝天皇は成年（老年といってもよい）で天皇の位についたから、陽成天皇の時には太政大臣として摂政の職務をつとめていた基経の処遇をどうするかが、当然の問題となった。それも、思いがけず自分を天皇に擁立してくれた基経の厚意に酬いるという方向でである。その前提として、天皇は即位三ヵ月後の元慶八年五月九日、諸道博士に対して、太政大臣の職掌の有無、および太政大臣は中国のどのような官に相当するのかを調査して報告するよう命じた。

同月二十九日には博士たちの報告が行われ、太政大臣が唐の三師・三公にあたるという点ではほぼ一致していた。一方、太政大臣の職掌については、多くの博士が曖昧な報告に終始したなかで、文章博士菅原道真《すがわらのみちざね》だけが、唐とは異なり太政大臣は太政官に所属する以上、太政官の上首として政務に関与するものであることを明確に指摘している。天皇が調査を命じる直前の五月五日、端午《たんご》の節会《せちえ》で天皇はとくに基経に命じて内弁《ないべん》（節会の進行を主導する役目）をつとめさせているが、あるいは議論を道真が説くような方向に誘導するための措置だったのかもしれない。

さて以上のような報告をうけて、六月五日、光孝天皇は基経の処遇を定める宣命を発した。そこではまず、基経が光孝即位前から摂政をつとめてきたこと、国家のために謀《はかりごと》を立てて自分の即位に尽力したことを述べるが、この文言からも陽成から光孝への皇位継承が、前者の自主的譲位ではなく、基経の計略によるものであることが明らかである。

次に、博士の報告によれば、太政大臣には「師範訓道」というあるべき姿だけではなく、（太政官の上首として）具体的な職務もあるということであり、仮に職務がないとしても、自分の耳目腹心として今日から官庁に出て政務を行い、一方では自分の身を助け、他方では百官を統率せよと命じている。さらに基経の具体的職務として、太政官から天皇に奏上すべきこと、天皇から太政官に下すべき事に関して、まず基経がその内容をみて判断するとし、天皇はその判断に従って万事を行うと述べる。この職務は、後世「内覧《ないらん》」と呼ばれるもので、関白のもっとも主要な職務とされており、一般的にはこの時点から基経が太政大臣として実質的に関白の職務を行うようになったとされているのである。

宇多天皇と阿衡事件

仁和《にんな》三年（八八七）八月、重篤となった光孝天皇は、仲野《なかの》親王の娘班子《はんし》女王を母とする第七皇子源定省《さだみ》を親王に戻して皇太子とし、その翌日死去した。即日、皇太子が皇位を嗣ぎ宇多天皇となる。時に二一歳。

基経の処遇について宇多天皇は、同年十一月、「其れ万機《ばんき》巨細《きょさい》、百官己《おの》れを惣《す》ぶるは、皆太政大臣に関《あずか》り白《もう》し（関二白於太政大臣一）、然る後に奏下すること、一《もは》ら旧事の如くせよ」との詔を出した。「関白」の語の初見である。その内容は、天皇へ奏上される案件、天皇から下される案件については、みな太政大臣にその内容を諮ってから処理するということであるから、光孝天皇が元慶八年六月に発した宣命と同じであり、だからこそ「旧事の如くせよ」、すなわち光孝天皇の時代と同じようにせよと述べているわけである。

これに対して、翌月基経は、当時としては約束事となっている辞表を提出したのだが、その辞表をうけて出された慰留の勅答が問題となった。勅答の末尾に「宜しく阿衡《あこう》の任を以て卿（基経）の任となすべし」とある「阿衡」の語を捉えて、基経は「阿衡」とは具体的な職務を持たない名誉職に過ぎないから、自らの太政大臣の地位もそれと同じものであるとして、以後約半年にわたり朝廷への出仕を拒んだのである。基経がこのような行動に出た理由として、自らの太政大臣としての権限を今一度確認しておきたいという考えを持っていたこと、勅答の作者である参議橘広相《たちばなのひろみ》が天皇の信任を得て勢力を強めており、さらに後宮にも影響力を持っていたことから、広相をこの機会に抑えつけておこうと考えたことなどが挙げられている。

ここで問題となった「阿衡」とは、中国古代の殷《いん》の時代に伊尹《いいん》という名臣に与えられた地位で、一般的には唐の三師・三公と同様、名誉職的なものであることはたしかである。しかし、基経の辞表に対する勅答に用いられている以上、それは十一月の詔を当然の前提としている。したがって、勅答の趣旨は十一月の詔の通り、太政大臣として「関白」の職務を続けてほしいというものだったことは疑いない。ところが、勅答の作者である橘広相が、中国古典を縦横に引用して文章を飾る際に（当時の辞表・勅答ではごく当然のことであるが）、不用意に「阿衡」の語を用いたために、基経につけ込まれたというのが実際のところであろう。

宇多天皇像　譲位後、出家して法皇となった姿を描いたもの。仁和寺蔵

事態の収拾のため、宇多天皇は諸道

博士に「阿衡」の語について調査させたり、博士らと広相との間で議論させたりするが、結局翌年六月、「旨《むね》を奉《うけたまわ》り勅答を作るの人広相、阿衡を引くは、朕が本意に乖《そむ》けり。太政大臣、今より以後、衆務を輔《たす》け行ひ、百官を総統すべし」という詔を出し、勅答を撤回して基経に屈服することとなった。天皇は、この詔が出される直前の日記に「朕、志を得ずして、枉《ま》げて大臣の請に随う。濁世《じょくせ》の事、かくの如し。長大息をなすべし」と、その鬱屈した心情を書き付けている。一方基経の側からみると、この経緯を通じて、「関白」の職務の確立を達成し、光孝天皇の時代に続いて国政の主導権を掌握することに成功したのである。

初期の摂政と関白

良房と基経と天皇との関わりを時間の流れに沿って述べてきたが、ここで彼らがその職務についた初期の摂政・関白について、若干のまとめをしておきたい。

まず、良房・基経の摂政・関白は、いま「彼らがその職務についた」という言い方をしたように、一個の官職ではなく、特定の職務というべきものだった。彼らにその職務を命じる際の詔勅で、「政を摂る」「関り白す」という動詞の形で摂政・関白の語が登場することが、それを端的に示している。その職務とは、摂政の場合、『西宮記』に挙げられた先例で説明したように、天皇に代わって任官の会議を行うことであり、そこから類推すれば、同じく本来は天皇の面前で行う叙位の会議も、摂政が代わりに行ったのであろう。すなわち天皇大権のうち、人事権については摂政がそれを代行するということである。

さらに『西宮記』には、摂政の職務として「(摂政に対して)弁、官奏を申し、議所に於て除目を行う」という説明がある。後半は今述べた任官の会議のことであるが、前半の「弁、官奏を申し」の「官奏」とは、国政の重要事項について、本来大臣が天皇に文書を奏上してその決裁を仰ぐ政務を指している。それが摂政が存在する場合には、弁官(太政官に置かれた事務官で、公卿と太政官管下の諸司・諸国とをつなぐ役割を果たす)が摂政に対して文書を奏上し、摂政の決裁を仰ぐという形で行われると説明しているのである。『西宮記』は十世紀後半の儀式書であるから、この記述がただちに良房・基経の頃にも当てはまるとは断定できないのだが、摂政は「幼主を保輔《たす》」けるものとしてはじまったのであるから、これも当初からの職務と考えてよいだろう。要するに摂政の職務とは、官人の人事と諸司・諸国から上奏された案件の決裁を天皇に代わって行うというものであった。

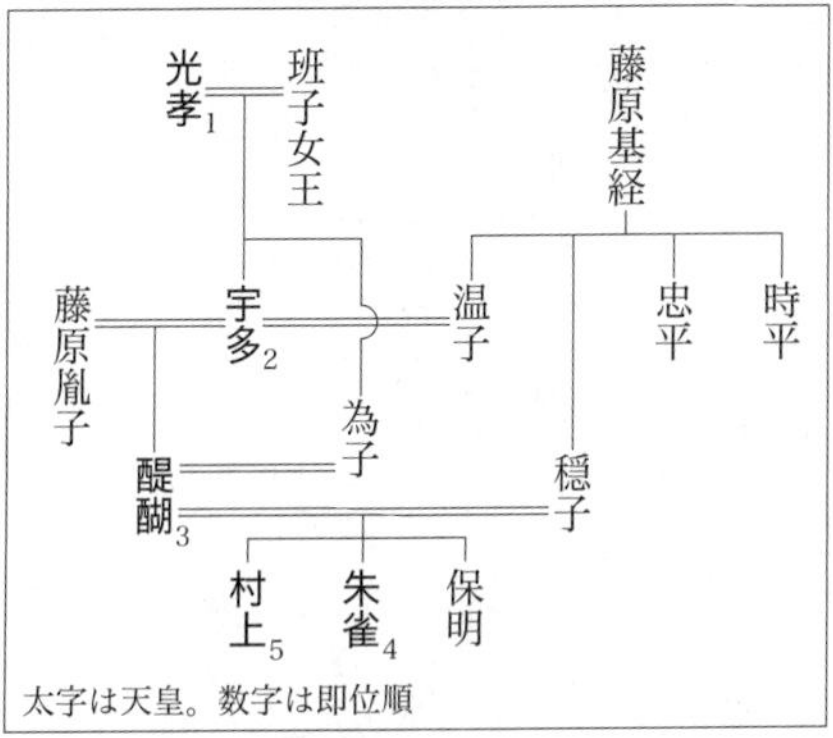

光孝天皇と基経の関係

　一方関白については、光孝天皇や宇多天皇の詔勅に示されているように、内覧という行為がそのもっとも主要な職務であった。したがって、良房・基経が行った摂政・関白の職務は、基本的には十世紀以後の摂政・関白と同一のものであったし、摂政と関白の区別も明瞭だったと考えられる。

天皇個人に直属する摂政・関白

良房・基経の時代、摂政や関白の職務を行う根拠となったのは、太政大臣という地位であった。言い換えれば、太政大臣の地位にある者が、状況に応じて摂政や関白の職務を行ったということである。摂政・関白の職務を行うためには、天皇の詔勅が必要となるが、摂政の場合には、基経の時から、幼帝に譲位する際に、譲位する天皇が幼帝に対する摂政を命じるという形が定着する。また関白についても、天皇即位後ほどなくして、天皇から関白の職務を行うことを命じられるのである。

そして、この場合の天皇とは、律令国家の元首である天皇、いわば機関としての天皇ではなく、個人としての天皇である。光孝天皇から関白の職務を認められた基経が、次代の宇多天皇からも同様の詔をうけながら、なおその職務についての確認を求めたのは、関白の職務が基本的にはそれを命じた天皇一代限りのものであるという認識を示している。

このようにみてくると、摂政・関白の職務を命じる方式は、序章で触れた蔵人所《くろうどどころ》や検非違使《けびいし》の職員の任命方法と同じものということになる。また、彼らが弁官・近衛府・衛門府といった律令官司の本官を持ちながら蔵人所・検非違使の職務に従事するという形も、太政大臣の地位にある者が摂政・関白の職務を行うということと共通している。序章では、蔵人所・

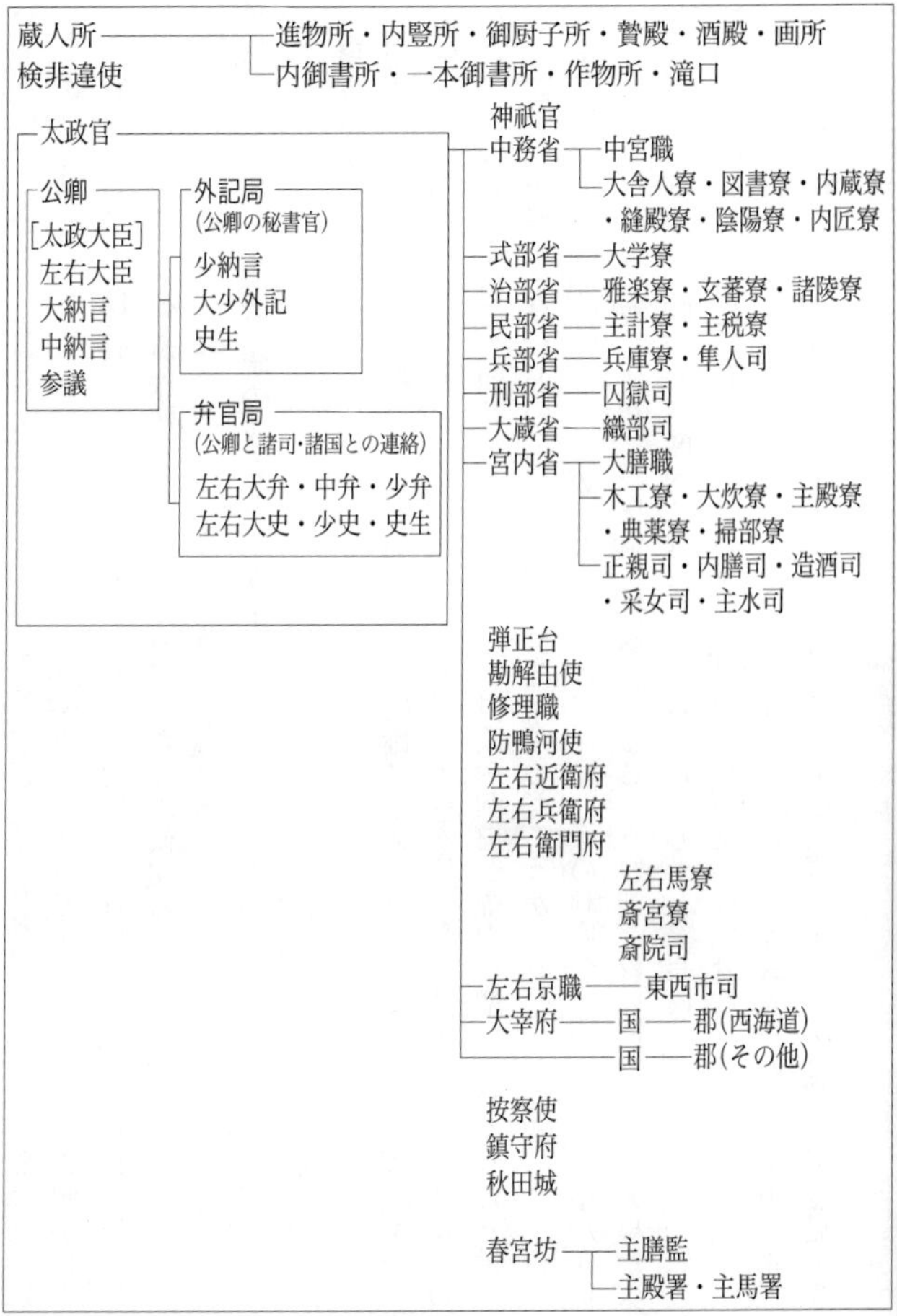
蔵人所
検非違使
進物所・内豎所・御厨子所・贄殿・酒殿・画所
内御書所・一本御書所・作物所・滝口
太政官
公卿
［太政大臣］
左右大臣
大納言
中納言
参議
外記局
（公卿の秘書官）
少納言
大少外記
史生
弁官局
（公卿と諸司・諸国との連絡）
左右大弁・中弁・少弁
左右大史・少史・史生
神祇官
中務省
中宮職
大舎人寮・図書寮・内蔵寮・縫殿寮・陰陽寮・内匠寮
式部省
大学寮
治部省
雅楽寮・玄蕃寮・諸陵寮
民部省
主計寮・主税寮
兵部省
兵庫寮・隼人司
刑部省
囚獄司
大蔵省
織部司
宮内省
大膳職
木工寮・大炊寮・主殿寮・典薬寮・掃部寮
正親司・内膳司・造酒司・采女司・主水司
弾正台
勘解由使
修理職
防鴨河使
左右近衛府
左右兵衛府
左右衛門府
左右馬寮
斎宮寮
斎院司
左右京職
東西市司
大宰府
国
郡（西海道）
国
郡（その他）
按察使
鎮守府
秋田城
春宮坊
主膳監
主殿署・主馬署

9世紀末以降の官制

検非違使について、天皇個人に直属して、天皇の意思をより効果的に律令官僚機構に伝達し、これを動かすしくみだったとしたが、摂政・関白についても、これを天皇の側からみれば、やはり天皇個人に直属し、天皇がどのような状況におかれていても、天皇の意思を形成し、それに基づいて官僚機構を動かすしくみだったと評価することが可能だろう。

3　光孝皇統の成立と皇太子

皇位継承の方式

現在では、皇位の継承順は皇室典範によって明確に定められているが、長い天皇家の歴史の中では、それは必ずしも明らかではなかった。「次の天皇」を、誰が、どのように決めるのか、それこそが常に大問題だったのである。摂政や関白が権力を増しつつあった九世紀、皇位継承者や皇太子は、どのように決定されていたのだろうか。

まず皇位継承についてであるが、大宝律令以来、皇太子の制度が定められ、天皇が在位中に皇太子を定めて、彼（彼女）に皇位を継承させるという原則、言い換えれば現天皇が次の天皇を決めるという原則が制度的には打ち立てられた。しかし奈良時代には、皇太子または次期天皇を立てる時に、必ずしもこの原則が貫かれていたわけではなかった。

例えば孝謙天皇の時、いったん皇太子に立てられた道祖王《ふなど》（天武天皇の孫、新田部《にいたべ》親王の子）が廃された後、天皇は何人かの臣下を召して、誰を皇嗣にすべきかを問い、意見を述べさせたうえで、大炊王《おおい》（天武の孫、舎人《とねり》親王の子で淳仁天皇となる）を次期天皇と定めるという手続きを踏んでいる。孝謙が重祚《ちょうそ》して称徳天皇となり、皇嗣を定めないまま危篤に陥った際にも、同じ手続きを踏んで白壁王《しらかべ》（光仁《こうにん》天皇）を指名した。このように、奈良時代には天皇が臣下を召して皇位継承をめぐる合議を行う場合があった。

また、皇位継承に関する儀式をみると（詳しくは第五章第一節参照）、即位の儀式には、中臣《なかとみ》氏による「天　神寿詞《あまつかみのよごと》」（代々の天皇の繁栄を言祝ぐ言葉）の奏上とともに、忌部《いんべ》氏による「神璽《しんじ》鏡剣《きょうけん》」（天皇の地位を象徴する宝器）の献上という儀が含まれ、これらの儀により、群臣によって新天皇が推戴されるという構造になっていた。

このように奈良時代には皇位継承に群臣が関与する場合があったが、それは律令制以前の伝統、すなわち天皇が大王《おおきみ》と呼ばれていた時代の伝統を継承したものであるとされている。このような伝統を断ち切ったのは桓武天皇である。桓武天皇は、その即位の時の宣命で、自らの即位は、前天皇である光仁天皇の仰せによって行われたこと、それは光仁・桓武にとって直系の祖先である天智天皇が定めた原則に基づいたものであることを宣言している。天智が定めたというのが歴史的な事実かどうかはここでは問わないが、この即位宣命の形は、以後の天皇にも継承されていき、実際に皇位継承への群臣の関与は、後に述べる一つの例外を除き消滅する。

それに伴い、皇位継承に関する儀式も変化した。史料的には桓武から平城への継承を初例として、皇位の継承と同時に、天皇の地位を象徴する宝器が女官または近衛府の官人の手によって前天皇から新天皇へと遷される「剣璽渡御《けんじとぎょ》」と呼ばれる儀式が行われ、即位儀は大極殿《だいごくでん》の高御座《たかみくら》に即《つ》いた新天皇に対して群臣が拝礼するという中国風のものとなり、中臣・忌部の出番は即位の年または翌年の十一月に行われる践祚大嘗祭《せんそだいじょうさい》に移されることになった。このようにして、実態面でも儀式の面でも、平安時代の皇位継承は、前天皇と新天皇との間のみで行われるという形が定着したのである。

群臣の推戴による光孝即位

しかし九世紀には、ただ一例であるが、異例の皇位継承があった。それは陽成天皇から光孝天皇への継承である。前節でも述べたように、陽成天皇はその素行に問題があり、『日本三代実録』の記述によれば、陽成自らが病気を理由に基経に退位の意志を示したとあるが、実際には基経によって退位を強要されたと考えられている。同じく『日本三代実録』が記す皇位継承のプロセスにも、その異例さがあらわれている。

元慶八年（八八四）二月一日、陽成天皇は御所としていた内裏綾綺殿《りょうきでん》を出て二条院に遷り、その南門に集まった群臣の前で、譲位の宣命が読み上げられた。そこでは、自分は病気のため皇位から去ること、皇位を一日でも空けておくことはできないので、皇室のなかの長老で政務も熟知している時康《ときやす》親王に宝器を奉りたいと考えていることなどが述べられている。これをうけて、親王・公卿は二条院への行幸に従ってきた神璽・宝剣・鏡等の宝器を持って、時康親王のいる東二条宮に向かい、親王にこれらを奉った。親王は再三辞退したが、兄弟にあたる本康親王が、群臣たちの「楽推」(「楽」はこいねがうこと)を聞き入れてくれとの奏上によって、宝器を受け取った。

　右の経緯のうち、譲位の宣命をみる限りでは、陽成天皇が自らの意志によって時康親王（光孝）に譲位したいと述べられているのであるが、宝器の移動については、通常の「剣璽渡御」とは異なり、親王・公卿の手によって行われており、しかも本康親王の言葉によれば、それは群臣の「自分たちの天皇として時康親王を推し戴きたいという願い」を示すものだった。これは、同月二十三日に行われた即位儀の宣命で、自分は群臣の「楽推之請」をうけて即位したと、天皇がとくに述べていることとも、対応するものである。また、即位儀の宣命では、「前天皇から、天智天皇の定めた法によって天皇位を授けられた」という桓武以来の常套句が、「天皇の位は天智天皇が定めた法である」という意味不明の文言に変更されており、これもこの時の皇位継承の異例ぶりを示している。

　もう一つ、光孝擁立の際には、基経のもとで公卿らによる合議が行われたとされている。そのことを記すのは、代表的な歴史物語である『大鏡《おおかがみ》』である。陽成退位の時に行われた「陣定《じんのさだめ》」（紫宸殿東側の左近衛陣〈陣座《じんのざ》〉で行われる公卿の合議）で、誰を次期天皇に立てるかが合議され、当時の左大臣源融（嵯峨天皇の子）が「私も皇胤《こういん》（この場合天皇の子）として天皇となる資格を持っている」と主張すると、基経は「たしかに天皇の子ではあるが姓を賜り臣下となった人が天皇となった例はない」として融の主張を斥けたというのである。「陣定」というのは、この時点で陣座が公卿の執務場所とはなっていないこと、太政大臣基経が参加していることなどから、『大鏡』作者の文飾であるが、ともかく光仁天皇即位の時以来絶えていた皇位継承をめぐる合議が、この時に限って行われたことは、さきの宝器の移動のプロセスとあわせて考えれば事実として認めてよいだろう。

以上のように、基経による陽成天皇の廃位という異常事態のなかで、陽成から光孝への皇位継承には、平安時代に入って廃れていた群臣の関与が一時的に復活したのである。

天皇家と摂関家の「始祖」

このように、いわば異常な皇位継承によって天皇となった光孝であるが、結果的にみれば、光孝天皇はこれ以後の天皇の直接の始祖となった。

『大鏡』は、さきの「陣定」について述べた後、基経によって光孝の即位が実現し、「帝の御するゑもはるかにつたはり、おとゞのするゑもともにつたはりつゝうしろみ申給。さるべくちぎりをかせ給へる御中にやとぞ、おぼえはべる」と記している。すなわち、光孝天皇の子孫がこの後ずっと皇位を受け継ぎ、基経の子孫もたえることなく、天皇を後見してきた。これは前世にそのような約束をかわした仲だからだろうか、というのである。光孝天皇と藤原基経が、それ以後の天皇家と摂関家の血統上の起点となったのは紛れもない事実であるが、後世の貴族社会の人々は、それを偶然のものとは考えず、いわば運命的なものとしている点が注目される。

そのような捉え方は、十四世紀前半、南朝方の貴族北畠親房《きたばたけちかふさ》が著した『神皇正統記《じんのうしょうとうき》』になると、より明瞭な形をとってあらわれている。『神皇正統記』は、「光孝より上つかたは一向上古なり」と記し、光孝天皇より前の時代は、親房をはじめとする当時の貴族社会の人々にとっては直接関係のない大昔の時代だとする。

その理由として、先例を調べる時には光孝天皇時代以後を対象としていることに加え、『大鏡』と同様に、光孝と基経が天皇家と摂関家の始祖である点を挙げているのだが、これについて「上は光孝の御子孫、天照《あまてらすおおみかみ》大神の正統とさだまり、下は昭宣公《しょうせんこう》（基経）の子孫、天児屋命《あめのこやねのみこと》の嫡流となり給へり。二神の御ちかひたがはずして、上は帝王三十九代、下は摂関四十余人、四百七十余年にもなりぬるにや」と説明している。光孝天皇と藤原基経の子孫が、親房の時代にいたるまで貴族社会の中心に位置しているのは、皇祖神である天照大神と藤原氏の祖神である天児屋命の間で交わされた誓いに基づくという考えである。

『日本書紀』の天孫降臨に関する第二の「一書」（本文に対する別の伝承）には、天照大神がその子天忍穂耳尊《あめのおしほみみのみこと》（後に孫の瓊瓊杵尊《ににぎのみこと》に交替）の降臨に、天児屋命と太玉命《ふとだまのみこと》（忌部氏の祖神）を付き従わせ、天忍穂耳尊と彼に持たせた宝鏡をよく守るようにと命じたとあって、ここには忌部氏の祖神も登場し、必ずしも『神皇正統記』の説くような誓いが記されているわけではない。しかし、中世の貴族は『日本書紀』の神話をいわば解釈し直すことを通じて、自らの社会の正統性を説明しようとしたのである。

このように考えた時、後世の貴族社会の人々の目には、陽成の廃位と光孝天皇の異常な皇位継承という事件は、例えば記紀に記された武烈天皇の悪行と継体天皇の異例ともいうべき王位の継承と同様に、新たな皇統の出現を告げるプロローグと映ったのではないだろうか。

皇太子と「藩邸の旧臣」

話がやや横道にそれたが、次に皇太子をめぐる問題についてみていきたい。

桓武天皇から宇多天皇の時代までの皇太子を列挙した表をみると、この間、三回の廃太子があり、皇太子の地位が必ずしも安定したものではなかったことがわかる。しかしここで注目したいのは、その一方で天皇が即位後まもなく皇太子を立て、その人物が比較的長い時間を経て天皇として即位するという事例が少なくないという点である。長い時間というのは曖昧な言い方だが、陽成天皇が皇太子を立てず、また光孝天皇が死去する前日に、その子源定省を親王に戻して皇太子としたという例外を除けば、立太子から即位まで少なくとも七、八年以上の時間が経過している。とくに皇位が傍系（兄弟、オジ・オイ、イトコどうしなど）で継承された平城天皇から仁明天皇の時代までの皇太子は、成年に達してから立太子し、一〇年前後を経て天皇となるというのが一般的だった。

そうなると、皇太子でいる間に、皇太子付きの官司である春宮坊《とうぐうぼう》の官人をはじめとして、多くの官人たちとの接点ができ、皇太子と彼らが個人的な関係を深める機会が増えることとなる。このような結びつきは、事態が急進化すれば、現天皇を廃して皇太子の即位を一刻も早く実現しようとする動きにつながりかねず、政変の温床となる危険性もはらんでいるのだが（承和の変はそれが現実のものとなったという見方もできる）、一方ではより広い範囲の

天皇	皇太子	父	母	立太子	歳	践祚	歳	年・月
桓武	早良親王	光仁	高野新笠	天応元(781)	32	延暦4(785)廃	36	4・3
	安殿親王	桓武	藤原乙牟漏	延暦4(785)	12	延暦25(806)	33	10・4
平城	神野親王	桓武	藤原乙牟漏	大同元(806)	21	大同4(809)	24	2・10
嵯峨	高岳親王	平城	伊勢継子	大同4(809)	?	大同5(810)廃	?	1・5
	大伴親王	桓武	藤原旅子	弘仁元(810)	25	弘仁14(823)	38	12・7
淳和	正良親王	嵯峨	橘嘉智子	弘仁14(823)	14	天長10(833)	24	9・8
仁明	恒貞親王	淳和	正子内親王	天長10(833)	9	承和9(842)廃	18	9・5
	道康親王	仁明	藤原順子	承和9(842)	16	嘉祥3(850)	24	7・7
文徳	惟仁親王	文徳	藤原明子	嘉祥3(850)	1	天安2(858)	9	7・9
清和	貞明親王	清和	藤原高子	貞観11(869)	2	貞観18(876)	9	7・9
陽成								
光孝	定省親王	光孝	班子女王	仁和3(887)	21	仁和3(887)	21	0
宇多	敦仁親王	宇多	藤原胤子	寛平5(893)	9	寛平9(897)	13	4・3

平安時代前期の皇太子

官人に皇太子即位後の昇進の可能性が与えられることにもなった。実際、九世紀半ば頃までは、その学識や才能によって皇太子の信頼を得た官人が、皇太子が即位した後、急速に昇進し、公卿まで昇るといった事例が数多くみられ、そのようなタイプの官人を、「藩邸の旧臣」（藩邸は皇太子づきの役所のこと）などと呼んでいる。

代表的な「藩邸の旧臣」としては、朝野《あさのの》鹿取《かとり》や滋野貞主《しげのさだぬし》などがいる。朝野鹿取はもと忍海原《おしぬみはら》氏の出身で、朝野氏の養子となり、神野《かみの》親王（のちの嵯峨天皇）の侍講をつとめた頃から才覚を発揮して、嵯峨・淳和・仁明天皇の時代に活躍し、従三位参議まで昇った。その間、『日本後紀』や『内裏式』の編纂に携わり、官人としての実務能力にもすぐれていたという。滋野貞主は、本姓を楢原造《ならはらのみやつこ》といい、伊蘇志臣《いそしのおみ》、ついで滋野宿禰《すくね》と改姓された。紀伝道の国家試験に合格した後、大伴親王の東宮学士をつとめ、親王が淳和天皇として即位すると、勅撰漢詩集の『経国集《けいこくしゅう》』や日本で初めての百科全書である『秘府略《ひふりゃく》』の編纂に中心的役割を果たし、仁明天皇の時代には参議まで昇った。

彼らはいずれも卑姓、すなわち相対的に低い家柄の出身であったが、その学識や官人としての能力が皇太子に注目され、その後の活躍・昇進のチャンスをつかんだのである。言い換えれば、成年に達した皇太子が比較的長くその地位にとどまることによって、学問・才能があれば、卑姓出身の者であっても広く昇進の機会が与えられていたことになる。

ところが、皇太子であった期間がそれほど変わらなくても、惟仁親王（清和）・貞明親王（陽成）のように誕生後まもなく立てられた皇太子となると事情は全く異なる。彼らに身近にいた官人たちの学識・才能を見抜けるだけの力があるはずはなく、結局、血縁・姻戚関係によって結ばれたごく限られた人々に囲まれて皇太子時代を過ごすことになり、当然「藩邸の旧臣」タイプの官人が昇進する機会もきわめて限られるようになった。第一節の仁明天皇のところで触れた「官職の貴族化」という現象は、このような皇太子のありかたの変化からも説明できるのである。

第二章　「延喜・天暦の治」の時代

1　宇多天皇と「寛平の治」

朝廷・内裏の改革

寛平《かんぴょう》三年（八九一）正月、太政大臣藤原基経《もとつね》が五六歳で没すると、公卿の上位には左大臣源　融《みなもとのとおる》（嵯峨《さが》天皇の皇子、七〇歳）・右大臣藤原良世《よしよ》（冬嗣《ふゆつぐ》の子、七〇歳）という長老がのこった。このような環境のもとで、宇多《うだ》天皇は自ら意欲的に国政に関与し、さまざまな改革を行っていく。この時代を、本章のタイトルである「延喜《えんぎ》・天暦《てんりやく》の治」に対して、「寛平の治」と呼ぶ場合がある。

まず中央の官僚機構については、九世紀初めの平城《へいぜい》天皇の時代に次ぐ規模の、官司の統廃合や官員の削減が行われた。例えば寛平八年には、中務省《なかつかさ》に所属していた内薬司《ないやくし》が宮内省管下の典薬寮《てんやくりょう》に、式部《しきぶ》省に所属していた散位寮《さんにりょう》が式部省本省に、宮内省に所属していた主油司《あぶらのつかさ》と園池司がそれぞれ同じ宮内省管下の主殿寮《とのもりょう》・内膳司《ないぜんし》に併合され、左右兵庫と兵部省に所属していた造兵司・鼓吹《くすい》司が合併して兵部省管下の兵庫寮となった。これらの措置は、職務が重複、または類似した官司を整理するという狙いがあった。さらに、このような行政改革は、蔵人所《くろうどどころ》が律令制下の中務省・宮内省被管官司、すなわち天皇の生活を支えるための官司の職務を吸収し、また検非違使《けびいし》が当初の犯罪人の逮捕のみならず、その裁判や行刑も行うようになっていく動きとも連動していた。上記の官司の統廃合と同時に、刑部省で裁判を担当していた判事の定員が大幅に削減されているのも、この動きと無関係とはいえないだろう。

また、天皇の居所である内裏についても、注目すべき施策がみられる。まず、それまでの天皇は、紫宸殿《ししんでん》の北側の仁寿殿《じじゅうでん》を日常の居所とする場合が多かったが、宇多天皇の時にこれを清涼殿に遷した。それと同時に、清涼殿の南庇を殿上間《てんじょうのま》という殿上人《てんじょうびと》の控え室とし、そこに殿上人の名簿かつ出勤簿ともいうべき日給簡《ひだまいのふだ》（殿上簡《てんじょうのふだ》）を設けて、彼らの勤務状況を把握するようにした。天皇に近侍して諸役をつとめる殿上人に関する諸制度は、八世紀末頃から徐々に整備されてきたが、ここにいたって昇殿制は確立したといえる。昇殿は、個人としての天皇が認めるものであり（したがって天皇が代替わりすれば、あらためて殿上人が選びなおされる）、それは蔵人所の職員や検非違使の補任方式と同一である。その蔵人所や検非違使の権限強化と並行して昇殿制が確立したことは、宇多天皇の時期に律令制的な官司・官人の機構とは相対的に異なる秩序が、天皇の居所である内裏を中心として形成されたことを示しているのである。

地方支配と外交政策

地方支配の面では、この時期に受領《ずりょう》が制度的に確立した。受領とは、国司《こくし》のうち、現地の支配を行う最高責任者の呼称であり、国司の受領化とは、本来の律令制度では、一国の支配と租税の納入について、守《かみ》（長官）以下の四等官やその下僚が連帯責任を負っていたのに対して、受領国司一人のみがその任期中の責任を負う体制へと変化していくことをいう。そのような動きは、もちろん九世紀を通じて進行してきたが、宇多天皇の時期になってそれが一気に加速したのである。

すでに基経が没する以前、諸国から朝廷への租税納入とそれに関する帳簿の監査を、受領

京都御所の清涼殿　現在の建物は、平安時代の様式に則って安政２年(1855)に再建されたもの。上の写真は、昼御座(ひのおまし)を東側から見たところで、左側に見えるのは紫宸殿の北面。写真下は、天皇が公務の際に出御する平敷御座(ひらしきのござ・手前)と、休息をとる御帳台(みちょうだい・奥)

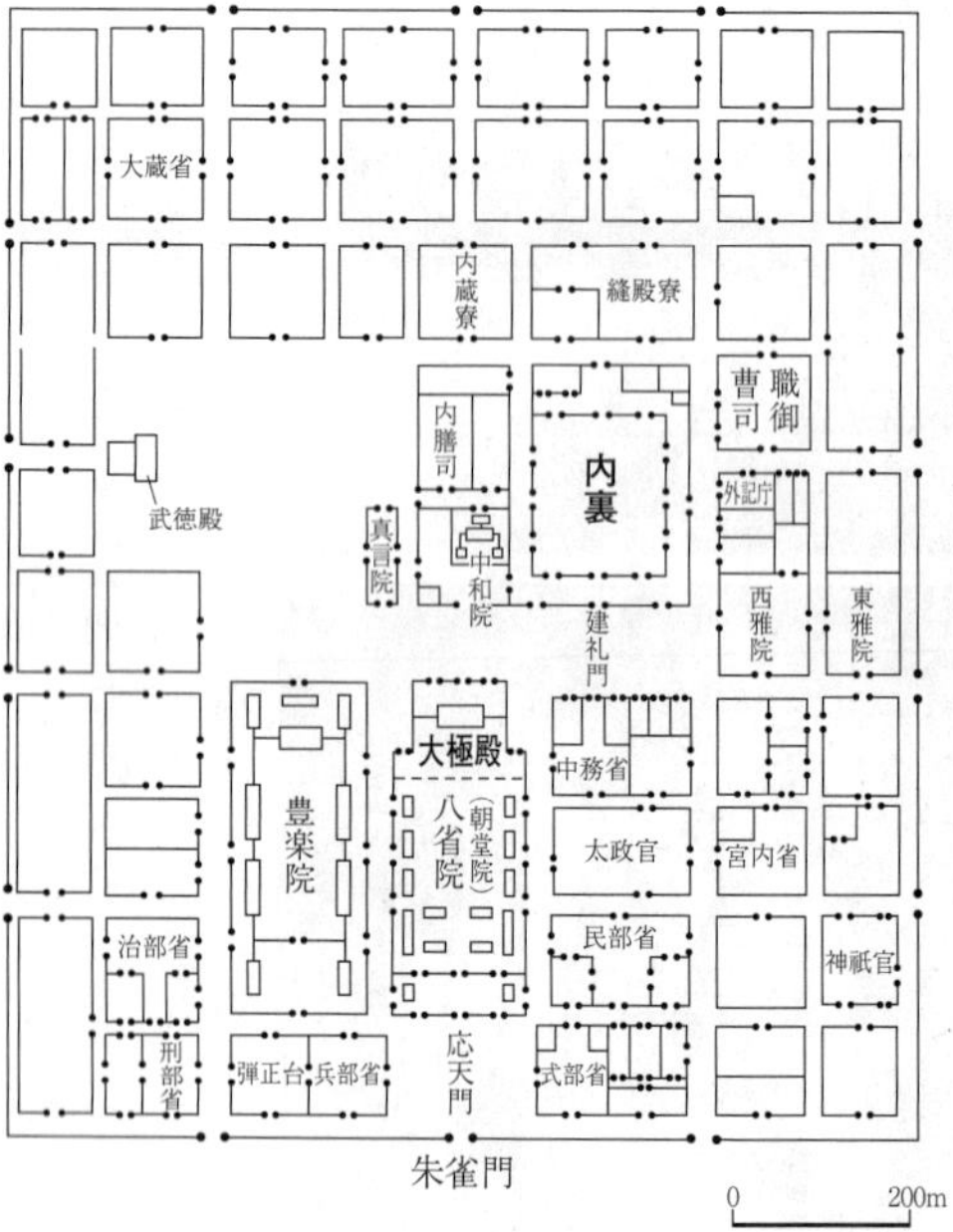

平安京大内裏の見取り図　中央の内裏の拡大図は左頁

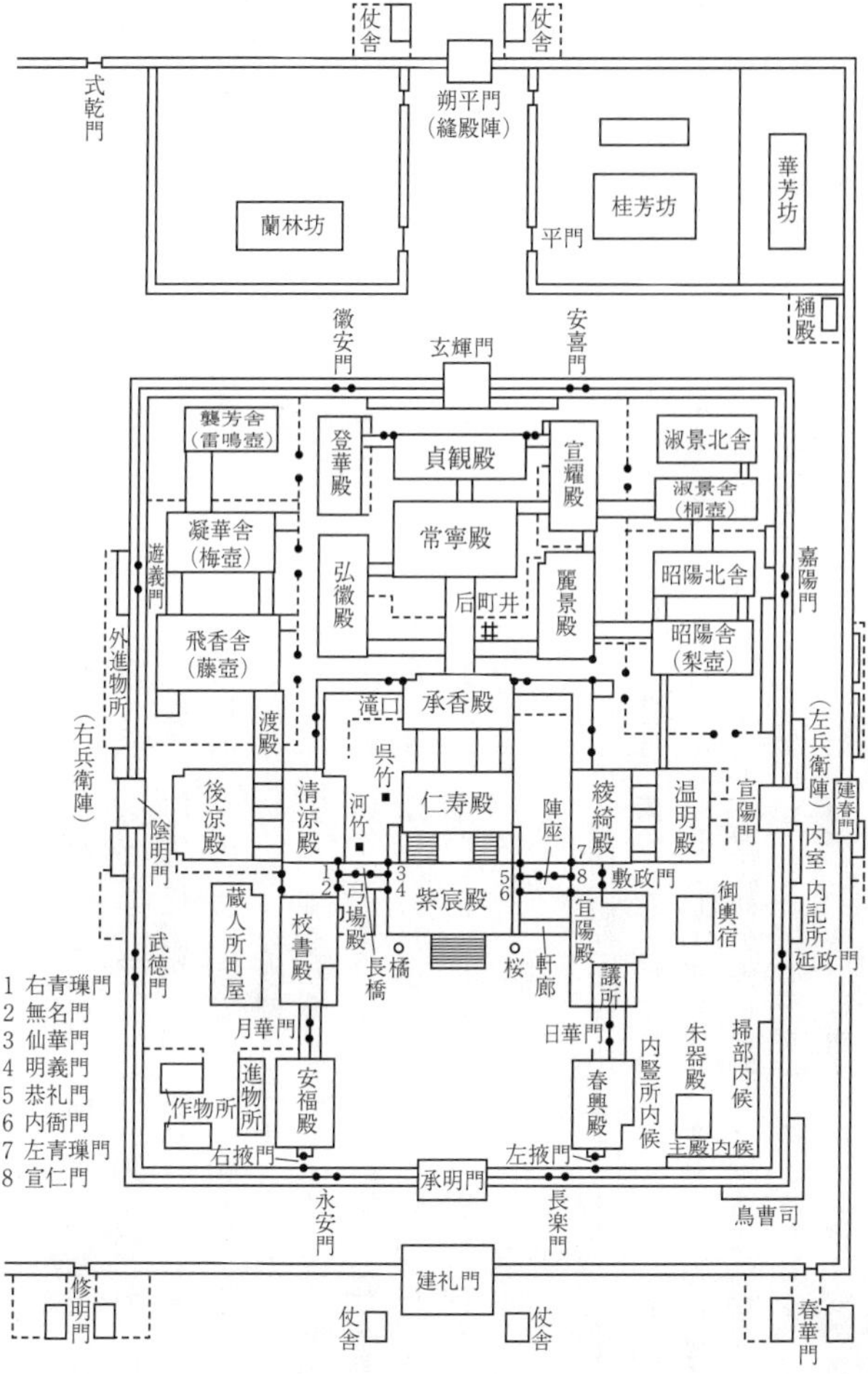

内裏の見取り図　『岩波日本史辞典』（岩波書店、1999年）の図をもとに作成

の任期（大半の国では四年）を単位として行い、その任期については前任者の四年目（任終年）＋当任三年とすることが定められていたが、寛平八年（八九六）、任期中の租税納入状況をまとめて記載する調庸惣返抄《ちょうようそうへんしょう》という帳簿の作成、提出が受領に義務づけられるようになった。ここに、朝廷に対して一定額の租税納入を請け負う者としての受領が確立し、これ以後の中央政府や貴族の財政を支えていく存在として重要な役割を果たすようになる。

また、院宮王臣家の使者が地方の有力者と結託して、国司の任国支配を妨げる事態を、さまざまな側面から禁断する法令が何度も出されているのも注目される。このような法令も、それやはりそれ以前に全く出されていなかったわけではないのだが、宇多天皇の時代には、それが基経死去の直後から集中的に出されており、天皇が受領の任国支配をできるだけ円滑に行わせ、それによって国家の財政を安定させようと意図していたのではないかとさえ思えるのである。

外交政策に目を転じると、宇多天皇の時代といえば遣唐使《けんとうし》の停止が著名である。寛平六年八月に遣唐大使に任命された菅原道真《すがわらのみちざね》が、翌月、唐の亡弊を理由に派遣の停止を建議し、それに基づき遣唐使が停止されたというわけである。しかし近年の研究によれば、道真はその後も依然として遣唐大使の肩書を持っていること、遣唐使の停止を明確に示す史料がないことなどから、停止の決定はなされず、むしろなしくずし的に遣唐使が派遣されなくなったとする見解が有力となっている。ただし、九世紀中頃から、政府は唐や新羅の政情不安の影響が日本国内に波及しないよう、積極的孤立主義ともいうべき外交政策をとっており、遣唐使

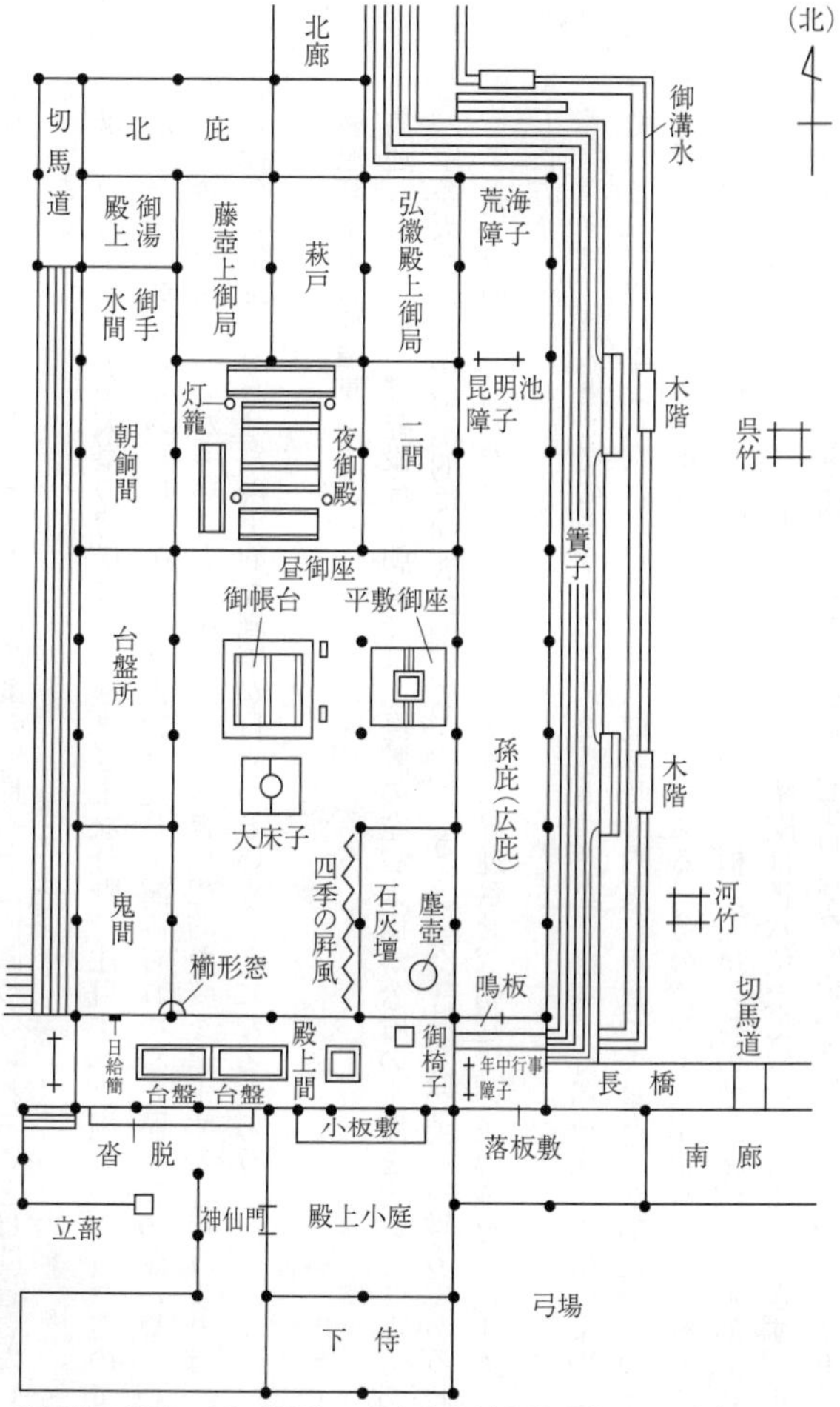

清涼殿の見取り図　『岩波日本史辞典』(岩波書店、1999年)の図をもとに作成

が派遣されなくなるのも、そのような政策の延長線上に位置づけられることは間違いないところである。

以上のように、宇多天皇の時代には、さまざまな分野で注目すべき施策がみられるのであるが、その特徴をまとめれば、第一に九世紀を通じて試みられてきた諸施策の総決算といった意味合いを持つものが多いこと、第二にあるべき理想的な姿を追求するというよりは、当時の社会の状況にあわせた現実的な施策が目立つということになるだろう。

藤原時平と菅原道真

前述したように、基経没後の朝廷では、高齢の左右大臣が公卿の上席を占めたこともあって、宇多天皇自らが積極的に国政に関与したが、さらに天皇は藤原基経の嫡男である時平《ときひら》と、学者出身の菅原道真を互いに競わせるように昇進させ、朝廷での主導権を掌握する手段とした。

藤原時平は、官人としてのキャリアをスタートする際、格別の待遇を光孝《こうこう》天皇によって受けている。仁和《にんな》二年（八八六）正月、一六歳の時、内裏仁寿殿で天皇自らが加冠役をつとめて元服の式を挙げ、即日正五位下に叙されたのである。その位記も天皇自身が筆を執ったという。功臣の子息を殿上で元服させるというのは、桓武《かんむ》天皇の時の藤原緒嗣《おつぐ》（桓武擁立に功績があった式家《しきけ》百川《ももかわ》の子）など前例はあるが、緒嗣は正六位上に叙位されたにすぎず、正五位下直叙というのは賜姓源氏《しせいげんじ》、すなわち天皇の子息なみの扱いといってよい。しかも時平は、翌年従四位下に昇り、蔵人頭《くろうどのとう》に補《ほ》され、瞬く間に公卿直前のところまで到達した。

菅原道真は、紀伝道《きでんどう》の学者の家に生まれた。紀伝道とは、中国の史書・詩文を学ぶ大学寮の学科のひとつである。菅原氏は、もと土師《はじ》氏といい、土師氏は律令制以前から土器の製作や葬儀に関わる職務に従っていた氏族だった。桓武天皇の時、道真の曾祖父にあたる古人《ふるひと》が菅原氏への改姓を申請して許されたが、これは紀伝道の学問で身を立てようと考えた古人が、葬儀との関係を想起させる土師という氏の名から抜け出そうと考えたためである。

菅原氏は古人以来、早くから紀伝道を家業とし、子の清公《きよきみ》、孫の是善《これよし》も文章博士として活躍した。道真も、貞観《じょうがん》十二年（八七〇）二六歳で紀伝道の国家試験である対策（方略試）に合格、同十六年従五位下に昇り、元慶元年（八七七）には祖父・父と同様に式部少輔・文章博士となって文人官僚としての地位を確立する。第一章で述べた、光孝天皇即位当初の基経の処遇問題では、ほかの学者が太政大臣の職務について曖昧な、どちらともとれる意見を述べたのに対して、道真一人が太政大臣に職掌ありとする明快な意見を提出して注目を浴びた。

宇多天皇の時代になると、時平は寛平三年（八九一）、基経が没した直後に二一歳で参議に昇る。賜姓源氏では嵯峨天皇の子源定《さだむ》が一九歳で参議となった例はあるが、良房の三一歳、基経の二九歳に比べても異例の早さである。一方道真は、阿衡《あこう》事件のさなかに基経に出仕を促す意見書を提出するなど、権力者に追従しない姿勢が宇多天皇の注目を浴びたようで、時平が参議に昇進するのと同時に蔵人頭となり、寛平五年には時平の中納言昇進と同時に参議、七年には中納言に昇進して、時平とほぼ肩を並べるにいたる。さらに宇多朝末年の寛平九年には、時平が大納言に昇進して左近衛大将を兼ね、道真も権大納言兼右近衛大将となった。

このような時平と道真の処遇は、桓武天皇の時代の藤原緒嗣と菅野真道《すがののまみち》の先例を参考にしたものかとも思われるが、いずれにしても、良房・基経の時代の後、天皇が政治的主導権を発揮するための手段として大きな効果を発揮した。しかしよく知られているように、両者が並び立つこの状況は、次の醍醐《だいご》天皇の時代に重大かつ悲劇的な結末を迎えるのである。

『寛平御遺誡』

宇多天皇は寛平五年（八九三）、敦仁《あつひと》親王（もと維城《これざね》、寛平二年十二月に改名、母は藤原高藤《たかふじ》の娘胤子《いんし》、九歳）を皇太子とし、同九年には譲位する。これは皇位が陽成太上天皇の子孫に移動する危険性を排除したものとされており、同時に早めの譲位によって嵯峨太上天皇と同じく、天皇家の家父長としての影響力を朝廷に及ぼそうとしたとも考えられている。

譲位の際、宇多天皇は日常生活や政治などのさまざまな面での心構えを記して醍醐天皇に与えたらしく、その原本は失われたものの、一つ一つの条文は、「寛平御遺誡《かんぴょうのごゆいかい》」と呼ばれて多くの書物に引用されることとなる。それらのなかで主要な一九ヵ条を集めて『寛平御遺誡』と題した書が平安時代末頃には成立し、現在まで伝えられており、それ以外にも多くの逸文が諸書に引用されている。

ここでは『寛平御遺誡』一九ヵ条と主要な逸文の内容を紹介してみたい。

（1）朝食は巳時（午前九〜一一時）、夕食は申時（午後三〜五時）に供せ。
（2）衛府の舎人《とねり》で精勤の者には、先例にかかわらず昇進や褒賞を行え。ただし婦人・小人の評判に惑わされてはならない。
（3）諸司諸家が諸国の不動穀《ふどうこく》（非常用に蓄積された稲穀）・正税《しょうぜい》（経常費の財源）によって季禄《きろく》・大粮《たいろう》（官人の給与）などの支給を申請しても、原則として不動穀を財源とする支給は禁断し、正税については実情をよく調べて処分する。やむを得ず不動穀を財源とする場合は、後年必ず補塡するようにせよ。
（4）伊勢の斎宮《さいくう》・賀茂の斎院《さいいん》で必要とする料物は、極力支給するようにせよ。このことについては菅原道真・平　季長《たいらのすえなが》（醍醐即位当初の蔵人頭）に指示してあるので、両人に監督させよ。
（5）諸国の権講師《ごんのこうじ》・権検非違使《ごんのけびいし》はみだりに任命しない。諸国の読師《とくし》は十月の審査によって任命せよ。
（6）内供奉《ないぐぶ》十禅師《じゅうぜんじ》や定額寺《じょうがくじ》の僧尼の任用については、たやすく前任者の譲りや他所からの請願を認めてはならない。
（7）外蕃《げばん》の人を謁見する時は、直接対面せず、簾中で対面するようにせよ。
（8）諸国の官長（受領）が、任用国司（受領以外の下僚）の任命を申請するのを認めてはならない。諸司諸所で一定年数勤務した者のうち、職務に堪える者を任命せよ。

(9)有憲（伝未詳）を昇殿させてはならないことは、去年藤原定国《さだくに》（醍醐の外祖父藤原高藤の子、醍醐即位当初の蔵人頭）に伝えてあるので忘れないようにせよ。

(10)万事に淫することなく、節制に努め、賞罰を明らかにし、愛憎・好悪に頼ることなく、喜怒を表にあらわしてはならない。

(11)左右近衛将監《しょうげん》の叙爵（六位から五位にすること）は、宿衛の人を励ますため、毎年行え。

(12)内侍所の女官のことは、藤原定国の近親の女官に監督させ、また女官のなかでは御《み》息所《やすどころ》菅氏（道真の娘衍子《えんし》）・宣旨《せんじ》滋野《しげの》がすぐれているので、彼女たちを激励してよく仕えさせよ。

(13)采女《うねめ》や女孺《にょじゅ》らが居住している内裏外郭北西の廊は、毎夜火の用心のため蔵人・殿上人らに巡回させよ。また宮中で身分の低い者が破壊を企てるような場所についても、五日に一度殿上人に巡検させせよ。

(14)左大将藤原時平は功臣の子孫であり、若くして政務に習熟している。先年女性のことで失敗したが、それを気にすることなく、頼りにせよ。

(15)右大将菅原道真は優れた学者であり、政治のことも深く知っている。私は彼をとくに登用し、皇太子を立てる時も譲位を思い立った時も、彼一人に相談し、的確な助言を得た。彼は私にとっての功臣であるだけでなく、新君にとっても功臣であることを忘れるな。

(16) 蔵人頭平季長は公事に詳しく、式部大輔兼侍従紀長谷雄《きのはせお》は学問に優れ、ともに大器であるから、昇進させるのに躊躇するな。

(17) 夜明け前から服装を整え、手を洗い口をそそぎ、神を拝する。近くに公卿を呼んで政治について諮問し、夕べには侍臣を招いて学問上の疑問点をただす。このようにすぐれた君主はすぐれた臣下の補佐によって政治を行い、疑わしいことがあればよく推量して事を決すべきである。

(18) 諸司諸所が奏上した案件については、先例があるとするものはそれをよく調査させ、先例が遠い昔のことであれば、推量して事を行うべきである。

(19) 桓武天皇は、毎日南殿《なでん》(紫宸殿)の帳のなかで政務をとり、終わればそこで衣服を脱いで起き伏し飲食した。(以下、桓武天皇の行動や逸話について述べる、略)これらのことは故太政大臣基経が語ったことであり、これを見習えというのではないが、旧事を伝えるため末尾に記しておく。また嵯峨天皇の時に宮中の殿舎・門の額を初めて書き、宮城の東面の門は天皇自ら書いたという。また初めて唐の服を製作したという。

　以上のことは、私がもし忘れたとしても、頼りにできる者がいれば、この書を引いて戒めとせよ。

〔逸文(抜粋)〕

(20) 天皇はすべての学問に通じている必要はないが、ただ『群書治要《ぐんしょちよう》』(唐の魏徴〈五八〇~六四三〉が編纂した政治参考書で、古典・歴史書などから政治の参考になるとされた箇所を引用したもの）だけは暗唱するまで学習せよ。

（21）些細な怪異によって軽々に神祇官《じんぎかん》や陰陽寮《おんようりょう》の官人を召してはならない。

（22）京官の権任《ごんにん》は、繁忙の官司やすぐれた技能を持つ者を抜擢する場合を除いて停止せよ。権任の納言を任命する場合には、その分の参議を欠員とするなどして、公卿の数は一四名以内とせよ。

（23）思慮無く簾の外に出て、万人に姿を見せるようなことがあってはならない。

桓武天皇を指針として

さて、『寛平御遺誡』の一九ヵ条の条文は、一定の基準に沿って配列されているわけではないので、逸文も含め、あらためて内容ごとに分類してみると、左のようになる。

a　天皇としての身の処し方に関する条文（7）（10）（18）（20）（23）
b　日常生活に関する条文（1）（17）（21）
c　女官・宮中の監督に関する条文（12）（13）
d　人事に関する条文（2）（5）（6）（8）（11）（22）
e　財政に関する条文（3）（4）
f　人物評に関する条文（9）（14）（15）（16）（19）

まずaでは、（7）と（23）が注目される。（7）では外国使節を謁見するときには、必ず簾を隔てて会うようにせよと記すが、これは宇多天皇自身が渤海《ぼっかい》からの使節に直接謁見したときの失敗をふまえてのものらしい。また（23）は、一般的に天皇がみだりに自分の姿を多くの人の前に晒してはならないとする。これらの訓戒は、平安時代に入って急速に強まってきた穢《けが》れを忌避する観念に関係しており、とくに（7）は日本の国境の外は穢れに満ちた地とするような国土観を背景に持っていた。なお、天皇と穢れとの関係については、第六章であらためて考えてみることにする。

b〜eの個々の条文については、とくに触れないが、かなり細かい具体的な指示が多く、宇多天皇の個性が垣間見られるとともに、d・e（ここで紹介した条文以外にも多くの逸文がある）からは天皇の国政に対する強い関心がうかがえる。

fでは、もちろん時平と道真に関する（14）（15）が興味を引く。前項で述べた両者に対する処遇からすれば、『寛平御遺誡』で二人が取り上げられているのは当然であるが、それぞれの内容を見ると、とくに道真のほうを重用するよう醍醐に説いているのは一目瞭然であろう。もう一つここで注目されるのは、（19）で桓武天皇が大きく取り上げられている点である。桓武と宇多は、ともに積極的に国政を主導しようとしたこと、新皇統の二代目で、その皇統の維持を強く意識したことなどに共通点が見出せ、またこれも前項で述べたように、時平・道真の処遇は、桓武天皇による藤原緒嗣（功臣藤原百川《ももかわ》の子）と菅野真道（学者でもあり有能な実務官僚でもあった）の登用を参考にしていた可能性もある。宇多天皇は、桓武天皇を理想的な天皇として、自らの指針にしていたのではないかと思われるのである。

現存最古の天皇の日記

『寛平御遺誡』とならんで、宇多天皇の肉声を知ることのできる史料として、『宇多天皇日記』がある。『宇多天皇日記』は天皇の日記としては、その存在が確認できるもっとも早いものであり、これ以後十一世紀頃までは、少数の例外を除き、ほぼ歴代の天皇が日記を記していたようである。それらはみな散逸してしまい、諸書に逸文として引用されるのみだが、とくに宇多・醍醐・村上天皇の日記は、逸文の量も比較的豊富で、これらをまとめて『三代御記』（御記は天皇の日記に対する尊称、宸記《しんき》ともいう）と呼ぶ場合がある。すでに紹介したように、阿衡事件のときには、その鬱屈した心境が綴られており、いわば事件当事者の記録として大変貴重なものとなっているが、ここでも興味深い記事をいくつか紹介する。

まず寛平二年（八九〇）二月十三日、時平の弟仲平《なかひら》の元服の記事をみてみよう。仲平の元服は時平の時と全く同じように、天皇の面前で行われた。天皇自筆の位記によって正五位下に叙位されたのも、時平の先例を襲ったものである。その祝宴で、太政大臣基経が以下のように語った。

光仁《こうにん》天皇が皇太子を立てようとしたとき、吉備真備《きびのまきび》をはじめとする公卿たちは他戸《おさべ》親王を立てようとして立太子の宣命《せんみょう》まで用意したが、藤原百川がその宣命を破り捨て、山部《やまべ》親王（桓武）を皇太子とした。桓武天皇は百川の功績に感謝して、その子緒嗣の元服の際には、破格の待遇で緒嗣を処した。この先例にならって光孝天皇が時平を処遇してくれたのは、たとえようもない恩寵だと。

これに対して宇多天皇は、先帝（光孝）は常々自分が天皇となることができたのは、ひとえに基経のおかげであると言っていたし、自分が皇位を嗣ぐことができたのは、二人の兄を差し置いて先帝が自分を指名してくれたためでもあるが、基経の教導がなければ今日の私はなかっただろうと述べたと記している。阿衡事件の後の宇多天皇と基経との関係をどのように捉えるか、さまざまなことが想像できる記事である。

宇多天皇の愛猫

また、陽成太上天皇の行状についての記事も何ヵ所かみられる。寛平元年（八八九）十一月二十五日には、左大臣源融が、太上天皇が馬に乗って平安京六条の下人（身分の低い者）の家に押し入り、従者が杖や鞭を振り回したため、住人である女性や子供は蜘蛛の子を散らすように逃げ去ったと報告した。これに対して宇多天皇は「悪主は国に益無し」という感想を書き付けている。同年十二月二十四日には、同じく源融が、自身の宇治の別荘（ここは後に平等院となる）に陽成太上天皇が来て、柴垣をことごとく破却し、厩の馬を奪って狩りに出かけたと報告している。これらの記事の存在は、陽成太上天皇の粗暴な行動が止まなかったことを示していると同時に、前述したように、宇多天皇が皇位継承の面で、太上天皇に対する警戒感をゆるめていなかったこととも関係があるかもしれない。

さらに、愛猫家にとってもとても興味深い飼い猫に関する記述がある。宇多天皇の飼い猫は、大宰少弐《だざいのしように》源精《くわし》が任期が終わり、帰京した際に光孝天皇に献上されたものだった。おそらくは大陸商人から入手した舶来の猫だったのだろう。毛色は墨のような漆黒で、体長は四五センチほど、体高は二〇センチ弱、目は針の先のように鋭く、耳はピンととがっていた。まったく音を立てずに歩き、ネズミを捕ることにかけてはほかの猫に負けることがなかった。光孝天皇はこの猫を数日可愛がった後、宇多天皇に賜り、それ以来五年間、毎朝乳粥を与えるなどして飼ってきたという。天皇が猫に語りかけると、猫はため息をついて首をあげ、天皇を睨むが、そのさまは喉もとまで出かかった言葉を抑えているかのようであったという。

2　道真の怨霊・将門の乱・内裏炎上

菅原道真の失脚

寛平九年（八九七）七月三日、宇多天皇はこの日一三歳で元服した皇太子敦仁親王に譲位し、同時に藤原時平と菅原道真の二人に対して、天皇が幼少の間、内覧の職務を行うよう命じた。その一〇日後、時平・道真はともに正三位に昇叙し、寛平七年以来の両者の並立は、醍醐天皇の時代に入っても続くこととなった。

しかし、あくまで天皇の主導権のもとで両者が並び立っていた宇多天皇の時代とは、状況がかなり異なってきたのも否定できない。『寛平御遺誡』からもうかがえるように、宇多の真意は道真を重用して時平の権力伸張を牽制するというところにあり、譲位後も天皇の父として醍醐に影響力を及ぼしながら、そのような状況を維持しようとしたのだろう。しかし、元服直後の醍醐が父のそのような真意を理解し得たかどうかはわからず、理解し得たとしても、その通りに動くかどうかはまた別問題だった。とくに道真がその娘を醍醐の異母弟斉世《ときよ》親王（母は橘広相《ひろみ》の娘）の妃としたことで、醍醐は自らの天皇としての地位に少なからぬ不安を持ったことは想像に難くない。

　また時平・道真以外の公卿たちの間では、とくに道真のあまりにも急速な昇進を快く思わない者も多かった。彼らは譲位と同時に宇多が時平・道真に命じた内覧の職務を、太政官からの天皇への奏上と天皇からの受命を、もっぱら両人のみが行うと認識、あるいは曲解し、当時の公卿の主要な政務である外記政（平安宮内の外記庁《げきちょう》で行われる聴政）に出仕しないという行動に出た。これに対して道真は、宇多太上天皇に公卿たちの誤解を解くよう訴えているが、彼らの行動はとくに道真の異常な昇進に対する抗議の意味が強かったとみてよい。

　昌泰《しょうたい》二年（八九九）二月、それまで空席だった大臣のポストに時平（左大臣）と道真（右大臣）が同時に昇った。少なくともこの時点まで、醍醐天皇は二人の並立という点に関しては宇多太上天皇の意志に忠実であったことになる。学者出身の大臣は奈良時代後半の吉備真備以来、実に一四〇年ぶりのことであったが、文人学者の間では、それを快挙として慶ぶ雰囲気はほとんど無く、翌年十月、同じ学者で文章博士になったばかりの三善清行《みよしきよゆき》は、道真に辞職を勧告するほどだった。

　延喜元年（九〇一）正月二十五日、定例の叙位で時平と道真がともに従二位となった直後に、道真を大宰権帥《だざいのごんのそち》に左遷する詔《みことのり》が出された。そこには、「宇多太上天皇のご意向によ

太宰府天満宮　福岡県太宰府市。祭神は菅原道真で、学問の神として参詣者が絶えない

り、道真を寒門（身分の低い家）の出身でありながら右大臣まで昇進させたのに、止足の分を知らず（身の程をわきまえず）、専権の心を持ち、よこしまな心をもって太上天皇の心を欺き、天皇の廃立を企てた」と記されている。もちろんこの措置は、醍醐―時平のラインによってたくまれたものであるが、前述したように道真が宇多太上天皇の合意のもと、斉世親王にその娘を納《い》れたことは、醍醐の「廃立」を画策する動きととられてもしかたのない行動で、太上天皇と道真の側にも隙があったことは否定できない。この詔が出された五日後、宇多太上天皇は処分の撤回を求めて内裏の東側にあった建春門のところまで出向くが、門は開かず、太上天皇はそこで夜を明かしたという。翌日、道真は大宰府に向けて出発し、二年後の延喜三年二月、五九歳で没した。

時平から忠平へ

菅原道真が失脚した後、藤原時平がそれ以前と同様に内覧の職務を続けていたかどうかは定かではない。しかし、道真左遷と同時に源《みなもとの》光《ひかる》（仁明源氏、時平と同年）が右大臣に昇ったものの、実質的には時平政権と呼ぶべき時代を迎えたことはたしかであろう。また、当然ながら宇多太上天皇の影響力も大幅に低下し、それまで太上天皇にとどめられていた時平の妹穏子《おんし》の入内《じゅだい》も道真左遷直後に実現、穏子は延喜三年（九〇三）に保明《やすあきら》親王を生み、翌年二歳で立太子して、将来への布石も着々と進められた。

時平政権下では、延喜二年三月、延喜の荘園整理令と呼ばれる法令を含む九つの法令が集中して出された。荘園整理令と呼ばれているのは、院宮王臣家が地方の人々の私宅を荘家《しょうけ》として稲穀等を蓄えるのを禁止した法令と、「勅旨開田《ちょくしかいでん》（天皇の命によって占定され開墾された田地）」を停止し、また、院宮王臣家が地方の人々の田地舎宅を買い取ることを禁止した法令の二つで、そのほかには班田収授《はんでんしゅうじゅ》を励行すること、粗悪な調庸物の納入を禁止すること、院宮王臣家が山川藪沢を占有するのを禁止することなども命じられた。これらは、宇多天皇の時に出された法令を継承したものもあるが、班田収授の励行に典型的にみられるように、律令制の原則への回帰をめざすといった傾向が強く、現実には律令制が解体に瀕していた当時の状況からみて、実効性は疑わしい。むしろ十一世紀以後、天皇の代始めにさまざまな禁制をまとめて発布する公家新制の先蹤《せんしょう》と位置づけるべきだろう。

藤原時平は、二九歳という当時としては異例の若さで左大臣となったから、当然長期政権が予想されたのであるが、延喜九年（九〇九）四月、三九歳で没する。その死因については、古い時代の史料にはとくに記されていないが、院政期に成立した歴史書『扶桑略記《ふそうりゃくき》』は、病気の時平を三善清行の子の僧浄蔵《じょうぞう》が加持《かじ》していたところ、道真の霊が清行の前に現れて浄蔵の加持を停めるよう命じ、それに従って浄蔵が時平のもとから退出した直後に死去したという話を伝えている。この前年には藤原菅根《すがね》という人物が死去しているが、彼は宇多太上天皇が道真左遷の撤回を求めて内裏を訪れた際、蔵人頭であったにもかかわらず、その言葉を醍醐天皇に取り次がなかったとされている。この頃から道真の怨霊への恐れが人々の間で高まっていったと想像できるのである。

その後の朝廷は、右大臣の源光が首班となったが（左大臣は欠員のまま）、この年、権中納言となった藤原忠平《ただひら》（時平の九歳下の同母弟）が次第に頭角を現すようになる。ただし、忠平は元来宇多太上天皇と近い関係にあったらしく、一方では忠平の影響力の増大が宇多太上天皇と醍醐天皇との融和を促すという側面もあったものの、忠平自身の昇進にとっては必ずしも有利には作用しなかった。延喜十三年に源光が死去し、翌年忠平は右大臣に昇って名実ともに公卿の筆頭となるが、左大臣に昇るのに延長《えんちょう》二年（九二四）まで一〇年の歳月を要したのである。しかしだからといって、醍醐天皇が積極的に国政に臨んだことを示す史料もなく、忠平が右大臣になった後の醍醐朝は、実質的に忠平政権と呼んで差し支えないだろう。

菅原道真の怨霊

醍醐天皇の時代後半の朝廷は、菅原道真の怨霊にどのように対処するかというのが、最大の課題だったといってよい。前述したように、延喜九年の時平の死も道真の祟りの所為と考えられた可能性が高いが、道真の怨霊がはっきりとその姿を現すのは延長元年（九二三）のことである。

三月二十一日、二一歳の皇太子保明親王が病に臥し、その日のうちに没した。この年は正月から平安京で咳病（インフルエンザか）が流行していたらしく、保明親王の死去も実際にはそのためだったかもしれないが、『日本紀略』には、世間の人々はみな道真の霊魂の怨みによるものと噂したとある。そこで朝廷は、道真を本官の右大臣に戻し、正二位を贈り、左遷の詔書を破棄するなど、道真の名誉を回復してその祟りを鎮めようとした。ところで道真は十世紀末の正暦《しょうりゃく》四年（九九三）にいたり、左大臣正一位、ついで太政大臣を贈られているのだが、もし保明親王死去の際に、思い切ってこの措置をとっていれば、これ以後道真の怨霊に対する恐怖はだいぶ軽くなったのではないだろうか。

さて、保明親王死去の約一ヵ月後、皇太子にはその子慶頼《よしより》王（母は時平の娘）がわずか三歳で立てられた。ところがこの慶頼王も、その二年後あえなく死去してしまった。死去の直前には醍醐天皇が疱瘡《ほうそう》に罹《かか》っているので、慶頼王の死去もそのためかと思われるが、もちろん人々は道真の祟りによるものと考えただろう。そして道真の怨霊は、延長八年、醍醐天皇にとどめを刺すことになる。

延長八年六月二十六日、前月からの旱《ひでり》に対して公卿が殿上で雨乞いのことについて議していたところ、平安京西郊の愛宕山のあたりからにわかに黒雲が湧き起こり、大雨とともに雷声がとどろいた。雷は清涼殿の南西の柱に落ち、大納言藤原清貫《きよつら》が胸を裂かれて死亡、右中弁平希世《まれよ》も顔に大やけどを負った。そのほか紫宸殿にいた者にも死者やけが人が出て、宮中は騒然となった。醍醐天皇はこの直後から病床に臥し、九月二十二日には慶頼王の後に皇太子に立てられていた寛明《ゆたあきら》親王（保明親王同母弟、当時八歳）に譲位するも病状は回復せず、その七日後には死去してしまう。

この事件は、当然道真の怨霊と結びつけて理解されただろうが、それを示す史料が『扶桑略記』の天慶《てんぎょう》四年（九四一）の項に引用されている。『道賢上人冥途記《どうけんしょうにんめいどき》』と呼ばれるその史料は、吉野で修行中に急死した道賢という僧が、一三日後に蘇生してその間の出来事を語るというものである。道賢はまず金峯山浄土《きんぷせん》に行き、そこで太政威徳天《だいじょういとくてん》と名乗る道真の霊に出会う。威徳天は延長八年の清涼殿の落雷は自分の仕業であり、醍醐天皇を呪い殺したのも自分であると語った。ついで地獄で苦しむ醍醐天皇にも会い、醍醐天皇は道賢に、道真の怨恨の根源は自分にあると告白、現世に戻ったら一万の卒塔婆を立てて我が苦しみを除いてほしいと忠平に伝えるよう、依頼したという。蘇生した人物が冥界のことを語るという筋立ては、『日本霊異記《にほんりょういき》』などにもよくみられるもので荒唐無稽な内容ではあるが、その当時の人々が道真の怨霊やその犠牲となった醍醐天皇についてどのように考えていたかを知るうえで興味深い。

朱雀天皇と国母穏子

醍醐天皇は寛明親王すなわち朱雀《すざく》天皇に譲位する際、忠平に対して「幼主を保輔《たす》け、政事を摂行せよ」との詔を下した。これは清和天皇が陽成天皇に譲位する際の手続きと全く同一で、これにより忠平は左大臣ではあったが、摂政の職務をつとめることになった。承平《じようへい》六年（九三六）八月、忠平は太政大臣となり、翌七年正月に朱雀は一五歳で元服する。しかし、その後も忠平は摂政を続け、天慶四年（九四一）十一月にいたって、朱雀は忠平に「万機巨細、百官己れを総ぶるは、皆太政大臣に関り白し、然る後に奏下すること、仁和（宇多）の故事の如くせよ」として、関白の職務をつとめることを命じた。これも宇多天皇が藤原基経に対して命じた内容と同じである。ただ忠平の場合は、同じ朱雀天皇のもとで、当初は摂政、ついで関白の職務を行ったのであり、ここに天皇が幼少の際は摂政が置かれ、成人すると（朱雀の場合元服後やや時間が経過しているが）関白となるという慣行が生まれることとなった。

朱雀天皇の時代は、まさに忠平政権といってよいのであるが、もう一人、天皇家の内部で大きな力を持った人物がいた。それは朱雀天皇の生母藤原穏子《おんし》である。穏子は、その子保明親王が死去した延長元年四月に中宮となり、七月には寛明親王を生んだ。ときに穏子は三九歳でかなりの高齢出産であり、また保明を失い、ほどなく孫の慶頼王も死去したので、寛明親王の養育には過敏ともいえる注意を払ったらしい。そのためか、朱雀天皇の即位後、皇太后となってからも宮中で大きな発言権を持ち、天皇のキサキの居所である内裏後宮を独占して、朱雀天皇の女御《にようご》を入れないほどだった。国母とも呼ばれる天皇の生母が政治的に大きな発言権を持つのは、必ずしも穏子が初めてというわけではないが、十世紀末以後、摂関政治全盛期の国母に大きな影響を与えた点で、穏子の存在は重要である。

承平・天慶の乱と天皇の軍事大権

朱雀天皇の時代の大事件といえば、東国の平将門《たいらのまさかど》、西国の藤原純友《すみとも》があたかも呼応するかのように起こした反乱である承平・天慶の乱ということになる。ここでは、この事件の際、天皇の軍事大権（軍隊を動員・指揮する権能）がどのように発動されたかについてみていきたい。

まず、将門・純友の乱の経過について簡単に説明しておく。平将門は下総《しもうさ》国北西端のあたりに本拠を持ち、承平五年（九三五）頃から伯父の国香《くにか》・良兼《よしかね》らと私闘を繰り返していた。そのなかで、天慶二年（九三九）十一月、将門が常陸国司《ひたちのこくし》と常陸の住人藤原玄明《はるあき》との対立に介入して、常陸国府を襲撃、さらに下野《しもつけ》・上野《こうずけ》国府を襲って、「新皇《しんのう》」を称する。しかし翌三年二月、同じ関東地方の有力武士で朝廷から追捕凶賊使に任命された藤原秀郷《ひでさと》・平貞盛《さだもり》らに討たれた。

一方、藤原純友は承平年間に伊予掾《いよのじょう》となり、そのまま土着して海賊行為を働いたり、逆に政府の命をうけて海賊を追捕したりしていた。ところが天慶二年末に部下が備前《びぜん》国司を襲撃、その後瀬戸内海沿岸や大宰府を荒らし回ったため、朝廷は純友に官位を与えて懐柔をはかる一方、小野好古《おののよしふる》を追捕凶賊使に任命して征討をはかり、結局天慶四年六月に伊予で討たれた。

このように、将門・純友の乱は天慶二年末から翌年始めにかけて大きなピークを迎えることになるが、朝廷はこれに対してどのように対処したのだろうか。

まず『本朝世紀《ほんちょうせいき》』の天慶二年十二月二十九日条をみてみよう。『本朝世紀』は十二世紀半ば、藤原通憲《みちのり》（信西入道《しんぜいにゅうどう》）が編纂した編年体の歴史書で、太政官の業務日誌である外記日記を編纂資料として用いており、朝廷のようすが正確に記されている。それによれば、この日信濃《しなの》国から将門が関東の諸国府を襲撃したという報告があり（その情報源は将門に追放されて信濃国に逃亡した関東地方の諸国司である）、いったん摂政太政大臣忠平と公卿達は、忠平の直廬《じきろ》（執務場所）である職御曹司《しきのみぞうし》に集まった。その後忠平と左大臣仲平《なかひら》（忠平の同母兄）は清涼殿の殿上の間、公卿達は当時内裏内での彼らの執務場所だった宜陽殿《ぎようでん》の議所に分かれ、宜陽殿で信濃国からの奏状が開封された後、これが奏聞《そうもん》された。この「奏聞」の先は直接には殿上の間にいる摂政忠平と考えられる。その後、公卿達は殿上の間に向かい、そこで摂政忠平らとともに、都の周辺を警護する固関使・警固使らの人選を行った。ここまでのところでは、使者の人選が天皇の居所に近い殿上の間で行われているものの、朱雀天皇がこれに関与した形跡はみられない。

明けて天慶三年正月一日、前月二十九日から職御曹司に詰めていた忠平の日記『貞信公記《ていしんこうき》』によれば、忠平は職御曹司で左大臣仲平とともに追捕使を定めている。この日、恒例の元日節会は行われたものの、天皇の出御はなく、音楽も奏されなかった。将門・純友の乱のためであるのは明らかで、忠平以下の公卿達の緊迫ぶりがうかがえる。さらに乱への対処は次々に行われ、同月十九日には、参議藤原忠文《ただふみ》を征東大将軍に任命した。大将軍の任命は、九世紀前半、対蝦夷《えみし》戦争のなかで坂上田村麻呂《さかのうえのたむらまろ》・文室綿麻呂《ふんやのわたまろ》が任命されて以来、実に約一三〇年ぶりのことだった。

大将軍となった藤原忠文には、二月八日、節刀《せっとう》が授与された。その日の『日本紀略』には、「天皇、南殿（紫宸殿）に御し、征東大将軍参議右衛門督藤原朝臣忠文を発遣し、節刀を賜う」とある。節刀とは、大将軍や遣唐使に天皇の権能の一部を委任することを示す象徴となる刀で、大将軍の場合、節刀の授与は軍隊の指揮権や部下の処罰の権限を委譲されることを意味した。ここで注目したいのは、ここまで大将軍や固関使・追捕使などの任命はもっぱら摂政忠平によって行われているにもかかわらず、この時だけ朱雀天皇が登場するという点で、天皇の軍事大権については、摂政では代行不可能とみなされていたことを示している。

なお大将軍の任命は、この後源平争乱期の木曾《きそ》義仲《よしなか》まで、約二四〇年間途絶えるのであるが、これについて近年の研究では、節刀の授与を通じて天皇が戦闘行為に関わり、血の穢れに染まるのを避けようとしたためだという見解が出されている。

村上天皇の宮廷

天慶九年（九四六）四月、二四歳の朱雀天皇は二一歳の皇太弟成明《なりあきら》親王に譲位した。村上天皇である。この譲位について『大鏡』は、藤原穏子が朱雀天皇に東宮成明親王の即位した姿を見たいものだと戯れに語ったところ、朱雀は母が成明の速やかな即位を待ち望んでいると考え、譲位にふみきったという話を載せている。事の真偽はさだかでないが、穏子の発言の影響力をうかがわせる話ではある。

村上天皇の即位直後、忠平の嫡男実頼《さねより》が右大臣から左大臣に転じ、二男師輔《もろすけ》が大納言から右大臣に昇った。さらに五月には、村上天皇から太政大臣忠平に関白をつとめるよう詔が下り、ここに天皇を生母穏子と関白忠平、およびその子実頼・師輔が支えるという盤石の体制が整った。この体制は、天暦三年（九四九）八月、忠平が七〇歳で没しても揺るがず、実頼・師輔の兄弟は内覧の職務を行って天皇を補佐したらしい。

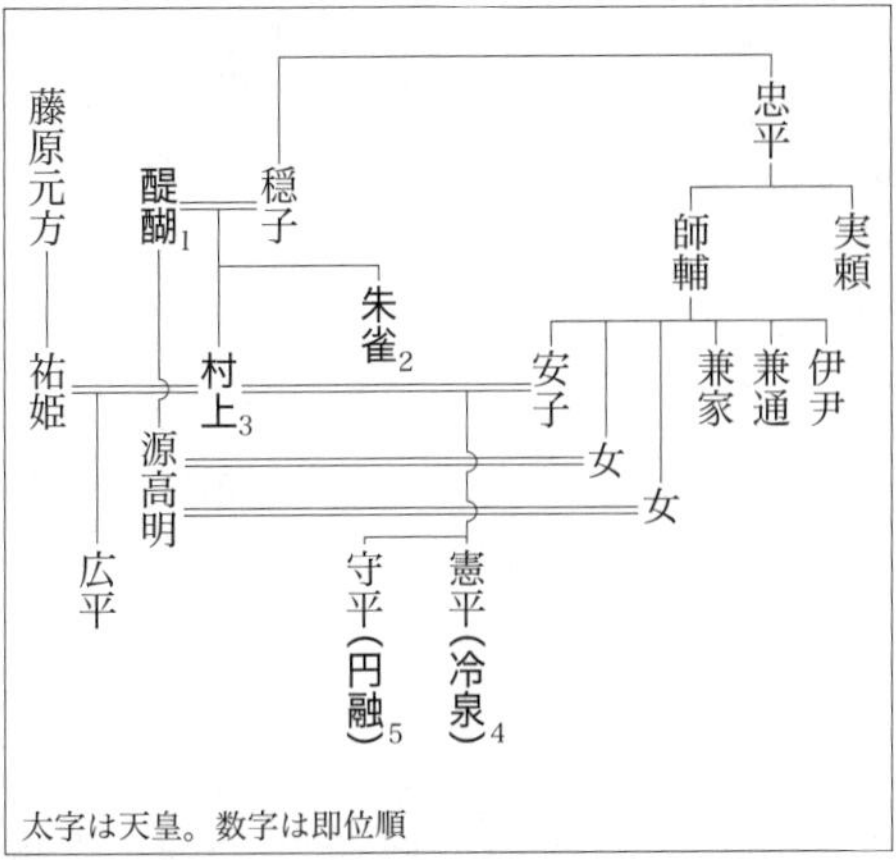

醍醐から円融までの天皇家と藤原氏

　翌年五月、村上天皇と藤原師輔の娘安子《あんし》との間に憲平《のりひら》親王が誕生、七月には皇太子に立てられた。村上天皇には、この直前に中納言藤原元方《もとかた》の娘祐姫《すけひめ》を母とする広平《ひろひら》親王が第一皇子として生まれていた。元方は、当時すでに藤原氏でも傍流となっていた南家出身で、学者として地道な昇進を重ね、五〇代になってようやく公卿の末席に連なった人物だった。しかし自分の娘が天皇の第一皇子を生んでいるからには、その立太子を望む気持ちは強かっただろうが、その希望はあっけなく潰えたのである。失意の元方は、その後食事も喉を通らず、三年後に没してしまう。憲平親王の立太子は、当時の政治状況からすれば、むしろごく当然の成り行きだったが、元方の憤死によって、朝廷は菅原道真に続いて、また強力な怨霊を抱え込むことになった。

さて、忠平没後の朝廷を主導した実頼・師輔は、年齢・官位の点で実頼が師輔を上回っているものの、後宮対策については、師輔の娘安子が憲平親王を生んで皇太子となったのに対して、実頼の娘で村上の女御《にょうご》となった述子《じゅつし》は、天暦元年懐妊中に死去しており、すでに勝負がついてしまっていた。だからこそというべきか、この二人はとくに表立って対立することもなく、二頭体制を維持できたといえる。さらに、この時期の源氏の筆頭、醍醐天皇の子である源高明《たかあきら》は、藤原師輔の娘二人を室としており、後に述べるように師輔と高明の間は、単に舅《しゅうと》と婿《むこ》というだけでなく、儀式・故実の伝承という面でも強いつながりがあったと考えられており、村上天皇の宮廷は、まずは安定した状況が続いたといえる。

内裏炎上

天徳《てんとく》四年（九六〇）は、それまでおおむね平穏といえた村上天皇の宮廷を暗雲が覆った年であった。まず五月四日、右大臣で皇太子の外祖父藤原師輔が五三歳で没する。この年齢はとくに短命というわけではないが、孫の即位を見ずに没したことを、人々が藤原元方の怨霊と結びつけたのはいうまでもない。そもそも皇太子憲平親王については、早くからその奇矯な振る舞いが周囲の人々を心配させていた。それだけに師輔は大きな不安と無念とを心に抱きながら死去したに違いない。さらに康保《こうほう》元年（九六四）四月、皇太子の生母藤原安子が選《せん》子《し》内親王を生んだ後に没し、康保四年には父村上天皇も亡くなり、憲平親王は父母と外祖父がいないという状況で即位せざるを得なくなるのである。

　話を天徳四年に戻すと、この年の九月二十三日、遷都以来約一七〇年にして、初めて平安宮の内裏が焼失した。この時のようすを村上天皇自身の日記によってみていこう。

　深夜、侍臣たちの叫び声を聞いて驚き起きると、少納言藤原兼家《かねいえ》（師輔の三男）が、火は内裏の東側から西に向かっており、火勢は強く消すことはできそうにないと報告した。そこで天皇は、衣冠を身につけ、紫宸殿の南の庭に下り、左近衛中将源重光《みなもとのしげみつ》が剣璽を持ってこれに従った。さらに温明殿《うんめいでん》にある神鏡などを取り出させようとしたが、火勢が強くてかなわず、清涼殿・後涼殿《こうりょうでん》を通って内裏西側の神嘉殿《しんかでん》に逃れた。そこに侍臣に抱かれた皇太子も合流し、太政官、さらには職御曹司へと避難し、その頃にはようやく火勢も衰えたとの情報を得た。避難の途中、天皇は「心神迷い惑うこと、あたかも夢のうちのごとし」と記している。また職御曹司では、右大臣藤原顕忠《あきただ》（時平の子）を召して、自分の不徳によりこの災いに遇い、嘆き憂うること極まりなしとの言葉を述べ、さらには神鏡をはじめとする累代の宝物を失ったことで、後世の譏《そし》りはまぬかれないとの感想を漏らしている。

翌日になり、焼け跡を捜索させたところ、瓦礫の上にほとんど損傷していない鏡が一面見つかり、また同じく温明殿に納められていた大刀契《だいとけい》（節刀などを含む宝器）も発見されたとの報告をうけた。報告した源重光は、焼け跡にのこされた鏡を見て感嘆しない者はいなかったとつけ加えている。

この時の神鏡については、十二世紀初めの儀式書『江家次第《ごうけしだい》』や鎌倉時代の絵巻物「橘直幹申文絵巻《たちばなのなおもともうしぶみえまき》」に有名な話が載せられている。内裏焼亡《じょうもう》の際、神鏡が焼け跡から飛び出し、紫宸殿南庭の桜の木にかかったのを、左大臣実頼が瞑目し跪《ひざまず》いて警蹕《けいひつ》（天皇が移動する際などに邪気を払うため「おし」などと音声を発すること）を唱えたところ、鏡は実頼の衣の袖に自ら飛び込んだというのである。実際には、村上天皇の日記にあるような発見の状況だったのだろうが、それが後世には神鏡にまつわる「奇蹟」として人々に語り伝えられることになった。

天皇の地位を象徴する宝器のうち、とくに鏡は早くから温明殿に安置され、神聖視されていたのだが、天徳の内裏焼失を機に、天皇と宝器との結びつきや宝器の神聖性は、天皇自身はもちろんのこと、人々の間で一層強く意識されるようになったのである。なお、鏡などの宝器については第五章第一節で再び触れることにする。

3 「延喜・天暦の治」の評価と実態

延喜・天暦聖代観

序章で触れたように、とくに近代になると、醍醐・村上天皇の時代は、摂政・関白をおかずに、天皇親政が行われた時代として称揚されるようになるのであるが、それが実態に沿ったものといえないことは、これまでの記述でも明らかだろう。しかし一方で、両天皇の時代は、その直後の十世紀末頃からすでに「聖代」として称えられているのも事実である。ここでは、延喜・天暦にほど近い時代、平安時代後半に、この時代がどのように捉えられていたかについてみていき、その実態についても考えたい。

まず、醍醐・村上天皇が君主として大変すぐれた資質の持ち主だったという評価がある。例えば十一世紀末から十二世紀初め頃に著された歴史物語である『大鏡』には、

おなじみかどゝ申せど、その（醍醐天皇の）御時にむまれあひて候けるは、あやしの民のかまどまで、やむごとなくこそ。大小寒のころほひ、いみじう雪ふりさえたる夜は、「諸国の民百姓いかにさむからん」とて、御衣《おんぞ》をこそ夜御殿《よるのおとど》よりなげいだしおはしましければ、（下略）

村上のみかどはたまうすべきならず。「なつかしうなまめきたるかたは、延喜にはまさり申させ給へり」とこそ、人申すめりしか。「われをば人はいかゞいふ」など人にとはせ給けるに、「ゆるになむをはしますと、よには申す」と奏しければ、「さてはほむるなんな

り。王のきびしうなりなば、よの人いかゞたへん」とこそおほせられけれ。

と記述されている。前半の醍醐天皇のところで「あやしの民のかまどまで」云々というのは、仁徳《にんとく》天皇が民のかまどから煙が立たないのを知り、その生活が困窮しているのを慮《おもんぱか》って三年間租税を免除したという、『日本書紀』などにある著名な話を下敷きにしている。それと同じように、醍醐天皇は寒さの厳しい時に民百姓も寒さに震えているだろうと考え、自らの衣を脱ぎ捨てたというのである。村上天皇については、醍醐天皇の頃より親しみやすく優雅な点はすぐれているとし、他人が自分のことを寛容だと評価しているのを聞いて満足したという話である。

　このように『大鏡』では、醍醐・村上天皇に対して、儒教的な徳のうち、とくに仁、すなわち慈しみ深く思いやりにあふれているという点ですぐれた君主だったとの評価を与えている。ただ、これらはあくまで個人の資質の問題であり、時代の特徴を直接示すものではないし、後世の説話等では内容が同じでも異なる天皇のこととして語られている場合があって、平安時代の人々が延喜・天暦を「聖代」とする主要な理由とはいえない。

文人学者の評価

十世紀末以後、延喜・天暦を「聖代」とする観念のなかで、史料にもっともよくあらわれているのは、この時代には公平・公正な人事が行われたとする評価であり、それらは文人学者の遺した文書に頻繁に登場する。ここではその一例として、天元《てんげん》三年（九八〇）正月二十三日付の源　順《みなもとのしたごう》申文《もうしぶみ》をとりあげてみよう。

申文とは、この場合、叙位や任官のためにその希望者が天皇に対して提出する申請文書を指す。この文書の正月二十三日という日付は、当時正月後半に行われた恒例の県召除目《あがためしじもく》（おもに国司を対象とした任官会議）の開催日にあわせたものである。この申文を提出した源順は、嵯峨源氏出身で、漢語の訓を示した辞書である『倭名《わみょう》類聚抄《るいじゅうしょう》』の撰者として有名な学者である。彼は当時従五位上の位階を持ち、特定の官職には就いていなかった（これを散位《さんに》という）が、伊賀あるいは伊勢の受領への任官を希望して、この申文を提出している。その本文冒頭の部分を現代語訳すると、

延喜・天暦の時代の故実を調べてみますと、一度受領となった者を再び受領に任命する場合、必ず功と労の順番を基準にし、功と労とがほぼ等しい時には、成業者（紀伝道の国家試験に合格している者）を優先的に任命していました。その「聖風」は現在でも伝わっているはずなのですが、私は功・労・成業の三つの条件を満たしているにもかかわらず、九年間受領に任じられていません。

といったことが記されている。源順は、康保四年（九六七）から天禄《てんろく》二年（九七一）にかけて和泉守《いずみのかみ》をつとめており、受領への再度の任官を希望して、この申文を提出したのであ

る。なお、ここで「功」といっているのは、和泉守時代の成績のことで、当時は受領が任を終えると公卿による受領功過定《ずりょうこうかさだめ》という成績判定会議が開かれていたから、具体的には受領功過定でどのような判定を得ていたかを指している。また「労」はこの場合、和泉守の任を離れてからの年数を指す。すなわち延喜・天暦の時代、受領に再任されるにはこのような客観的な基準が存在し、なおかつ学者が優遇されていたというのが源順の主張の趣旨である。

類似の申文はこのほかにも数多く、十世紀末以後の、とくに文人学者にとって、客観的な基準で人事が行われ、かつそのなかで文人学者を優遇する慣行があったという意味で、延喜・天暦の時代を「聖代」と称揚することは、彼らが叙位・任官を申請する場合の常套句ともなっていた。

叙位・任官の基準の変化

それでは、延喜・天暦の時代には、叙位・任官は実際にどのように行われていたのだろうか。筆者は以前、九世紀末から十一世紀後半にかけて公卿に昇った者を対象として、その位階の昇進状況を調査したことがある。具体的には、公卿となった一八九名について、最初に叙位された年齢（この時期、公卿に昇った者の大半は最初の叙位で従五位下あるいはそれより上の位階を授けられる）、一階昇進するのに要した年数、それぞれの昇進の理由などを調査し、その時代的な変化をみていったのである。

その結果、位階の昇進状況は十世紀末頃を境として、大きく様変わりすることがわかった。例えば、五位に昇る年齢の平均が、十世紀末以前は二〇代後半から半ばだったのに対して、以後は一〇代に下がり、そこから従三位まで昇るのに要する年数も、二〇年以上かかる者が存在する一方で、わずか数年で到達する者が増加し、平均値としては大幅に短縮されているのである。

このような変化は、どのような理由で加階されたかという点と密接に関係している。十世紀末までは、位階の昇進の大半は、官職の年労という基準によって行われていた。これは、ある官職に就いてから経過した年数（足掛けで計算する）によって位階を昇進させるというシステムである。例えば太政官の秘書官長といった役割をつとめる少納言に従五位下で任命されると、三年で従五位上、五年で正五位下に加階されるということが慣行として定まっていたのである。また加階に要する年数は、官職によって異なっており、従五位下から従五位上への加階についてみると、少納言の三年に比べて、少弁・近衛少将では二年とやや短く、逆に八省の輔（次官）では四〜六年、侍従では八〜九年と長い年数を要した。このように年労による加階は、典型的な年功序列型昇進制度であった。

ところが十世紀末以後になると、このような官職の年労による加階に加えて、天皇・太上天皇・皇太子などの皇族や摂関の縁者（血縁・姻戚関係にある者や従者など）にとくに有利となるような理由で加階される者が目立つようになる。例えば、太上天皇・皇太子・三后（皇后・皇太后・太皇太后）に与えられる年爵《ねんしゃく》という権利があって、これは本来彼らが毎年一人ずつ従五位下に叙位される者を推挙する権利だった。しかし十世紀末以後になると、この権利が従五位下より上の位階にも適用されるようになり、年少の貴族が毎年のように年爵によって昇進し、あっという間に三位の一歩手前まで昇進するという現象もみられるようになった。また立后や立太子、あるいは天皇が摂関の私邸に行幸した場合などには、皇后や皇太子の縁者や摂関の子弟・従者などに叙位が行われる機会も、この時期には大幅に増加した。

このような傾向は叙位のみの現象ではなく、前項でみた受領の任官などにもあらわれている。藤原実資《さねすけ》の日記『小右記《しょうゆうき》』の長和《ちょうわ》三年（一〇一四）十二月二十日条をみると、翌年正月の県召除目《あがためしじもく》に先立ち、当時の三条天皇に対して藤原道長《みちなが》が但馬の受領の人選について申し入れをし、中宮藤原妍子《けんし》（道長の娘）が同じく備中の受領候補を推薦しているという情報を得ている。これに対して実資は、豊かな国の受領の任命が道長などの既得権益になっていることを批判し、延喜・天暦の頃にはこのようなことはなかったのにと嘆いている。

文人学者による「延喜・天暦聖代観」は、叙位・任官のありかたがこのように大きく変化した直後にあらわれた。天皇や摂関と特別な縁故を持たない当時の文人学者にとって、年労を基準とした叙位・任官が支配的だった延喜・天暦期のほうが、はるかに「公平・公正」な時代と映ったのであり、そのことを自らの叙位・任官を希望する時の根拠として主張したのである。

拠るべき先例の時代

最後に、朝廷の儀式や政務との関係で、延喜・天暦期をみてみよう。十一世紀前半に藤原公任《きんとう》によって著された『北山抄《ほくざんしょう》』は、摂関期を代表する儀式書の一つであり、その第十巻「吏途指南」には、前述した受領功過定をはじめとして、公卿の受領に対する監督・統制に関する詳細な記述がある。これをみると、実にさまざまな箇所で、延喜・天暦の先例が引用、参照されており（とくに天暦が多い）、しかもそれらはほとんどが現在（『北山抄』当時の）よりも望ましい形で受領に関する政務が行われていたという文脈で登場する。このような傾向は、『北山抄』のほかの箇所や、同時期の貴族の日記にも一般的にみられるものである。

年号(西暦)	年数	件数	件数/1年
延暦以前(〜781)		51	
延暦(782〜805)	24	23	0.96
大同(806〜809)	4	9	2.25
弘仁(810〜823)	14	34	2.43
天長(824〜833)	10	34	3.40
承和(834〜847)	14	91	6.50
嘉祥(848〜850)	3	20	6.67
仁寿(851〜853)	3	18	6.00
斉衡(854〜856)	3	3	1.00
天安(857〜858)	2	4	2.00
貞観(859〜876)	18	115	6.39
元慶(877〜884)	8	59	7.38
仁和(885〜888)	4	65	16.25
寛平(889〜897)	9	143	15.89
昌泰(898〜900)	3	41	13.67
延喜(901〜922)	22	775	35.23
延長(923〜930)	8	334	41.75
承平(931〜937)	7	282	40.29
天慶(938〜946)	9	365	40.56
天暦(947〜956)	10	478	47.80
天徳(957〜960)	4	133	33.25
応和(961〜963)	3	301	100.33
康保(964〜967)	4	162	40.50

『西宮記』勘物の年代分布　西宮記研究会『西宮記研究』Ⅰ（1991年）による

また十世紀後半に源高明が著した『西宮記《さいきゅうき》』には、儀式の次第に関する記述に追記する形で、先例を列挙したり、その儀式の実例を貴族の日記などの引用によって示した部分がある。これを勘物《かんもつ》と呼び、その大半は『北山抄』と同じ頃、源経頼《つねより》という貴族によって追記されたと考えられている。その勘物の年代をみていくと、前頁の表に示したように、引用される頻度が仁和と延喜のところで、それ以前よりも格段に増加していることがわかる。前者の段差は、第一章第三節で紹介した『神皇正統記』に、「よろづの例《ためし》を勘《かんが》ふるも仁和より下つかたをぞ申すめる」、すなわち朝廷の儀式などの先例を調査する場合、もっぱら仁和以後を対象とするという記述と合致していて興味深いが、後者については、延喜・天暦の時代が、まさに拠るべき先例の作られた時代とみられていたことを示している。

延喜・天暦期と先例の形成との関係については、単に後世の人々がそう評価したというだけでなく、とくに村上天皇の時代には、天皇をはじめとするその当時の人々が意識的に後世の基準となるような先例を形成しようとしたとみられている。

まず村上天皇自身、『清涼記《せいりょうき》』（天暦元年〈九四七〉頃）や『新儀式』（応和《おうわ》三年〈九六三〉頃）といった勅撰の儀式書の編纂を命じている。さきに紹介した源高明の『西宮記』も、まさに村上天皇の時代に著されたものである。儀式書は、すでに九世紀に『内裏式《だいりしき》』『貞観儀式』などが編纂されていたが、それらは儀式のあるべき姿の全体像を示すといった内容であるのに対して、村上天皇の時代の儀式書は、儀式の参列者、とくに公卿がそれを滞りなく行うためのマニュアルとして作られ、用いられたという点に特徴がある。天皇以下、貴族たち自らが直接関わる儀式をより洗練されたものにしようとする意欲がうかがえるのである。

また、藤原忠平は朝廷の儀式にまつわる故実・先例に関する知識を、二人の子息、実頼と師輔に伝え、さらに彼らはそれを小野宮《おののみや》流・九条《くじょう》流の故実として子孫に伝えていったとされている。このように、先例の形成という点では、村上天皇をはじめとする当時の人々の意識と、後世の人々の評価は重なり合うものだったと考えてよいだろう。

第三章　摂関政治の成熟

1　皇統並立と外戚

冷泉天皇と関白藤原実頼

康保《こうほう》四年（九六七）五月二十五日、村上《むらかみ》天皇は四二歳で没し、皇太子憲平《のりひら》親王が皇位を嗣いだ。冷泉《れいぜい》天皇である。天皇は一八歳で成人に達していたが、前章で述べたように東宮時代から奇行が目立ち、摂政または関白を置かざるを得ない状況にあった。そこで六月二十二日、左大臣藤原実頼《さねより》（六八歳）に関白をつとめることを命じる詔が出された。本来なら天皇の外祖父師輔《もろすけ》がつとめるはずの職務だったろうが、彼は外孫の即位をみることなくすでに死去しており、この当時師輔の子息では長男の伊尹《これただ》が権中納言《ごんちゅうなごん》になったばかりという状態だったから、実頼の関白はまず順当なところだろう。実頼は同年十二月、太政大臣《だいじょうだいじん》となり、関白との先後関係は逆になったが、基経以来の太政大臣として関白の職務を行うという形を整えることとなった。ただし、摂政をつとめることなく関白となったのは実頼が初めてである。

ところで実頼は、その日記『清慎公記《せいしんこうき》』で自らの関白について、「揚名《ようめい》関白」（実権のない名ばかりの関白）と自嘲したという有名な話がある。七月の除目《じもく》に先立ち、「外戚不善の輩」（師輔の子息たち）が勝手な望みをなし、権中納言となったばかりの伊尹がさらに大納言を狙っているとか、除目以前に、右大臣の藤原師尹《もろただ》と大納言の藤原在衡《ありひら》が大体の案を決めてしまっているといった情報を得ての慨嘆である。この自己評価がどの程度正鵠を射ているかどうかはむつかしいところだが、少なくとも基経や忠平のような安定した政権基盤を持たなかったのはたしかだろう。

とくに注目されるのは、冷泉朝当初から蔵人頭《くろうどのとう》をつとめていた師輔の三男兼家《かねいえ》が、安和《あんな》元年（九六八）十一月に従三位、翌二年二月に参議を経ないで中納言に昇った後も蔵人頭を離れなかった点である。蔵人頭は、その成立期から公卿の一歩手前の職とされ、三位または参議となれば蔵人頭の職を離れるのが当然だったから、これは極めて異例のことであった。兼家は、東宮憲平親王が村上天皇に拝礼する時、当時八歳の憲平を抱いて天皇のもとに参上したことがあり、その信頼が厚かったのかもしれない。しかし彼が公卿となりながら冷泉天皇の近くを離れなかったのは、場合によっては天皇の意思を自らの思うままに操るためだった可能性もあろう。後述する安和の変の直後に、蔵人頭をようやく辞職しているのも気になるところである。

しかし、実頼はすでに左大臣の時から、摂政の職務を行うこともあり、師輔の子息たちに一方的に押しまくられるというわけではなかった。彼自身が「揚名関白」と嘆いた翌月には、天皇が病気の間、官奏《かんそう》をみる、すなわち天皇に代わり、諸司諸国から奏上された重要文書に対して決裁を下すことを命じられており、十月の除目は、職御曹司《しきのみぞうし》で実頼が行っていて、実質的には摂政の職務を果たしている。それは太政大臣になってからも同様で、冷泉の即位が譲位ではなく、村上天皇の死去に伴うものだったため、これまでのように譲位の際、前天皇から摂政を命じるという手続きは踏めなかったものの、実頼の関白は、実質的には摂政に相当近いものであったことも注意しておかなければならないだろう。

守平親王立太子と安和の変

冷泉天皇の在位がそれほど長く続かないことは誰の目にも明らかだったから、東宮を誰にするかは緊急の課題であり、その候補は同母弟為平《ためひら》親王（一六歳）と守平《もりひら》親王（九歳）の二人にしぼられた。年齢からいえば、当然為平親王が有力なのだが、為平親王には一つ大きな問題があった。右大臣源高明の娘とすでに結婚していたのである。為平親王との間に皇子が生まれれば、即位のあかつきにはその皇子が立太子し、将来高明が天皇の外祖父の地位を得る可能性がでてくるからである。

逆に守平のほうはまだ結婚年齢には達していないから、誰にでもチャンスがあるわけで、その意味で藤原氏の利害は一致する。そこで康保四年九月には、為平をさしおいて守平が東宮に立てられることとなった。そしてその直後、冷泉天皇の皇后に、東宮時代から妃として入っていた昌子《しょうし》内親王（朱雀天皇皇女）が立ち、同時に伊尹の娘懐子《かいし》が女御《にょうご》となる。懐子は翌年十月、第一皇子師貞《もろさだ》親王を生むが、この時点では、師貞に即位の機会が生まれるかどうかはわからなかった。

安和《あんな》二年（九六九）三月二十五日、源満仲《みつなか》と藤原善時《よしとき》が、橘繁延《しげのぶ》・源連《つらぬ》の謀叛を密告した。累は左大臣源高明にも及び、高明は大宰権帥《だざいのごんのそち》に左遷、空席となった左大臣には右大臣の藤原師尹《もろただ》が転じ、右大臣には藤原在衡が昇った。この事件を安和の変と呼び、当時の貴族たちは天慶の大乱の時のように動揺したという。

さて、密告した側の二人は左馬助《さまのすけ》・前武蔵介《むさしのすけ》、謀叛を企てたとする側の二人は中《なか》務《つかさ》少輔《しょう》・左兵衛大尉《さひょうえたいい》という肩書をそれぞれ持つが、同時に上層貴族に侍として仕える武者でもあった。このうち源満仲は右大臣藤原師尹の従者だったとする説が有力で（異説もある）、一方嵯峨源氏出身の源連は、その叔母が源高明の母、また妹が高明の室という関係にあった。そのため、この事件は師尹や師輔の子息など藤原氏上層部が、為平立太子を阻まれたものの、なお危険性をのこす高明を排除するために企てた陰謀とするのが通説である。

この事件の結果として、九世紀半ば以後、皇族が源朝臣の姓を授けられて臣籍に降った賜《し》姓源氏《せいげんじ》の勢力が大きく後退することになったとする説がある。たしかに高明の失脚は賜姓源氏にとって大きな打撃であったことは否定できないが、この直後にも源兼明《かねあきら》（醍醐源氏、ただし貞元二年〈九七七〉親王に復籍させられている）・雅信《まさのぶ》（宇多二世源氏）が相次いで左大臣まで昇っており、天皇の父方のミウチとしての存在意義は依然として失われていないというべきだろう。

そもそも九世紀以来、安和の変までの政変を藤原北家による他氏排斥の歴史とするのは、あまりに皮相な見方である。むしろ、高明が自分の娘を親王の妃としたことが失脚の最大の原因になったため、これ以後の天皇（皇太子となり得るような親王を含む）のキサキは、ごく限られた範囲の門流からしかとられないようになる点が注目される。具体的には皇族（内親王・女王）か、藤原氏でも忠平の子孫、とくに師輔の子孫に次第に限定されるようになった。九世紀以前、桓武天皇や嵯峨天皇のように数十人というキサキをさまざまな氏族から迎えた天皇に比べ、十世紀末以後の天皇のキサキは、数の面でも出身氏族の面でも多様性の乏しいものになっていくのである。

円融天皇と師輔の子息たち

安和の変から約五ヵ月後の八月十三日、冷泉天皇は弟の守平親王に譲位した。円融《えんゆう》天皇である。兄はこの時二〇歳、弟は一一歳の若さだった。同日、太政大臣藤原実頼が新天皇の摂政を命じられ、師貞親王が二歳で立太子する。同年十月、安和の変で左大臣に昇った師尹が五〇歳で死去、翌天禄《てんろく》元年（九七〇）五月には摂政太政大臣実頼が七一歳で没する。藤原北家の世代交代が進んで、師輔《もろすけ》の子息たちが覇権を競う時代が到来した。

実頼の後、円融天皇の摂政となったのは、右大臣伊尹である。師輔の長男であり、東宮の外祖父にあたるという点からすれば順当なところだが、伊尹の摂政就任にはやや特異な面もあった。まず、これまでの摂政は、前天皇が譲位と同時に「幼主を保輔《たす》け、政事を摂行せよ」といった詔を下すことによって就任していたのに対して、伊尹の場合はその権能を代行すべき天皇自身の詔によって就任している点である。実頼の死去をうけてのことであるから当然といえば当然だが、このような就任のしかたは、実に貞観八年（八六六）の藤原良房以来のことだった。

第二に、伊尹が摂政を命じられた時点で、太政官の上席に左大臣藤原在衡がいた点である。これも基経が、その上席に左大臣 源 融《みなもとのとおる》がいながら、右大臣で陽成《ようぜい》天皇の摂政となって以来のことだった。第三は、伊尹は天禄二年（九七一）十一月に太政大臣となるのだが、それ以前は叙位・除目などの摂政としての職務を、内裏後宮の淑景舎《しげいしゃ》で行っていた点である。淑景舎はおそらく東宮師貞親王の居所だと思われ、ここを摂政の直盧《じきろ》（執務場所）としていたらしい。これ以前、摂政・関白の直盧は内裏東方の職御曹司《しきのみぞうし》に置かれており、それに対して伊尹が内裏後宮内に直盧を置いたことは、摂政・関白の性格の変化を考えるうえで重要な点となる。

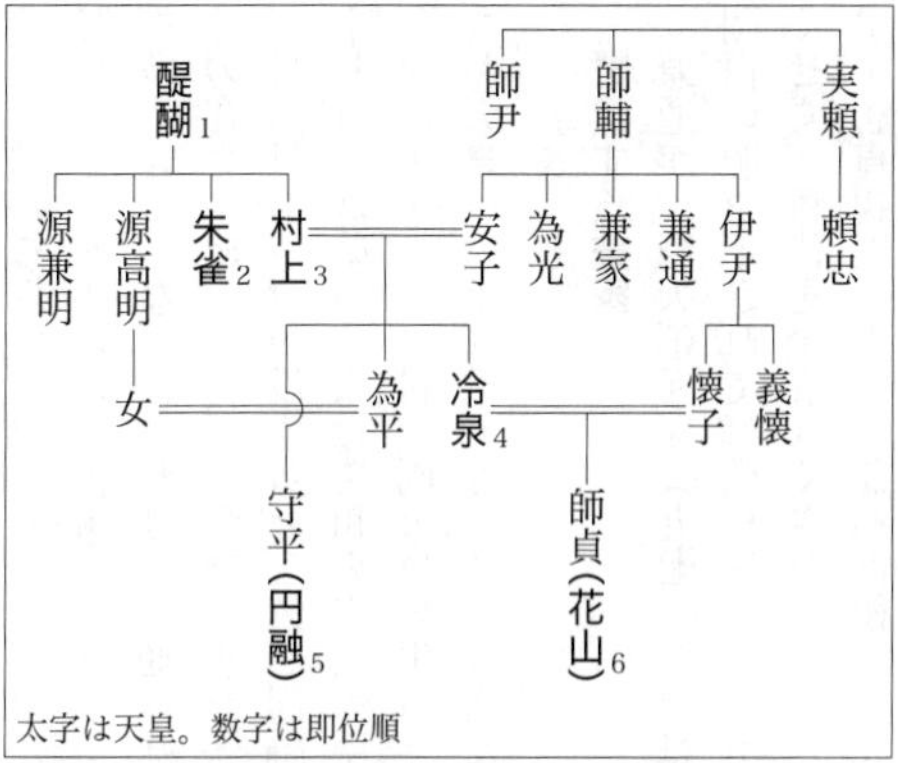

醍醐から花山までの天皇家と藤原師輔の子息たち

天禄三年十月、伊尹が病気を理由に摂政を辞すると、同母弟の兼通《かねみち》・兼家《かねいえ》の間で後継者争いが起きた。兼通は、当時四八歳で、この年閏二月に参議から権中納言に昇っていたが、同時に大納言に昇った四歳年下の兼家の風下に甘んじていた。ところが『古事談《こじだん》』（十三世紀前半成立の説話集。貴族の日記を典拠とする説話を多く含む）などによれば、兼通は妹であり冷泉・円融両天皇の生母である藤原安子《あんし》から、その存命中に、「関白の職は兄弟の順になさいますように」という書き付けを得ていて、十一月一日に伊尹が没するとそれを円融天皇に見せたという。それが功を奏したのか、同月二十七日には弟の兼家らを超えて内大臣に任命され、同時に内覧の職務を命じられた。前章で藤原穏子《おんし》が朱雀《すざく》・村上《むらかみ》両天皇の生母として大きな発言権を持ったと述べたが、安子も死してなお天皇の人事に重大な影響を与えたのである。

雌伏する兼家

兼通が、翌天延元年（九七三）には娘媓子《こうし》を天皇の皇后とし、翌二年には太政大臣となり関白の詔を下されて、政権を盤石なものとしたのに対して、その間、弟兼家は昇進もまったくせず、雌伏を余儀なくされた。ただ、貞元《じょうげん》元年（九七六）には娘の超子《ちょうし》が冷泉太上天皇の皇子居貞《いやさだ》親王を生み、兼通没後の天元三年（九八〇）には同じく娘の詮子《せんし》が円融天皇の皇子懐仁《かねひと》親王を生んで、将来の外戚の地位に向けての布石を着々と進めていた。

貞元二年（九七七）十月、関白太政大臣兼通は病気により関白職を辞することとなり、兼家としては自らの出番が回ってきたとの期待を持っただろう。しかし、この年四月に、左大臣源兼明を親王とし、右大臣の藤原頼忠《よりただ》（実頼の二男）を左大臣に、大納言源雅信《まさのぶ》を右大臣とする人事が行われており、関白は左大臣頼忠に命じられた。しかも兼家はこの時まで兼ねていた右近衛大将の任も奪われてしまう。

さきに紹介した『古事談』はこの経緯を次のように記している。兼通が危篤となった際、兼家の車が兼通邸の側を通りかかる。兼通は、弟が見舞いに来たと思い、長年の対立を清算して関白を譲ろうとする。ところが兼家はそのまま兼通邸を通り過ぎて内裏に向かったため、激怒した兼通は、病気をおして参内し、関白を左大臣頼忠に譲り、兼家が兼任していた右近衛大将を罷免して治部卿《じぶきょう》に落としたというのである。兼通と兼家との間にはよほどの確執があったと思われるのであるが、ともかくまたしても兼家は隠忍せざるを得なかった。

ただし、兼家にしてみれば上記のような処遇に強い不満を持ったであろうが、関白となった頼忠は、天皇とも東宮とも外戚関係になかったものの、太政官の上首であり、この時点での摂政・関白のありかたからすれば、関白となったのはむしろ当然といえる。翌天元元年十月に、彼が太政大臣に昇ったのも、これまでの通例を踏襲したものである。

内裏の火災の頻発

藤原氏の動向ばかりに紙幅を費やしたが、円融天皇の在位期間約一五年で、もう一つ注目しなければならないのは、内裏が三度も焼亡していることである。具体的には、貞元元年（九七六）五月、天元三年（九八〇）十一月、同五年十一月の三回である。前章で触れたように、村上天皇の天徳《てんとく》四年（九六〇）、平安遷都以来初めて内裏が火災にあったことを考えると、背後に何か事情があったのではと疑いたくもなる回数だが、円融朝以後も内裏はしばしば焼亡しているから、ここではとくにその理由は詮索しないでおく。

さて、内裏が火災にあったり、あるいは修理を行ったりして使用不能の場合、天皇は後院《ごいん》と呼ばれる京内の別邸に一時転居するのが通例であり、天徳四年の内裏焼亡でも、村上天皇は平安宮の東南に隣接する冷泉院（村上天皇の時、冷然院を改称）に移っている。ところが一方で、後院は太上天皇の御所としても使用され、円融天皇の時代には冷泉太上天皇が冷泉院や朱雀院といった後院を御所としていたため、貞元元年と天元五年には兼通の堀河院《ほりかわ》、天元三年には頼忠の四条院《しじょう》を御所とした。このうち四条院については、これを後院とみなして天皇が御所としたという記載が『日本紀略』などにあり、そこには、依然として内裏が使用不可能の場合に使用される御所は後院であるべきだとの考えが示されている。しかし、実態としては摂政・関白などの私邸なのであって、これ以後の里内裏《さとだいり》につながっていくものとして注目される。

花山天皇の出家事件

永観二年（九八四）八月二十七日、円融天皇は堀河院で、東宮師貞親王（一七歳）に譲位、花山《かざん》新天皇は即日新造の内裏に入った。また同日、引き続き太政大臣頼忠に関白を命じ、円融天皇と兼家の娘女御詮子《せんし》との間に生まれていた五歳の懐仁親王を東宮とした。

花山天皇は、父冷泉天皇と同様に奇矯な振る舞いに及ぶことがあり、十月に行われた即位儀では、儀式開始直前に、側に控えていた女官を大極殿の高御座《たかみくら》に引き入れて犯したなどという説話がのこされている。しかし一方で、天皇は国政にかなり意欲的な姿勢をみせたとも評価されている。公卿に意見封事《いけんふうじ》を提出させたり、物品の売買や諸国からの租税を代替品で納入する場合の交換比率を定めた沽価法《こけほう》を発したり、荘園整理令を発したりといった施策が、短い在位期間に矢継ぎ早に出されているからである。ただし、これらは醍醐天皇の時に出された延喜《えんぎ》二年（九〇二）の諸法令と同様に、代始めの新制と解するのが妥当で、その実効性よりは、新天皇としての意欲と権威を示そうとするものと捉えたほうがよいかもしれない。

花山天皇像　元慶寺蔵

そして、このような施策の推進者が、藤原伊尹の子、すなわち花山の外叔父で花山即位と同時に急速に昇進し、寛和《かんな》元年（九八五）九月に参議となった義懐《よしちか》と、学者出身の側近藤原惟成《これしげ》だった。しかし、彼らの意欲は他の公卿などには冷ややかに見られていたらしく、ことに東宮懐仁親王の外祖父にあたる兼家は、政権掌握の機会を虎《こ》視《し》眈々《たんたん》と狙っていた。

寛和元年七月、前年入内《じゅだい》して女御となっていた藤原為光《ためみつ》の娘忯子《しし》が懐妊中に一七歳の若さで死去した。花山天皇は、この忯子を深く寵愛しており、その悲しみは一通りではなく、出家の意志さえみせるようになる。この好機をみて、兼家は大胆な謀略を決行した。天皇の出家の意志に乗じて、外孫懐仁の即位を強引に実現しようとしたのである。

兼家の意をうけて直接天皇に出家をすすめたのは、兼家の子道兼《みちかね》だった。彼は当時五位蔵人で天皇の側に仕えており、自分も出家のお供をすると言葉巧みに天皇を誘い、寛和二年六月二十三日深夜、内裏から連れ出すことに成功し、平安京の東、山科《やましな》の元慶寺《がんぎょうじ》で天皇を剃髪《ていはつ》出家させた。一方、同じく兼家の子息道隆《みちたか》と道綱《みちつな》は、内裏清涼殿に置かれていた神璽と宝剣を凝華舎《ぎょうかしゃ》の東宮のもとに移し、兼家は天皇の出家と宝器の東宮への移動を確認してから、事態を関白頼忠に報告した。側近の藤原義懐と惟成は元慶寺で剃髪した花山天皇の姿を見てすべてをあきらめ、ともに出家を遂げ、政界から引退して仏道修行に励むこととなった。

無官の摂政兼家

花山天皇の出家により、七歳の東宮懐仁親王が一条天皇となり、藤原兼家は外祖父として待望の摂政の地位を手に入れた。ただし、これまで何度か述べてきたように、摂政の職務は通常前天皇が譲位と同時に命じるのであり、兼家自身の陰謀によって皇位の継承が行われた今回は、その手続きを踏むことが当然できなかった。そのため『日本紀略』によれば、花山出家の翌日、「先帝譲位之礼」を行い、兼家に摂政が命じられたとする。また、十四世紀の『園太暦《えんたいりやく》』(記主は洞院公賢《とういんきんかた》)という日記によれば、「如在礼」をもって詔を下した、すなわち先帝である花山がそこにいるかのような儀式を行ったとあって、きわめて異例のうちに兼家は摂政となったのである。

また、花山天皇の関白をつとめていた太政大臣藤原頼忠の処遇も問題だった。この時期には、摂政を辞した太政大臣の地位という本来の関白の性格は、もはやあまり障害にはならなかったとしても、やはり太政大臣の存在は特別なものであって、頼忠はその気になれば兼家の上官として振る舞うこともできたはずである。もちろん頼忠はそのような選択はせず、朝廷への出仕をとどめるという方法を選んだのであるが、それにしても落ち着きの悪さはぬぐえない。そこで摂政となってから約一ヵ月たった寛和二年七月二十日、兼家は右大臣を辞し、さらに八月二十五日には朝廷の座次を太政大臣頼忠より上とするとの宣旨を獲得した。ここに太政大臣よりも上位に立つ無官の摂政が生まれ、摂政は一個の独立した地位とされることとなった。

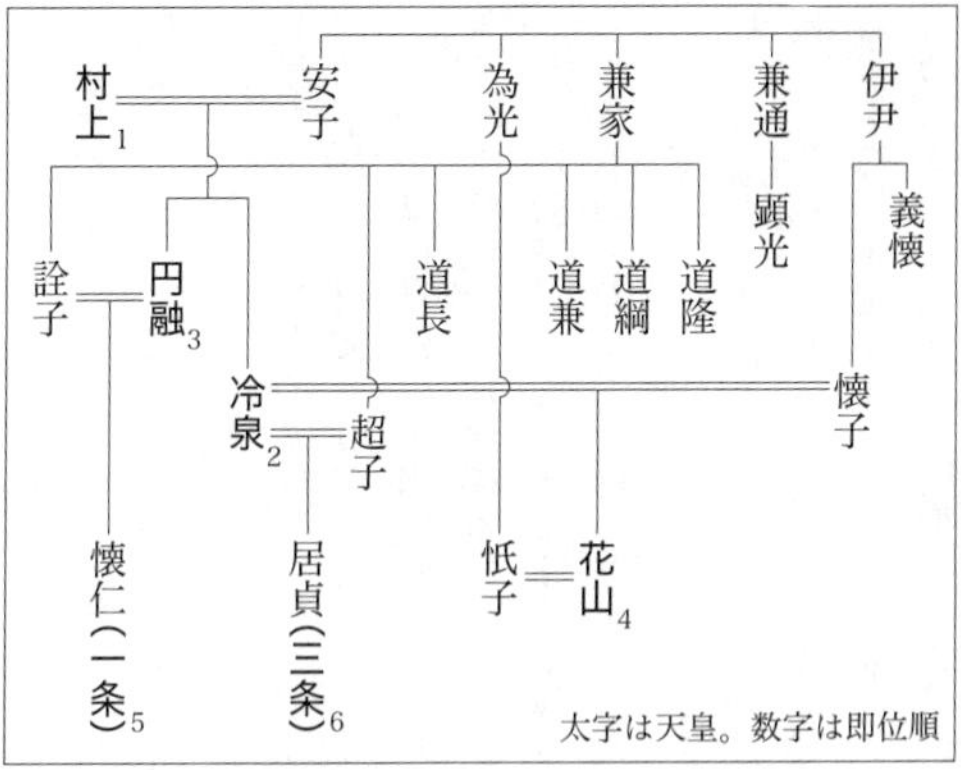

兼家の兄弟・子息と天皇

話を少し戻すと、七月五日には皇太后昌子内親王を太皇太后としたうえで、一条天皇の生母藤原詮子を皇太后とした。円融天皇の皇后（中宮）藤原遵子《じゅんし》をそのままにしておいての措置であり、とくに遵子の実家である小野宮《おののみや》流の人々からはいろいろと批判も出ている。同月十六日には、冷泉天皇皇子で兼家の娘超子を母とする一一歳の居貞親王が兼家邸の東三条第南院で元服、即日立太子する。一条天皇からみると年上のイトコにあたるが、これにより兼家は東宮の外祖父ともなった。

一条天皇自身は、翌永延元年（九八七）二月に凝華舎《ぎょうかしゃ》から清涼殿に入り、三月には租税納入や荘園整理などに関する新制十三箇条を発令した。といっても、八歳の天皇が判断できるような内容ではなく、あくまで兼家が新天皇の権威を高めるために、これまでにならって発令したものであることはいうまでもない。

そもそも一条天皇は、とくにその初期において、外祖父兼家と生母詮子に密着していたといってよい。摂政兼家は内裏後宮の淑景舎を直廬としていたらしく、また詮子は兼家の東三条第《ひがしさんじょうてい》を本来の居所としながら、しばしば内裏に赴き、一定期間滞在を繰り返している。さらに永延二年三月には、兼家の六〇歳の祝宴がやはり内裏後宮の常寧殿《じょうねいでん》で行われているのも注目される。当時の貴族の子どもは、母の実家でその父母（子どもからみれば外祖父母）に後見されながら養育されるという慣行を念頭に置けば、一条天皇はまさに内裏を舞台として詮子・兼家に養育・後見されていたかのごとくである。

一条天皇と藤原道隆

正暦《しょうりゃく》元年（九九〇）正月五日、一条天皇は一一歳で元服した。元服の儀式でもっとも重要な加冠の役目は、前年六月頼忠が死去した後に太政大臣となっていた摂政兼家が当然のごとくつとめた。五月五日には兼家は摂政から関白に転じるが、彼はこれ以前から引退、出家を考えていたらしく、三日後には出家を遂げ、長男の内大臣道隆が関白となった。これは父兼家が子の道隆に関白職を譲ったということであり、そこには朝廷での地位（この時点で道隆の上位には左大臣源雅信・右大臣藤原為光がいた）よりも、親子関係あるいは天皇との姻戚関係（天皇の外祖父から外伯父へ）を重視する考え方を読み取ることができる。兼家は同年七月、長い雌伏期間を経た後、約四年間の絶頂期を過ごし、六二歳で没した。

関白となった道隆は、その直後の五月二十六日、摂政に転じた。同じ天皇のもとで関白から摂政に転じるのはもちろん初めてで、極めて異例である。この後の動きをみると、翌正暦二年七月、道隆は内大臣を辞して無官の摂政となっている。父兼家の前例を踏襲するための措置かとも思われるが、そうであれば一条天皇元服後も兼家が摂政に留まり、それを道隆に譲るという選択肢もあったはずで、この間の経緯はよくわからない。ともかく兼家・道隆をあわせても関白が存在した期間はわずか二〇日あまりで、この期間を含めて兼家・道隆は実際には摂政としての職務を行っていた可能性が高い。

兼家の後継者となった道隆は、一条天皇の元服直後に入内させていた娘の定子《ていし》（天皇より四歳年長の一五歳）を、正暦元年十月に中宮とした。もともと中宮とは、三后（皇后・皇太后・太皇太后）の宮のことで、転じて皇后または三后の別称として用いられ、奈良時代から九世紀までは、皇太夫人（皇后ならざる天皇の生母）の呼称としても用いられた。しかし十世紀に入ると、もっぱら皇后の別称としての用法が一般的となる。定子を中宮とした際、円融天皇の中宮で一条天皇即位後もそのままにしておかれた藤原遵子を皇后としている。遵子は円融天皇のキサキであるから、ここで皇后とするのはいかにも不自然だが、太皇太后（昌子内親王）・皇太后（藤原詮子）がふさがっており、一方で道隆は自らの娘の地位を確立させておく必要から、皇后とほぼ同じ意味での中宮という地位を定子に用意したのである。

なお、この措置の一因となった皇太后詮子は正暦二年九月出家したが、これに対して天皇は彼女に東三条院の称と太上天皇と同等の待遇を与えた。女院の初例であり、女院はこの後、政治的・経済的に重要な役割を果たすことになる。

一条天皇の成長と道隆の死

正暦四年正月には、史上最後となる元日朝賀が行われた。朝賀は元日に天皇が大極殿に出御し、皇太子をはじめとする皇族や百官の拝賀を受ける儀式で、群臣の上に立つ君主としての天皇の存在を示す極めて重要な儀式である。ところが十世紀に入ると、ほぼ天皇一代で一度といった程度しか行われなくなり、一条天皇の正暦四年を最後に廃絶するのであるが、その意義については、第五章で再びみていくことにする。

同年四月には、摂政道隆が関白に転じた。その直後から、一条天皇は太政官から奏上された文書に決裁を下したり、清涼殿で除目を行ったりしているので、元服後三年半ほどを経て、ようやく天皇としての政務に携わるようになったらしい。兼家は三年前に没し、東三条院詮子も出家の身で以前ほど内裏を訪れることはなくなって、外祖父や生母の庇護から抜けだし、一方で中宮定子とは、清少納言をはじめとするその女房たちも含めて大変円満な関係を築いたとされているから、一条天皇が個人的にも成年男性として自立していく様子がうかがえる。

このように兼家から道隆への政権委譲は、いくつかの強引かつ異例の措置をとりながらも、結果的には円滑に進んだのだが、それもつかの間、正暦五年から翌長徳《ちょうとく》元年にかけて赤《あか》斑瘡《もがさ》と呼ばれる疫病（はしかのことか）が猛烈な勢いで都を襲い、朝廷を大混乱に陥れた。正暦五年には、九州地方から疫病の流行が始まって京都に及び、とくに四月から七月までは「京師死者過半、五位以上六十七人」（『日本紀略』）という有り様だった。加えて二月には何度か内裏に放火があり、これらに対して朝廷では神社への奉幣、読経、恩赦などを繰り返している。翌年になっても疫病の勢いは収まらず、とくに四、五月には中納言以上の死者八人をはじめ、貴族に数多くの犠牲者を出した。しかし、前年の流行で免疫ができていたためか、庶民にはほとんど死者が出なかったという。

そのようななかで、道隆も長徳元年に入ると病気となった。ただし道隆の場合は赤斑瘡ではなく、かねてからの大酒による糖尿病かとされている。三月に入ると、道隆は関白職をその子で前年八月に内大臣となった伊周《これちか》に譲ろうとするが、一条天皇はこれを許さず、道隆が病気の間に限り、伊周に内覧の職務を行わせるという宣旨が下った。この時の『小右記《しょうゆうき》』（藤原実資《さねすけ》の日記）によれば、宣旨が下される際、伊周は文中の「病気の間」の部分を削除させようとして一悶着あったようで、当時二二歳の伊周の若さが露呈している。

四月には道隆の病状はいよいよ悪化し、三日に関白職を辞した後、再度伊周に関白をと天皇に奏上したが、やはり許されず、結局十日に四三歳で死去してしまう。そして二十七日、関白の詔は、道隆の弟ですでに赤斑瘡の病状が進んでいた右大臣道兼に下った。その道兼も、五月八日、関白となってからわずか一〇日あまりで死去する。同日には左大臣源重信・中納言源保光も没しており、疫病のすさまじさが察せられよう。

皇統並立の「メリット」

これまで冷泉天皇の即位からの約三〇年間について、時代を追ってみてきたので、最後にこの時代の天皇のありかたや、摂政・関白との関係についてまとめて考えてみたい。

まずこの時代の皇位継承についてみると、村上天皇の後、その子憲平（冷泉）と守平（円融）を起点として、その子孫が交替で天皇となっており、あたかも鎌倉時代の大覚寺統《だいかくじとう》・持明院統《じみょういんとう》による両統迭立《りょうとうてつりつ》と同じような様相を呈している。このうち、冷泉から円融への皇位継承は、前述したように源高明を舅とする為平親王の排除という経緯はあったものの、冷泉に奇矯な行動が目立ったという事情から、ある程度やむを得ない措置だったと思われる。しかし、師貞（花山）・懐仁（一条）・居貞（三条）は、いずれも皇位の交替と同時、あるいはその直後に立太子していて、意図的に迭立という状況が作り出されたと考えてよいだろう。

その理由は、個別的にはそれぞれの時期の政治的な事情が存在するとしても、より一般的には、師輔の子や孫の世代の貴族たちにとって、外戚の地位を獲得するためには、直系の継承よりは、このような皇位継承のほうが望ましかったということになるのではないだろうか。直系の皇位継承を優先させれば、一〇代あるいはそれ以下で即位するのが一般的となっていた天皇に自分の娘を納《い》れ、皇子が生まれて成長するまでには時間がかかり、存命中に外孫の即位をみるのはむつかしい。また、醍醐天皇の時のように、万一皇太子に立てた皇子が死亡してしまうと（穏子は複数の皇子を生んだからよかったが）、外戚関係の構築という構想そのものが頓挫してしまう危険性があった。

これに対して、兄弟を起点として交互に天皇を出すという皇位継承の方式では、実質的には同一世代に二人以上の天皇が生まれることになる。これは、娘を入内させる貴族の側からみれば、同一世代の天皇に複数の娘を納《い》れ（兼家が詮子を円融の女御に、超子を冷泉の女御としたように）、外戚関係を作る機会がより広がることを意味している。また天皇の側からみると、自らの皇子に皇位を継承させるために、早めに譲位するという傾向が生じる可能性も高まるのであり、これも結果的にみれば、娘を天皇に納れた貴族が外孫の即位を存命中に実現することにつながるであろう。

もちろん実際には、伊尹や道隆など外孫の即位をみずに死去してしまう者もあり、また兼家のように外孫の即位を実現するために強引な陰謀を実行する者も出てくるのであるが、少なくとも一般的にみれば、直系継承よりも迭立方式のほうが、貴族が外戚関係を構築し、外孫の即位を実現しやすい皇位継承方式だということはいえるであろう。これは逆の見方をすると、安和の変以後、天皇に娘を納れることのできる貴族の範囲が限定されるなかで、天皇との外戚関係を構築することが、彼らの政治的地位を確立するために、以前にもまして大変重要な要因になっていたことを示しているのである。

摂関と天皇の密着

右に述べたことは、この時期の摂政・関白の性格や、天皇と摂関との関係の変化にも示されている。

これまで何度も述べてきたように、摂政や関白の職務は、本来は太政大臣という地位と密接に関係していた。とくに関白については、光孝《こうこう》・宇多《うだ》天皇の時の藤原基経《もとつね》に関する措置からわかるように、いったん摂政の職務をつとめた太政大臣を、摂政辞任後、どのように処遇するかというところから生まれた職務だった。それは十世紀に入ってからの藤原忠平の場合にも、踏襲されている。ところが冷泉天皇の関白となった藤原実頼は、これ以前摂政を経験しておらず、しかも左大臣で関白の詔を下されている。実頼の子頼忠も、まったく同じ条件で円融天皇の関白となった。このように冷泉天皇の時代以後、関白の職務は、次第に太政大臣の地位とは関係が希薄なものとなっていく。

一方摂政については、やや遅れて一条天皇の時代、藤原兼家が右大臣で摂政となった後、大臣を辞して無官の摂政となった。この時には、円融から花山天皇の時代にかけて関白をつとめた頼忠が太政大臣として在任していた。兼家の子道隆も、内大臣で父兼家の関白職を譲られた直後に摂政となるが、やはり約一年後に大臣を辞し、その後再び関白となって、没するまで本官として大臣の地位を持たず無官を通している。なお道隆の場合にも、彼が無官の摂政となった直後に藤原為光が太政大臣に任命され、約九ヵ月在任している。このようにして、摂政・関白ともに、太政大臣を頂点とする律令官制とは別個の地位という性格を強めていくのである。

それではこの時期、摂政・関白の地位の根拠とはいったい何だったのだろうか。それはいうまでもなく、天皇の外戚であるという点に求められる。もちろん、この時期藤原実頼・頼忠など外戚にあらざる摂関も存在したのであり、彼らは関白になった当初、太政大臣ではなかったものの、太政官の上首の地位にあったから、いわば旧来の根拠によって関白となったとみなせる。ところが、伊尹・兼通・兼家・道隆・道兼の場合には、彼らの上位に一人以上の大臣が存在したにもかかわらず、摂政・関白となっており、その根拠は彼らが天皇の外伯父または外祖父、すなわち外戚であったという点に求めざるを得ない。

また、この時期の外戚である摂政・関白がどこで執務したかという点も、摂政・関白の性格の変化をみるうえで重要である。実頼・頼忠といった外戚ではない摂政・関白が、それまでと同様、職御曹司を直廬（執務場所）としたのに対して、伊尹は淑景舎《しげいしゃ》、兼通は桂芳坊《けいほうぼう》、兼家・道隆は淑景舎、次節の主人公である道長《みちなが》は飛香舎《ひぎょうしゃ》を直廬としている。このうち兼通の桂芳坊は内裏でも外郭の東北角にある殿舎だが、淑景舎・飛香舎はいずれも内裏内郭北方のいわゆる後宮に属する殿舎である。これらの殿舎で伊尹ら外戚である摂関が執務したことは、摂関の地位が天皇により密着したものとなったことを示していよう。その典型が、前述した一条天皇初期の状況で、天皇は淑景舎で執務する外祖父兼家と、しばしば内裏を訪れる生母詮子に囲まれて過ごしたのである。

ところで、外戚、すなわち母方のミウチである摂政・関白が天皇と密着しながら執務するという関係は、子どもの養育・後見を母方の親族が行うという当時の貴族社会の慣行を基盤にしているのはいうまでもない。しかし、このような慣行はこの節が対象としてきた時期に始まったことではなく、むしろ近年の研究では、この時期次第に父と子の関係が前面に出てくるとする見方も有力となっている。したがって、このような天皇と摂関との関係の変化は、自然に起きたというよりは、おもに師輔の子孫たちが、前項で述べた皇位継承のありかたも含めて、かなり意図的に進めたものだった可能性も充分考えられよう。

2　藤原道長と三人の天皇

伊周の失脚

長徳《ちょうとく》元年（九九五）五月八日に、世に「七日関白」と呼ばれた藤原道兼が没した後、この年の猛烈な疫病からのがれた公卿はわずかしかおらず、道兼の後継は必然的に内大臣藤原伊《これ》周《ちか》（二二歳）と権大納言藤原道長（三〇歳）にしぼられた。伊周は若年であるが大臣の末席を占めており、父道隆が病気の間、内覧の職務を行った実績もあった。これに対して道長は、兼家の四男で、父が花山天皇の出家を画策した際にも活躍しており、経験では伊周を上回っていたといえる。また天皇との関係でいえば、伊周は母方のイトコ、道長は外叔父にあたるが、伊周の妹定子は天皇の寵愛が厚く、天皇にとってどちらが身近な存在かは微妙なところである。

このようななかで天皇の決断に大きな影響力を及ぼしたのは生母東三条院詮子《ひがしさんじょういんせんし》であった。『大鏡』や『栄花物語《えいがものがたり》』によれば、詮子は早くから道長の才覚を高く評価しており、道兼没後も一条天皇に強く道長を推した。詮子があまりに執拗に道長を関白にするよう言い立てたため、一条天皇は詮子と対面するのを避けるほどだったらしい。結局五月十一日、内覧の宣旨が道長に下り、翌六月には右大臣となって、官職の面でも伊周の上位に立つことになった。おさまらないのは伊周で、七月には陣座《じんのざ》で道長と激しく口論し、伊周の弟で威勢のよいことで知られる隆家《たかいえ》の従者は、道長の従者と七条大路で闘乱事件を起こした。当時参議で検非違使別当だった藤原実資《さねすけ》は、その日記『小右記《しょうゆうき》』にこの事件を「合戦」と表現しているから、相当激しいものだったようである。

しかし道長と伊周の確執はそれほど長くは続かなかった。長徳二年正月十六日夜、伊周・隆家の従者が花山法皇に矢を射かけ、矢が法皇の衣の袖を射通すという事件が起きたのである。伊周は故太政大臣藤原為光《ためみつ》の娘に通っており、同時に法皇はその妹のもとに通っていたのだが、伊周・隆家は法皇も姉のほうに通っていると誤解して、おどかすつもりだったのが大変な結果を招いてしまったのである。道長はすぐには伊周・隆家の処分に踏み切らなかったが、そのうちに伊周が東三条院を呪詛していること、天皇のみが行うことのできる密教の呪法である太元帥法《たいげんのほう》を行わせていることなどが次々と明らかになった。

結局四月二十四日、伊周は大宰権帥、隆家は出雲《いずも》権守に左遷と決まり、彼らが内裏から二条第に下がっていた定子とともに籠もって、なかなか配所に赴かないなどの悶着はあったものの、事態はようやく収拾された。この事件はこれまでの藤原氏による数ある陰謀事件とは異なり、明らかに伊周・隆家が軽挙によって自ら墓穴を掘ったものだった。

彰子の立后と敦成の誕生

道長は長徳二年（九九六）七月二十日、空席となっていた左大臣に昇進し、名実ともに朝廷の頂点に立った。残された課題は外戚対策ということになる。一条天皇の東宮には、冷泉天皇の皇子、すなわち一条からみると従兄にあたる居貞《いやさだ》親王が立っていたが、この時期の皇位継承のありかたからすれば、居貞が即位すると次は一条天皇の皇子が東宮に立つことになる。一条天皇の中宮には、すでに伊周の妹の定子がおり、長徳二年はじめにはすでに懐妊が判明していた。その条件の下での伊周・隆家の行動は、あらためて軽率だったといわざるを得ないが、逆に道長にとっては絶妙のタイミングで事件が起きたのである。

それはともかく、長徳二年五月一日には、中宮定子も落飾して尼形になり、いわば謹慎という姿勢を示したので、師輔の子孫たちはここぞとばかり娘の入内を進めた。七月には大納言公季《きんすえ》の娘義子《ぎし》が入内して翌月女御となり、十一月には右大臣顕光《あきみつ》の娘元子《げんし》が入内、すぐに女御となった。一方定子は十二月十六日、脩子《しゅうし》内親王を出産した。伊周・隆家は翌長徳三年四月に、罪を赦され都に呼びもどされているが、この時定子が皇子を生んでいれば、そう簡単には赦されなかっただろう。

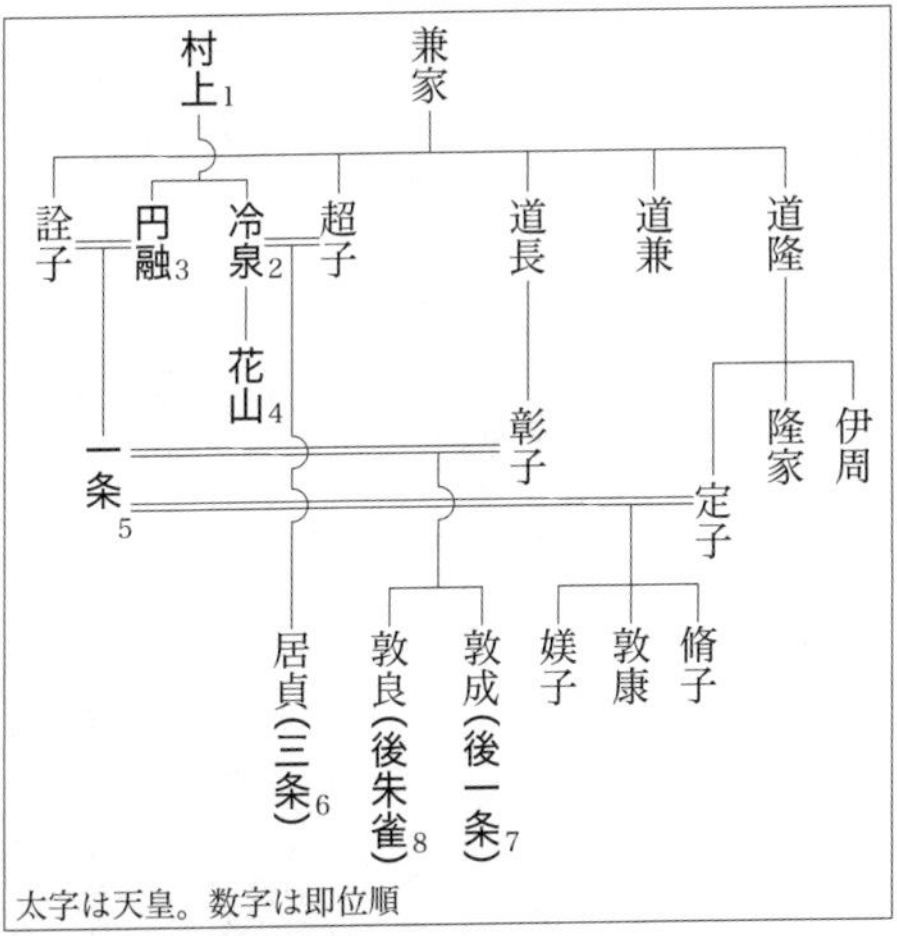

道長と道隆の外戚政策

このようななかで道長も当然娘の入内をと考えるが、長女の彰子《しょうし》は長徳三年に一〇歳になったばかりで、こればかりはいかんともしがたく、しばらく時機を待つしかなかった。彰子が入内したのは長《ちょう》保《ほう》元年（九九九）十一月一日で、七日には女御となるが、ちょうどこの日、定子は第一皇子敦康《あつやす》親王を出産した。中宮が生んだ第一皇子であるから、通常であれば最有力の皇位継承候補者となるはずだが、肝心の後ろ盾となるべき伊周ら外伯父はすでに失脚している。道長にとっても、入内した彰子が万一皇子を生まなかった場合、敦康親王をいずれ皇位につけて後見するという可能性も視野に入れなければならなかったので、誕生当初からこの第一皇子は微妙な立場に置かれることとなった。

とはいえ、もちろん道長にしてみれば、彰子が皇子を生み、現東宮居貞親王の即位と同時に立太子というのが、もっとも理想的な形であるから、そのためには敦康親王をさしおいて彰子が生んだ皇子の立太子を実現するための条件を整えておく必要がある。そこで、翌長保二年二月二十五日、それまで皇后だった遵子を皇太后に、中宮定子を皇后にしたうえで、彰子を中宮とした。皇后と中宮の並立は、一〇年前に定子が中宮となった際、遵子が皇后とされた前例があるが、遵子は円融天皇のキサキであり、その意味では名称の問題だけだった。ところが今回は、同じ一条天皇に皇后と中宮とが並立するわけで、いかにも不自然であるが、先例は先例ということで道長は強引に押しきったのである。皇后とされた定子は、同年十二月媄子《びし》内親王を出産した翌日、逝去する。ときに二五歳であった。

結局、彰子が一条天皇の皇子を出産したのは、立后から九年後の寛弘《かんこう》五年(一〇〇八)九月十一日のことだった。彰子は道長の土御門第《つちみかどてい》に下がって皇子を生むが、この経緯については彰子付きの女房であった紫式部《むらさきしきぶ》が『紫式部日記』に詳しく記している。十月十六日には一条天皇が土御門第に行幸し、皇子を敦成《あつひら》親王とした。彰子は翌年十一月、続けて第三皇子敦良《あつよし》親王も生み、これによって道長は将来に向けて盤石の体制を確立することとなった。

一条天皇と道長

ここで伊周の失脚前後まで時間を戻し、道長執政期の一条天皇と道長との関係についてみていきたい。

長徳元年（九九五）五月、道兼が没して権大納言道長に内覧宣旨が下されたことは前述したが、この時、道長には関白の詔が下ったという噂があったことが、『小右記』にみえる。関白道兼の後継者として道長が指名されたわけであるから、当時の公卿たちがそう考えるのも頷けよう。ただし一方では、道長に関白を命じなかったのは、道長がまだ大臣に昇っていない点からすれば妥当な判断ともいえるが、その判断を下したのは一条天皇自身であろう。道長がその後右大臣、さらに左大臣と昇進しても一貫して関白を命じておらず、これは当時一条天皇の判断にもっとも強い影響を及ぼしたと考えられる東三条院詮子の意志とは考えがたいからである。

さらに長徳四年三月、道長が病気を理由に出家を願い辞表を提出すると、天皇は出家は許さなかったが、内覧の職務と随身（摂関・近衛大将などに朝廷から与えられる護衛のための従者）をとどめている。翌長保元年（九九九）三月、生母東三条院のもとに行幸した際、天皇は道長にあらためて随身を賜っているが、内覧の職務が復活したことは、道長自身の日記『御堂関白記』を含め、史料からはうかがえない。したがって、長徳四年三月以降、道長は関白はおろか、内覧の職務すら命じられていなかった可能性が高い。とくに政務の面での一条天皇と道長との関係は、この点に留意して考えていく必要がある。

それでは長徳四年三月以後の、道長の政務上の立場はどのようなものだったのだろうか。

この問題を考えるうえで貴重な史料が、藤原行成《こうぜい》の日記『権記《ごんき》』である。当時行成は蔵人頭をつとめており、一条天皇と道長との間を頻繁に行き来していたから、両者の関係をかなり具体的に知ることができるのである。

例えば長徳四年十二月二十九日の条をみると、行成は道長邸に行き、鴨川の堤防修理の報告書や伊勢国司から送られてきた国内での合戦の報告書などを見せ、道長はこれに対してすぐに天皇に奏上するよう指示している。この記事は、当時行成は右大弁を本官としていたから、太政官内部で弁官から左大臣（公卿）に文書を上申した場面である可能性もないわけではない（二二二頁の図を参照）。しかし伊勢国の合戦については、二十五日に陣定《じんのさだめ》、すなわち公卿の合議が道長を上卿《しょうけい》（主宰者）として行われているので、蔵人頭としての行成が天皇に奏上する前に道長に文書を見せたと考えるほうが妥当である。また行成は、この時体調が思わしくなく、文書を右中弁藤原為任《ためとう》（殿上弁《てんじょうのべん》といって蔵人と同じ役割を果たす）を通じて天皇に奏上しているが、そこでは文書を奏上するというのではなく、道長が文書について述べた意見を奏上すると記している。すなわち、この記事は道長が内覧の職務を行っているものと解せるのである。

また内覧をとどめられた直後の長徳四年三月二十日には、それ以前に天皇が決裁した諸司や個人からの上申文書を道長に見せている。これも、この記事のすぐ後に行成が弁官局の下僚である史《し》にこれらの文書を下したとあるので、蔵人頭としての行成が上卿である左大臣道長に文書を下し、了承を得てこれらを右大弁として受け取り、史に下したともとれる。しかし行成は文書を道長に見せることについて「先日下さるる宣旨等の案内を申す」と記している点に注意する必要がある。蔵人が上卿に天皇の決裁を経た文書を見せる際には「下す」という表現を用いるのが一般的であるから、行成としては天皇が決裁した文書を道長の内覧に供するという意識で、右のように記したと考えられるのである。

実質的関白としての道長

以上のように、道長は内覧の職務を辞退した後も、実際には内覧を行っていることが明らかである。さらに『権記』には、天皇がさまざまな案件を決裁するにあたって、道長に意見を求め、道長がこれに回答するというやりとりが、数多く記されている。

例えば長徳四年（九九八）三月二十八日条では、季御読経《きのみどきょう》（春秋二季、宮中で大般若経を読経する法会）の最中に火事があり、平安宮内の神祇官が類焼したため、この日行われる予定だった天皇御前での論義（経論に関する問答）をどうするかについて、一条天皇が醍醐天皇や村上天皇の日記を見て先例を調べ、それに基づいて道長にどうするかを諮問し、道長がこれに答えるという詳細な記事がある。このような天皇の諮問に対する回答という職務は、実は関白のそれにほかならず、例えば、円融・花山天皇の時代に蔵人頭をつとめた藤原実資の『小右記』にも、天皇と関白藤原頼忠との間の同様なやりとりが非常に多く記されている。

以上のように、道長は関白を命じられず、しかも内覧の職務も辞退したにもかかわらず、実際には内覧をはじめとする関白の職務を行っているのである。それではなぜ、道長は天皇から関白・内覧の職務を命じられなかったのだろうか。

このことを一条天皇の側からみれば、天皇が関白や内覧を置かずに積極的に政務をとる姿勢を示そうとしたものと考えられるであろう。実際、長保年間には仏神事の振興、諸国の神社・国分寺等の修理、美服・奢侈の禁止、租税の期限内の納入などを指示したいわゆる新制と称すべき法令がかなり頻繁に出されており、しかもそれらの多くは一条天皇自身の意志によったものであることが指摘されている。前節で触れたように、一条天皇即位直後の永延《えいえん》元年（九八七）の新制十三箇条がいうまでもなく藤原兼家主導のもとに出されたのに対して、長保年間の新制は一条天皇の国政への意欲のあらわれとみることができよう。

左大臣との一人二役

一方、道長の側からみると、正式に関白や内覧を命じられなくとも、実際にはその職務を行っていたのだから、名より実を取ったということになるわけだが、そこにはもう一つ重要な意味があったのではないかと思われる。

大臣が摂政や関白の職務を命じられた場合、一般的には大臣としての職務は行わない。次節で詳しくみるように、道長の子頼通《よりみち》は、後一条《ごいちじょう》・後朱雀《ごすざく》・後冷泉《ごれいぜい》三天皇の時代、実に五〇年近く、関白左大臣という地位を保つのであるが、その間、もっぱら関白として文書の内覧や天皇の諮問への回答などの職務を行っており、太政官の政務を統括するという左大臣としての活動はほとんどみられない。もちろんこの頼通のように関白として天皇の側に立ち、太政官を統括するという方法もあったのだが、道長はむしろ関白・内覧としての立場と、左大臣としての立場の双方を自らのものとすることで、より強力に国政を領導していくというやり方を選択したのである。

　このような目でみていくと、一条天皇の時代、道長は一方で実質的に関白の職務を果たしながら、叙位・除目の執筆（議長役）や陣定の上卿など、太政官の上首としての役割をも担っていたことが当時の史料からうかがえる。さきに紹介した『権記』長徳四年三月二十日条で、蔵人頭藤原行成が文書を道長に見せた後、了承を得てこれを史に下しているのも、道長が最初は実質的関白として文書を内覧し、その後左大臣（上卿）として右大弁行成に文書を下すという一人二役をこなしていると考えれば理解しやすいだろう。

一条院内裏

　長保年間以後の一条天皇は、父円融天皇と同じように、しばしば内裏の火災に見舞われた。最初は長保元年（九九九）六月十四日で、天皇は居所を職御曹司・小安殿《こあどの》（大極殿の後殿）・太政官庁と転々とした後、十六日に一条院に遷った。一条院は一条大路の南、大宮大路の東に位置し、東三条院詮子が御所としていた後院《ごいん》に准じる邸宅だった。内裏は翌年再建され、天皇は十月十一日に新造内裏に戻るが、その約一年後、長保三年十一月十八日にまたもや内裏は焼失し、この時も一条院を御所とした。再建には約二年を要し、長保五年十月八日に新造内裏が完成するまで、天皇は一条院に滞在した。

二年後の寛弘二年（一〇〇五）十一月十五日、内裏はみたび焼亡し、このときには天徳《てんとく》四年（九六〇）の内裏炎上で焼失を免れた神鏡が破損している。天皇は今度は道長の東三条第を御所とした後、翌年三月、一条院に遷っている。この頃から内裏の再建が始まったが、天皇が内裏に戻ったかどうかは定かでなく、おそらくは一条院に留まっていたらしい。ところが寛弘六年十月五日には、その一条院が焼亡、天皇は道長の邸宅である枇杷第《びわてい》を御所とし、一条院を再建して翌寛弘七年十一月に戻り、そのまま寛弘八年六月、ここで死去している。

細かいデータを書き連ねたが、一条天皇のこのような行動には、いくつかの注目すべき点がある。まず最初の内裏焼失で遷った一条院が、生母東三条院詮子の御所だった点である。詮子は長保元年六月、天皇が一条院に遷ってくると、その約半月後には道長の土御門第に、さらには同じく道長の東三条第に遷って、長保三年閏十二月二十二日にそこで死去するのであるが、いずれにしても天皇と詮子との強い結びつきがうかがえる。話は内裏からそれるが、一条天皇と道長との良好な信頼関係は、具体的には成人後にも維持された天皇と詮子との結びつきがあり、その詮子が弟の道長を推輓《すいばん》しているという、詮子を介したものとして理解すべきであろう。

また詮子との関係からか、一条天皇が一条院に深い愛着を持っていたことも注目される。内裏が焼失した場合、これまでの例では、すみやかに再建を進め、新造されればすぐに内裏に戻るのが一般的だった。ところが一条天皇の場合、最初の焼失では約一年後に戻っている

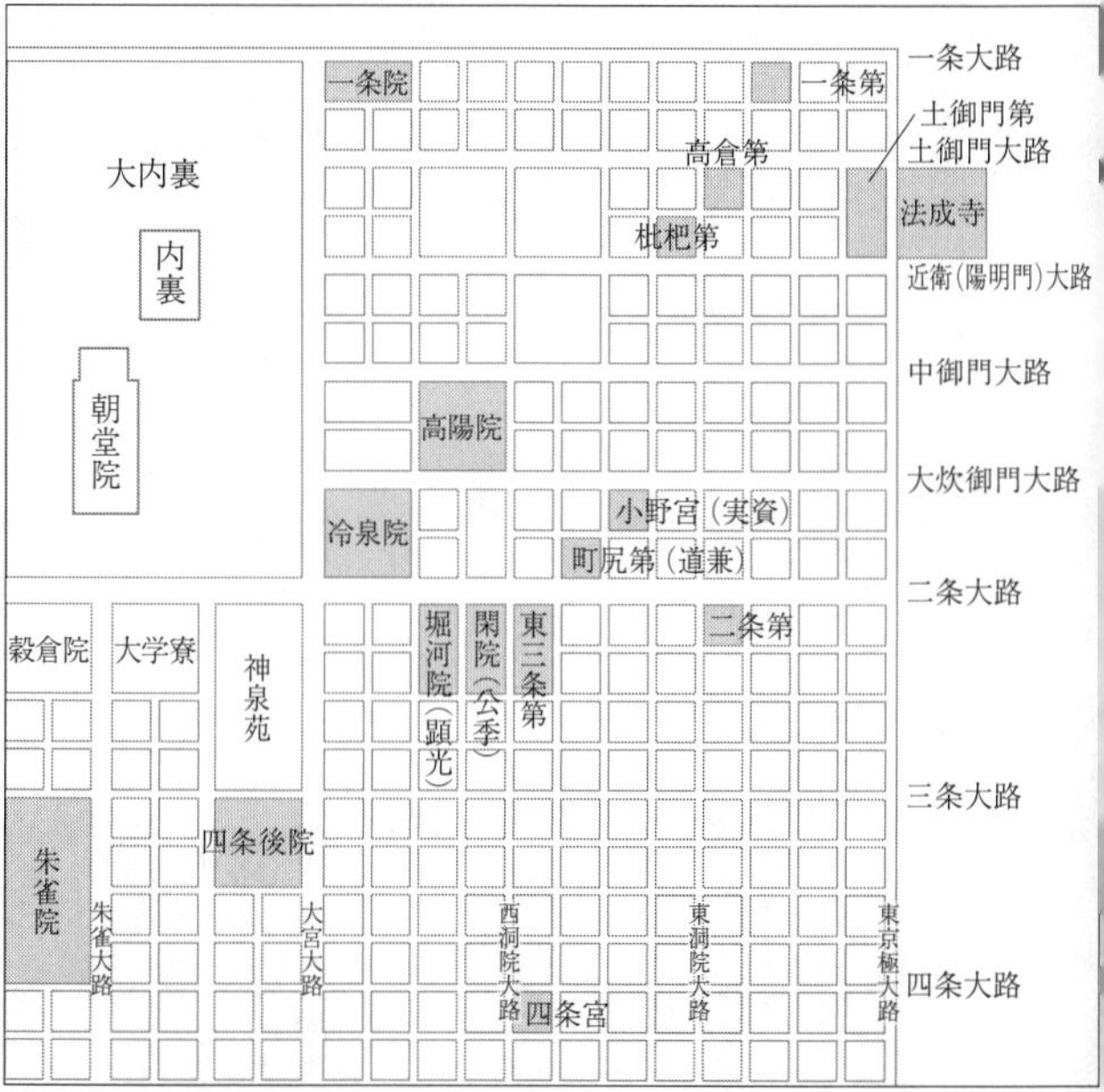

内裏周辺のおもな邸宅

が、二度目の時には約二年を要し、三度目にいたっては、約二年後に再建がなったものの、内裏には戻らず一条院に留まり続けているのである。その結果、寛弘年間には一条院があたかも本来の内裏であるがごとくの様相を呈することになった。これは、院政期以後進んでいく、本来の内裏と平安宮外の里《り》第《てい》皇居《こうきょ》（里内裏《さとだいり》）との併用、さらには内裏の廃絶と里第皇居の常態化という動きの出発点と捉えることができる。

　さらに、一条院以外に天皇が御所とした邸宅に目を向けると、ともに道長の東三条第と枇杷第があった。円融天皇のところで述べたように、内裏が火災にあった場合などには天皇は後院に遷るべきだというのが本来の考え方であり、円融天皇が兼通や頼忠の邸宅に遷った際にも、それらを後院とみなすという意識が貴族たちの間には存在した。しかし、東三条第や枇杷第の場合、逆にこれらは後院ではないという意識が藤原実資の『小右記』の記述などからうかがえ、純然たる貴族の私邸をも皇居として用いることができるという道が開かれることとなった。この点でも一条天皇の時代は、里内裏の発展にとって大きな画期となった時代だった。

三条天皇と道長の確執

寛弘八年（一〇一一）五月末、一条天皇はにわかに病気となり、六月十三日、東宮の居貞親王に譲位すると、十九日には出家を遂げ、二十二日、三二歳の若さで死去した。

新天皇三条《さんじょう》はこの時三六歳。これまで平安時代に入ってから三〇代以上で即位した天皇は、平城（三三歳）・淳和（三八歳）・光孝（五五歳）の三人で、光孝以来約一三〇年ぶりのことになる。東宮には道長の外孫敦成《あつひら》親王が立てられたが、五月末に病気となり譲位を決意した一条天皇が、一時は第一皇子敦康親王を東宮に立てようとし、敦康親王家の別当（家政機関の長）で天皇の蔵人頭を長くつとめた権中納言藤原行成に相談したことが、彼の日記『権記』に記されている。行成は、文徳《もんとく》天皇の時代の第一皇子惟喬《これたか》親王と良房の外孫惟仁《これひと》親王の例（第一章参照）などを挙げながら、敦成の立太子が穏当であると天皇に答えている。

さて、三条天皇の母は藤原兼家の娘超子《ちょうし》であるから、道長にとっては同母姉の子にあたり、その関係は一条天皇とまったく同じであった。しかし、超子はすでに天元《てんげん》五年（九八二）に死去しており、道長との間も疎遠であったようで、一条天皇が生母詮子を介して道長との信頼関係を築いたような状況は望むべくもなかった。もう一つの問題として、三条天皇にはすでに一八歳になる敦明《あつあきら》親王（母は後述する藤原娍子《せいし》）という皇子がいたという点があった。天皇がこの後譲位して敦成親王が天皇となれば、これまでの原則からすれば敦明が立太子ということになるが、これは道長にとっては何のメリットもなく、一方で敦成親王には一歳下に敦良《あつよし》親王がいて、道長としては従来の原則を破って敦成から敦良へという皇位継承を狙っていた可能性が高いから、この面でも、三条天皇と道長との関係は当初から良好とはいえなかったのである。

一条太上天皇の葬儀等が一段落した七月二十四日には、道長が天皇に何事かを奏上し、これに対して天皇がかたく拒否したという噂が藤原実資の『小右記』に記されている。八月二十三日、道長に内覧の職務が命じられるが、『御堂関白記』では天皇が関白の詔を下そうとしたのを道長は辞退して、結局内覧に落ち着いたらしく、このあたりも天皇と道長との間の確執が想像できよう。なお、道長は内覧の職務をつとめながら、叙位・除目の執筆や陣定の上卿《しょうけい》等、左大臣としての職務を一条天皇の時と同様につとめている。

同日、道長の娘妍子《けんし》と大納言藤原済時《なりとき》（すでに長徳元年疫病で死去）の娘娍子が女御とされた。ともに東宮時代からの妃であるが、娍子はとくに居貞親王の寵愛深かった女性である。しかし翌長和元年（一〇一二）二月十四日、皇太后藤原遵子を太皇太后に、中宮藤原彰子を皇太后にしたうえで、三条天皇の中宮とされたのは道長の娘妍子だった。その経緯についての史料はのこされていないが、三条天皇としては娍子を中宮にという意向が当然あり、それを道長に抑え付けられたという事情を想定して誤りないだろう。天皇の憤懣はおそらく相当強いものだったらしく、四月十五日には、道長の言動の無礼が甚だしく、怒りで寝食もままならないと、ある公卿に洩らしている。

結局この問題は、一条天皇の時の定子・彰子の二后並立の先例に倣い、四月二十七日娍子を皇后とすることで一応の決着をみた。しかし娍子立后《りっこう》の儀式は、中宮妍子の参内を同日にぶつけるなど、道長やその取り巻きの公卿によってさまざまな妨害を受けたのである。

関係悪化し譲位へ

その後も三条天皇と道長との確執は続き、六月には道長が病気により辞表を提出、七月から八月にかけては今度は天皇が病気となるなど、両者の関係は神経戦の様相を呈するようになった。翌長和二年（一〇一三）七月六日、中宮妍子は禎子《ていし》内親王を道長の土御門第で出産、九月十六日には天皇が土御門第に行幸して皇女と対面するが、道長は妍子が皇子を生まなかったのをよろこばなかったらしく、両者の融和にはつながらなかった。

長和三年二月九日、内裏が焼亡したため、天皇は四月にいたって道長の枇杷第を御所とし、五月には道長の土御門第に行幸して競馬《くらべうま》・騎射《うまゆみ》が行われた。十一月には七歳の東宮敦成親王がはじめて天皇に拝礼するため、枇杷第に参内、作法通りに東宮が拝礼するのを見て道長は感涙にむせんだ。このあたりでは、天皇と道長との関係は小康状態を保っていたようにみえる。ところが同年年末頃から三条天皇は眼病を患い、これを契機に両者の関係は修復不可能なところまでいってしまう。

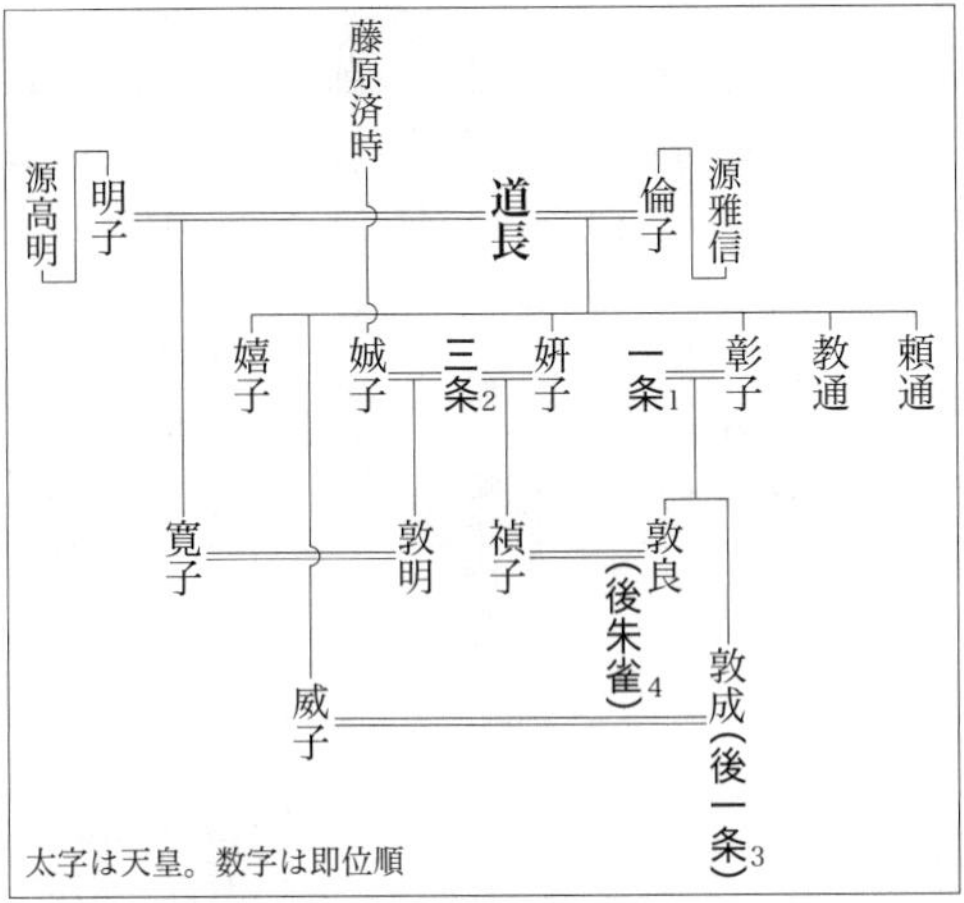

一条から後一条天皇と道長の子息

天皇の眼病は翌長和四年に入り次第に悪化していったようである。これに対して、むろんさまざまな祈禱や投薬が試みられた。とくに天皇は伊勢神宮への祈願に平癒を賭け、閏六月に奉幣使《ほうへいし》の派遣を計画する。しかし、この奉幣使は使者の故障や内裏の触穢《しょくえ》などによって、実に七回にわたって延期され、実際に派遣されたのは九月十四日のことだった。この七回の延期のなかには、当然道長の意図的な妨害も含まれていたはずである。

眼病の進行にともない、道長は天皇に譲位を促すようになる。八月には道長の督促に対して、天皇が再建中の内裏が完成してそこに戻っても、まだ眼病が回復しないようなら譲位も致し方ないと藤原実資に洩らすようになった。九月に入ると、前述の伊勢神宮への奉幣使派遣もようやく実現し、二十日に天皇は枇杷第から新造内裏に戻った。これによって、道長の譲位督促は一層激しくなったが、道長はこれまでの皇統迭立の原則を覆し、敦成親王の同母弟敦良《あつよし》親王を次代の東宮にという意向をあらわにしたため、三条天皇は態度を硬化させ譲位を拒否した。天皇としては無論自らの第一皇子敦明《あつあきら》親王を東宮に立てる心づもりだったわけで、当然の反応といえるが、駄々をこねているという感もなくはない。

さらに天皇は、娘の禔子《ていし》《しし》内親王を道長の長男頼通に降嫁させるかわりに、敦明親王の立太子を道長に承諾させようと提案した。このような天皇のなりふり構わぬ言動に、これまで何かと天皇の相談に乗ってきた藤原実資もあきれかえっているようすが、『小右記』の記述からうかがえる。結局この提案は、年末に頼通が病気になってうやむやになってしまうのだが、道長も敦明親王の立太子は承知した。

そうしている間にも天皇の眼病はいよいよ進行し、十月二十七日には道長に摂政に准じて除目・官奏を行うよう命じざるを得なくなる（なお、道長は准摂政となってからもやはり左大臣としての職務を行っている）。そして十一月十七日、再建して戻ったばかりの内裏がまたも焼失してしまった。これによってさすがに天皇も観念したらしく、年末には譲位に向けての準備が具体的に進められ、明けて長和五年正月二十九日、三条天皇は焼失した内裏から移り住んだ枇杷第で敦成親王に譲位するのである。

摂関・天皇と生母の関係

このように三条天皇と道長両者の関係は基本的に険悪なままで推移し、天皇の譲位を迎えることとなった。その原因として、外孫である敦成親王の即位を急ぎたい道長と、道長の意を汲む公卿たちの動向が、約二五年間の東宮時代を経てようやく即位した三条天皇に強いストレスをかけたという側面は当然あるだろう。しかし一方で、三条天皇が、臣下である道長と同じ土俵の上で政治的な駆け引きを演じ、いわば独り相撲に敗れたという見方も否定できない。

前に述べたように、安和の変以後、摂政・関白は、太政大臣という律令官制に根拠を置く職務から、天皇との外戚関係に基づく地位へと変化していった。しかし、一条天皇と道長、三条天皇と道長の関係は、その外戚関係という点では全く同一であるにもかかわらず、きわめて対照的なものとなってしまった。その違いは、天皇や道長の個性という問題をしばらくおけば、天皇の生母の存否が非常に重要な要因となっているのである。

とくに摂関（道長自身は摂関になっていないが）が天皇の外祖父ではなく外伯叔父である場合、生母の存在は摂関と天皇との関係を円滑なものとするのにより重要な役割を果たすことが、一条・三条両天皇と道長との関係から理解できるだろう。

後一条天皇と外祖父・道長

皇位を嗣いだ後一条《ごいちじょう》天皇は九歳だったから、当然外祖父の道長が摂政となった。二〇年以上の長きにわたる道長の執政期において、正式に摂政となったのはこれが初めてであり、しかも在任期間はわずか一年あまりだった。東宮には、前述したような紆余曲折の末、三条天皇の第一皇子敦明親王が立てられた。

二月七日には即位儀が挙行されるが、大極殿の高御座《たかみくら》に即いた後一条天皇の西側には皇太后彰子、東側には摂政道長が並び、天皇・生母・外祖父の一体性が群臣の列立する眼前に視覚的に示された。

正式に摂政となった道長は、さすがに左大臣の職務を続けるわけにはいかなかったが、当時の右大臣藤原顕光と内大臣藤原公季はともに無能として著名な人物であり、大臣の職務を滞りなくこなせるとは考えられなかったため、三月には大納言以上であれば一上《いちのかみ》（太政官の上首）のことを行えるような措置がとられることとなる。

六月二日、後一条天皇は道長の土御門第から新造なった一条院内裏に、母である皇太后彰子とともに遷り、その八日後には、道長とその妻 源 倫子《みなもとのりんし》に准三宮《じゅさんぐう》（皇后・皇太后・太皇太后）の待遇を与えた。そのことを記した勅書の草案と清書の奏覧《そうらん》は、蔵人頭藤原資平《すけひら》（実資の養子）によって摂政道長のもとにもたらされ、道長が内覧した後、天皇の側に付き添う彰子に「案内を申す」（勅書作成の旨を伝えるということで、勅書の草・清書自身は見せなかったということ）という形で行われた。ここにも後一条天皇・生母彰子・摂政道長の一体性が示されている。

道長は摂政となってから何度か辞表を提出していたが、十二月七日には左大臣の辞任が認められ、父兼家・兄道隆に続いて無官の摂政となった。ただし、道長が無官となったのは、父や兄とは異なり、大臣のポストを一つ空けて長子の頼通を大臣にするためのものである。これをふまえて、翌寛仁《かんにん》元年（一〇一七）三月四日、右大臣藤原顕光を左大臣、内大臣藤原公季を右大臣としたうえで、権大納言頼通は内大臣に就任した。そして同月十六日、道長は摂政の地位を辞し、内大臣頼通が新たに摂政となる。これを『日本紀略』では、道長が頼通に摂政を譲ると記しているが、まさにその通りの措置であった。

東宮の交替と一家三后

道長との神経戦に敗れた三条太上天皇は、眼病の状態も思わしくなく、寛仁元年（一〇一七）四月二十九日には出家を遂げ、五月九日、四二歳で死去した。そうなると太上天皇が苦労の末立てた東宮敦明親王の立場は極めて不安定なものとなった。生母の皇后藤原娍子は健在だが、外祖父済時ははるか以前に死去しており、娍子の兄弟（敦明の外伯父）では通任《みちとう》がようやく参議にたどり着いているという状況だったからである。そこで敦明親王は自ら東宮を辞退するという道を選んだ。

八月四日に敦明が辞退の意向を側近に洩らしているという情報を入手した道長は、頼通とともに親王のもとに赴き、東宮辞退後の処遇などについて相談し、九日には敦明は正式に東宮を辞退、かわりに後一条天皇の同母弟敦良親王が東宮に立てられた。同月二十五日、敦明親王には小一条院《こいちじょういん》の称号と太上天皇なみの待遇が授けられ、さらに十一月になると、道長の娘寛子《かんし》と婚姻を結んだ。道長は東宮を辞退した敦明親王に至れり尽くせりの待遇を与えることで、この後、前東宮が後一条天皇や新東宮敦良親王をも含む道長一家に祟りを及ぼさぬようにしたのである。

この年の十二月、道長は太政大臣に任命された。これは翌年正月にひかえた後一条天皇の元服で加冠役を奉仕するためで、第一節で登場した道長の伯父伊尹・父兼家の先例にならったものである。

寛仁二年は道長の栄華がまさに頂点に達した年であった。正月三日、後一条天皇は一一歳で元服した。加冠役は道長、理髪役は頼通だった。翌二月、加冠役をつとめた道長は太政大臣を辞任する。三月七日には、道長の娘威子《いし》（二〇歳）が入内、四月二十八日に女御となった。同日、後一条天皇は新造の内裏に遷り、天皇元服直後に太皇太后となっていた彰子と新東宮の敦良親王も同じく内裏に戻った。この時点で摂政頼通の直廬《じきろ》の所在は不詳だが、おそらく内裏後宮の殿舎に置かれたと考えてよく、さらにもはや無官となった道長の直廬も後宮の飛香舎《ひぎょうしゃ》に置かれたから、内裏は道長を中心とする一家の住まいとなった感すらする。

十月十六日、中宮妍子を皇太后とし、四月に後一条天皇の女御となっていた威子が中宮に立てられた。一家三后はここに成り、道長は著名な「望月《もちづき》の歌」を詠んだ。この歌は、藤原実資の日記『小右記』に記され、現在まで伝わっている。立后の夜、威子のいる土御門第で催された饗宴が一通り終わると、道長は実資を呼んで、「和歌を詠もうと思うので、あなたも必ず和してもらいたい」と告げる。さらに「自分（道長）のことを誇ったような歌だが、前もって考えておいたものではなく、即興で作った歌である」とことわり、「この世をばわが世とぞおもふ　望月の　虧《か》けたることも　無しと思へば」と詠んだ。これに対して実資は、この歌をほめたたえ、唐の詩人元稹《げんしん》が菊の詩を詠んだ際、白居易《はくきょい》（白楽天《はくらくてん》）はその素晴らしさに感嘆して、和すのをやめ、終日元稹の詩を吟詠したという故事を引き、列席する公卿とともに道長の和歌を数度吟詠した。

　この「望月の歌」について、近年興味深い考察が加えられている。道長がこの歌を詠んだ十月十六日の月は、望月ではなく十六夜の月であり、道長と実資をはじめとする公卿たちは、欠けはじめた十六夜の月を見ながら、歌を作り吟詠しているという点に注目すべきだという見解である。すなわち、この歌には、昨日の望月も今日には欠けはじめているという現実を下敷きにして、天真爛漫に栄華を誇ったのではなく、むしろその栄華のはかなさを想うという意味が込められているというのである。この寛仁二年十月という月は、大の月が四回続くのを避けるため、本来小の月だった九月を大に変更し、小の月となっているので、十六日の月が満月なのか十六夜の月なのかは微妙なところであるが、ともかく当時の貴族の美意識をふまえた注目すべき見解だろう。

　ついで十月二十二日には、この年新造された道長の土御門第を御在所としていた新中宮威子のもとに、後一条天皇が行幸し、太皇太后彰子・皇太后妍子・東宮敦良親王も集まり、華やかな饗宴が繰り広げられることになった。前節で述べたように、摂政・関白と外戚の地位との結びつきは、師輔の子どもの世代である伊尹・兼通・兼家によって強調されてきたのであるが、道長のもとでの一家三后の実現によって、それは理想的な帰結を迎えたことになる。しかしそれは、まさに外戚関係に根ざした摂関政治の「望月」そのものであり、「望月」が欠けていく始まりでもあったのである。

3　摂関政治の黄昏

頼通と大殿道長

寛仁《かんにん》元年（一〇一七）三月に道長から摂政の職を譲られた頼通は当時二六歳で、もちろんこれまでで最年少の摂政だった。左右の大臣藤原顕光・公季は前述したように無能で知られる人物であったとしても、大納言・中納言には道長とほぼ同世代で朝儀に詳しい藤原実資・藤原斉信《ただのぶ》・藤原公任《きんとう》・源俊賢《みなもとのとしかた》・藤原行成《こうぜい》などが並んでおり、すぐに道長と同等の力をふるえるはずもなかった。とくに人事面では、頼通が摂政となってからも道長の存在は圧倒的で、叙位・任官の希望者は頼通ではなくもっぱら道長のもとに馳せ参じた。寛仁元年八月に行われた京官除目では、道長は自身がこれに関わらないことを示すため、宇治の山荘（のちの平等院の地）に出かけたが、頼通は使者を宇治に派遣してさまざまな指示を仰いだ。藤原実資はこの事態について、かえって摂政の無能を晒すことになってしまうと、半ば頼通に対する同情を交えながら『小右記』に記している。また同年十一月の除目も、道長と摂政頼通との間を道長の家司《けいし》藤原惟憲《これのり》が何度も往復しながら進められ、使者の惟憲が人々の求めに応じて任官情報を漏らしているようすが、同じ『小右記』に描かれている。

道長は寛仁三年（一〇一九）三月二十一日、土御門第で出家する。これ以後はその東に隣接する地で無量寿院《むりょうじゅいん》（のちの法成寺《ほうじょうじ》）の造営を始め、浄土教を中心とした仏教信仰へと傾斜していく。しかし出家後も、道長の影響力はあまり衰えたようにはみえない。依然として除目の時には、道長のもとに多くの希望や依頼が寄せられているし、本来ならば摂政だけで決裁できる案件でも、実資をはじめとする公卿は頼通だけでなく、道長の了承をとりつけることが多かった。

このように頼通が摂政、ついで寛仁三年十二月に関白となっても、朝廷の政務は道長を中心に運営されていたといってよい状況だった。道長は太政大臣を辞してからは大殿《おおとの》、出家してからは禅閤《ぜんこう》などと呼ばれていたから、このような状態は大殿政治あるいは禅閤政治とも称すべきものである。出家などによって表向きは引退しても、なお権力の頂点に立って強大な影響力を行使する例は、平　清盛《たいらのきよもり》・足利義満《あしかがよしみつ》・徳川家康《とくがわいえやす》・徳川家斉《いえなり》など、日本史のなかではそれほど珍しいものではない。しかし道長の場合、その最初の例であるといってよい点が重要である。そしてその力の根拠は、天皇・東宮の外祖父であり、かつ摂政・関白の父であるというところにあることは明らかだろう。すなわち国家の中枢を占める地位に就いている者が一家を構成し、その家長が国政の頂点に立っているという構造である。そのような意味では、この時代の政治のあり方は、十一世紀後半に成立する院政の一つの源流としても注目されるのである。

道長の死とその後の後一条天皇の宮廷

万寿《まんじゅ》年間に入ると、道長の栄華にも翳りがみえはじめる。万寿二年（一〇二五）七月、小一条院に納れた娘の寛子が没した。その直後の八月三日、やはり娘で東宮敦良親王の妃となっていた嬉子《きし》が、皇子を生んだ喜びもつかの間、五日にはかねてから患っていた赤斑瘡《あかもがさ》によりわずか一九歳で死去してしまう。二人の娘に相次いで先立たれ、道長の悲嘆は一通りではなかったらしい。翌万寿三年正月には長女の太皇太后彰子が落飾して上東門院と号し、詮子につづいて二人目の女院となった。この年の暮れ、十二月九日には後一条天皇と中宮威子との間に待望の子が生まれたが、道長らの期待に反して皇女（章子《しょうし》内親王）だった。

万寿四年正月頃から、道長の病気に関する記事が史料に頻出するようになる。九月十四日、またもや娘の皇太后妍子が父に先立ち亡くなったこともあり、道長の病状は確実に進行していった。そして十一月二十五日、道長は晩年にその精力を傾けた法成寺阿弥陀堂《あみだどう》に入り、最期の時を迎えることになる。天皇や東宮が相次いで法成寺を訪れ道長を見舞うなかで、十二月四日、六二歳の生涯を終えたのである。

前述したように、ここまでの後一条天皇の時代は、道長を頂点とする一家がそのまま国家の中枢と重なり合うという状態だったから、道長を失った影響は非常に大きかった。その点に留意しながら、道長死後の後一条天皇の時代をみていこう。

まず注目されるのは、後一条天皇の後宮には、道長の娘の中宮威子以外、一人のキサキも入らなかったことである。これには、道長の後継者頼通になかなか女子（というより子）が生まれず、一方同母弟教通《のりみち》には藤原公任《きんとう》の娘との間に三人の女子があり、後一条天皇に嫁することが可能であったにもかかわらず、頼通の反対によってとどめられたという経緯もあった。外戚の地位が権力掌握の決定的な要因となるという枠組みのもとでは、このような兄弟間の綱引きは当然ともいえるが、後一条天皇にしてみれば、自らの子孫に皇位を伝えるという点では不幸な結果を招くことになった。結局、唯一のキサキ威子は二人の皇女を生むにとどまったからである。

次に天皇の国政に対する姿勢という点であるが、父の一条天皇が道長執政期になると、ある程度国政に意欲的な姿勢をみせるようになり、次代の後朱雀・後冷泉天皇には荘園整理令の発布が知られているのに対して、後一条天皇に関してはそれほど目立った史料はみられない。長元三年（一〇三〇）四月、受領や六位以下の者の平安京内の居宅に関する規制が陣定で議論され、五月には太政官符として出されているようであり、いわゆる新制に類するものともみられるが、天皇自身がどれだけ積極的だったかは不明である。

また長元五年正月には、前年八月に神殿が転倒した出雲大社に関する事項や権門の荘園に関する事項について、天皇が内密に当時の右大臣藤原実資に対して諮問している。これはある意味では、三条天皇が道長に対抗するため、さまざまな事柄を実資に密かに相談していたのと類似しているとみることもできよう。しかし、後一条天皇の場合、実資を引き立てることによって関白頼通に対抗するというような意図は全くうかがわれないのであって、単に天皇が故実に詳しい実資の意見を聞こうとしたといった程度のことだったのだろう。実資のほうでも、この件についてはまず関白にお尋ねになるようにという返事をしてすませているのである。

この時代、長元元年には東国で平忠常《たいらのただつね》の乱が起こり、同四年には伊勢の荒祭神《あらまつりのかみ》が当時の斎王《さいおう》に憑依《ひょうい》して、斎宮寮《さいくうりょう》の長官の濫行《らんぎょう》や、朝廷の伊勢神宮への敬意の不足などを指弾した託宣を行うなど、決して平穏無事ではなかったのだが、基本的には関白頼通と右大臣実資の主導のもとで事態に対応しており、そこに後一条天皇の存在感を見出すのはむつかしい。

後朱雀天皇と頼通

長元九年（一〇三六）四月十七日、後一条天皇は二九歳で没した。ただちに一歳年下の同母弟である東宮敦良親王が皇位を嗣ぎ（後朱雀天皇）、頼通がもとのごとく関白とされた。しかし、頼通が天皇の外伯父であるという点は後一条天皇の時と全く同じであったものの、両者の関係は必ずしも円滑なものではなかった。

後朱雀天皇には、東宮時代に道長の娘嬉子が妃として入り、万寿二年（一〇二五）に第一皇子親仁《ちかひと》が生まれたものの、その直後に嬉子が死去してしまったことは前述した。その翌々年には三条天皇と妍子との間に生まれた禎子《ていし》内親王が東宮敦良親王と結婚し、長元七年（一〇三四）には第二皇子尊仁《たかひと》が誕生している。普通なら後朱雀天皇即位と同時に親仁が立太子するのが順当なのだが、なぜか立太子は行われず、それればかりか即位から約八ヵ月経過した長元九年十二月になって、ようやく二人の皇子の親王宣下が行われるという有り様だった。

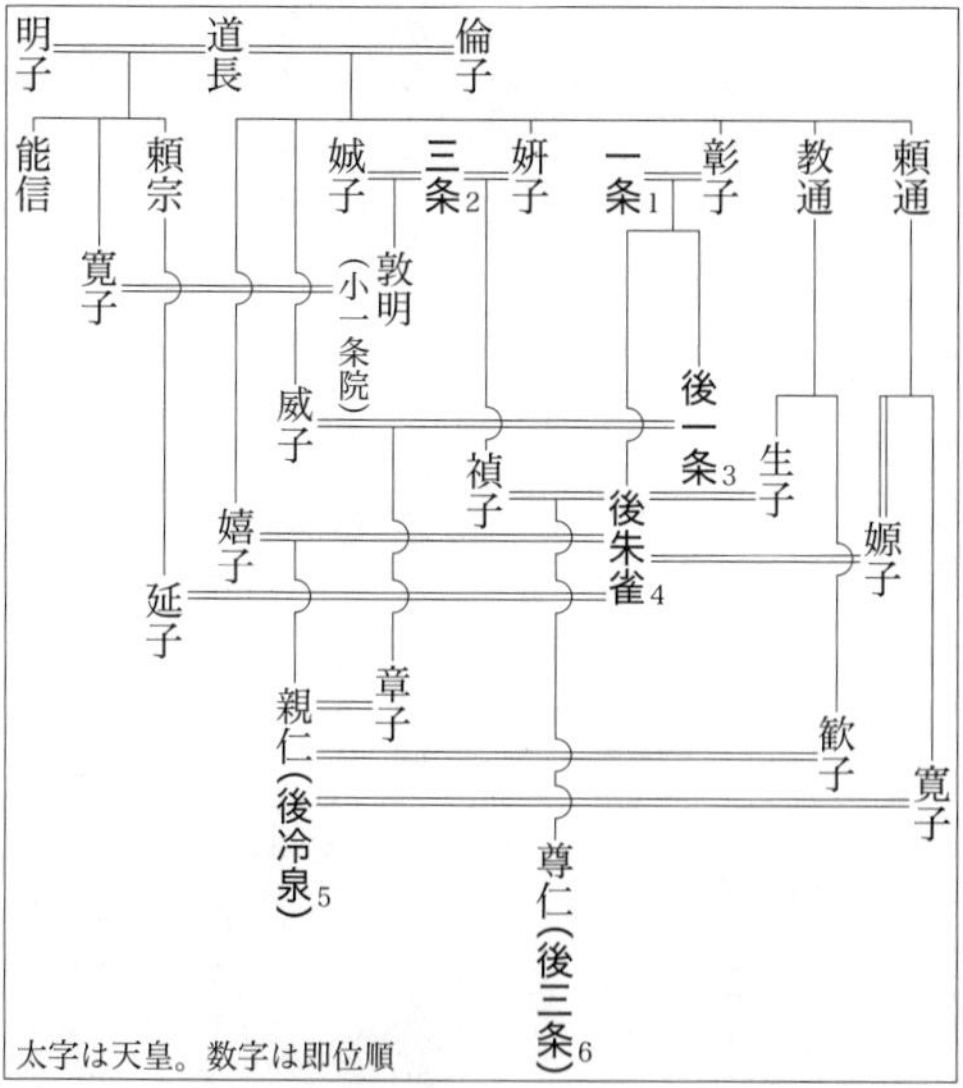

行き詰まる藤原氏の外戚政策

これにはすでに親仁の生母が死去しているという事情があったのかもしれないが、一方で頼通自身が娘を入内させて、父道長が用意してくれた外戚関係ではなく、いわば自前の外戚関係を築こうという意図が働いていたのではないか。

ところが、頼通にはこの時点で入内するにふさわしい娘はいなかったので、一条天皇の第一皇子であった敦康親王の娘嫄子《げんし》女王を養女とし、二二歳の彼女を長暦元年（一〇三七）正月、後朱雀天皇のもとに入内させ、女御とした。そして二月には、天皇との間にすでに皇子をもうけている禎子内親王をいったん中宮に立て、翌三月、その禎子内親王を皇后に、嫄子を中宮とした。そのうえで同年八月、前月に元服を終えた第一皇子親仁親王を皇太子とし、年末には後一条天皇とその中宮藤原威子との間の皇女章子内親王（一二歳）を皇太子の妃としたのである。このように、後朱雀天皇の立后と立太子の経緯はかなり複雑なものとなり、天皇と頼通との関係がぎくしゃくとしたものになるのも当然の成り行きだった。そればかりか、この過程のなかで翻弄されながら皇后とされた禎子内親王も、頼通に対して嫌悪感を持つようになったらしい。

一方、自前の外戚関係を築くという頼通の意図は、中宮嫄子が長暦二年四月に続き翌三年八月に二人目の皇女を生んだ直後に死去してしまうことによって挫折した。そうなると、頼通も兄弟たちを抑えることは不可能となり、同年十二月には頼通の同母弟の内大臣教通が娘生子《せいし》を、長久三年（一〇四二）三月には異母弟の権大納言頼宗《よりむね》が延子《えんし》を入内させる。しかし結局、彼女たちも天皇との間に皇子をもうけることはできず、ここに頼通のみならず、道長の子どもたちの外戚関係の構築という課題は、大きな危機を迎えることとなった。

後冷泉即位と尊仁親王の立太子

後朱雀天皇は寛徳《かんとく》元年（一〇四四）末に病気となり、翌二年正月十六日、皇太子の親仁親王に譲位、二日後には出家を遂げ、その日のうちに死去した。ときに三七歳。

二一歳で皇位に即いた後冷泉天皇は、道長の娘嬉子を母としているから、依然として頼通は天皇の外伯父であり、引き続き関白となった。東宮には、この時点で唯一の皇子である新天皇の異母弟尊仁親王（一二歳）が立てられた。もちろん頼通としては望ましいことではなかったがやむを得ず、また尊仁親王立太子にあたっては、頼通の異母弟能信《よしのぶ》が強くこれを推したとされている。能信は尊仁の母禎子内親王の皇后宮大夫《こうごうぐうだいぶ》を長くつとめたことから尊仁親王とも親しく、立太子後は春宮大夫《とうぐうだいぶ》となって、翌永承《えいしょう》元年（一〇四六）には猶子茂子《もし》（実父は長久四年〈一〇四三〉に権中納言で没した藤原公成）を東宮の妃としている。

　後冷泉天皇には、すでに東宮時代に後一条天皇と藤原威子との間に生まれた章子内親王が妃として入っており、永承元年七月に中宮とされた。しかし頼通やその兄弟にとっては、外戚関係を築くための最後のチャンスであり、まず翌永承二年十月には教通の三女歓子《かんし》が入内、翌年には女御とされた。永承四年三月十四日、歓子は待望の皇子を生むが、皇子はその日のうちに亡くなってしまう。その翌年、今度は頼通の娘寛子が満を持して女御となり、永承六年二月には、皇后のままだった禎子内親王を皇太后として、寛子が皇后となった。しかしその寛子も結局身ごもることなく、ここに頼通とその兄弟の外戚政策は最終的に破綻を迎えるのである。

外戚政策の破綻

　このような外戚政策の破綻の直接的な理由は、頼通やその兄弟の娘が皇子を生まなかったためであるが、頼通の時代には、その父や祖父の世代に比べて、より破綻を生じやすい条件

平等院鳳凰堂　京都府宇治市。頼通が別荘を寺として造立した

が存在したことにも注目しておく必要がある。

まず兼家や道長の世代では、兄弟間で娘を入内させるのに互いに遠慮するというようなことはなかった。これは父が死去すれば、その父が特定の子を後継者にしたとしても、その規制力が強く働かなかったこととも関連している。したがって、同じ世代の誰が権力を掌握するかは、誰の娘が皇子を生むかという不確定な要素に左右され、兄弟間の争いが表面化する可能性が高かったものの、誰かの娘が皇子を生む確率は高かった。ところが頼通の世代では、道長が頼通に摂政職を譲与し、かつその後数年間「大殿」として実権を掌握していたから、頼通の後継者としての地位は確立した反面、彼に娘がいなかったため、後朱雀天皇に養女の嫄子を入内させるまで、他の兄弟の娘の入内が抑えられるという事態を招くこととなった。

また前節で、冷泉天皇と円融天皇の子孫が交互に皇位に即く、いわゆる皇統の迭立《てつりつ》が意図的に作り出され、それが外戚関係の構築に有利に作用したことを指摘したが、道長の時代に、後一条天皇の東宮に立てられた三条天皇の子敦明親王がその地位を辞退することにより、皇統の迭立状態に一応の終止符が打たれることとなった。これは皇位継承に関わるトラブルを未然に防止するという点では効果的な措置だったといえるが、外戚関係構築の機会は当然減少する結果となった。

前節で、十世紀後半、藤原師輔の子の世代が、摂政・関白の地位の根拠を天皇の外戚である点に求めるようになったことを指摘した。それは、後一条天皇の時代の道長にいたって、もっとも強固な形で完成したのであるが、それと同時に道長は、皇統の迭立状態を解消し、頼通の後継者としての地位を確立させたことにより、結果的には外戚関係に基づくという意味での摂関政治を終焉へと導いたのである。

その後の摂政・関白

治暦《じりやく》三年（一〇六七）十二月、藤原頼通は後一条天皇の時代から実に四八年間（その前の摂政時代を含めると約五〇年間）の長きにわたってつとめていた関白の職を辞し、翌四年四月十七日には、弟の教通《のりみち》が関白の座に就いた。その直後、四月十九日に後冷泉天皇が四四歳で死去し、弟で禎子内親王を母とする尊仁親王が皇位を継承する。藤原氏を外戚としない後三条天皇の誕生である。

後三条天皇については、第四巻で述べられるので、ここでは教通以後の摂政・関白について、簡単にみておきたい。頼通が承保《じようほ》元年（一〇七四）、教通が同二年に相次いで死去すると、当時の白河《しらかわ》天皇の関白には、頼通の嫡男左大臣師実《もろざね》が就いた。教通としては、自らの子である内大臣信長《のぶなが》に譲りたいという意向もあったようだが、白河天皇は師実を指名した。すでに天皇と藤原氏との力関係は、完全に逆転していたのである。

その後摂関の地位は、師実—師通《もろみち》—忠実《ただざね》—忠通《ただみち》と父子直系で継承されていく。彼らは天皇との外戚関係によって摂関となったのではなく、いわば家業として摂関の地位を世襲したと考えてよい。本書では、これまで極力「摂関家」という言葉を用いないようにしてきたが、ここにいたって、ようやく右に述べたような意味での「摂関家」が成立する。特定の家が特定の官職をほぼ直系で継承するという傾向は、学問の分野（紀伝道《きでんどう》・明法道《みょうぼうどう》など）や太政官の事務局の官人（外記《げき》や史《し》）などで、すでに十世紀末頃から進んでいたが、それが貴族社会の頂点にも及んだということになる。

第四章　王権をめぐる人々

1　太上天皇

王権とは何か

第四章以後は、摂関政治の時期の天皇をめぐる諸問題について、これまでの通時的な記述をふまえて、テーマごとに考えていきたい。まずこの章では、摂関期の王権がどのように構成されていたのかをみていく。「王権」という語は、とくに近年、やや不用意に使われることの多い言葉なので、ここではどのような意味で用いるかを最初に断っておきたい。

王権とは、本来的には王の権力そのものを指し、歴史学では、王の権力の所在や性格、王の権力を発動するための機構を考察の対象とする場合に、王権論という形で議論される。

本書の冒頭で述べたように、摂関政治が成立するまでに、天皇の権能は基本的には天皇のみが行使しうるという体制ができあがっており、その天皇の権能を実際の権力として行使する際、それを代行したり補佐したりする存在として摂政・関白が生まれてきたわけだから、摂関期の王権が、天皇と摂政・関白を中枢とするものであったことはいうまでもない。しかし、これまでの叙述でもしばしば登場してきたように、天皇の権力の発動に影響力を及ぼしうる存在として、太上天皇《だいじょうてんのう》や母后がおり、彼らも場合によっては王権の構成員となりえた。したがって、本章では太上天皇や母后などが、王権の中枢にいる天皇・摂関にどのような形で影響を及ぼしたのかという点をまず考えていきたい。

また、天皇の権力を発動する機関として、律令制成立以来、太政官を中心とする律令官僚機構があったわけだが、これも本書冒頭で述べたように、摂関政治が成立するまでに、それとはかなり性格の異なる蔵人所《くろうどどころ》・検非違使《けびいし》が登場している。そこで、蔵人所・検非違使が、王権の発動にどのように関わっているのかについてもみていくことにする。

太上天皇の居所と出家

最初に、摂関政治の時期の太上天皇（上皇《じょうこう》）について概観する。第一章から第三章までに登場した文徳《もんとく》天皇から後冷泉《ごれいぜい》天皇までの一六人のうち、死去するまで在位した天皇や、譲位の直後に死去した天皇を除くと、一定期間太上天皇としての活動がみられるのは清和《せいわ》・陽成《ようぜい》・宇多《うだ》・朱雀《すざく》・冷泉《れいぜい》・円融《えんゆう》・花山《かざん》・三条《さんじょう》の八名、すなわちちょうど半分ということになる。生前譲位が一般的となった当時にあっては、むしろ意外の感があるが、さらに注目されるのは、自分の子に譲位して太上天皇となったのは清和・宇多という、比較的早い時期の二人だけで、十世紀半ば以後はそのような事例はみられないという点である。ここに、摂関期の太上天皇の特徴を考えるための一つの鍵がある。

次に太上天皇の居所であるが、これも序章で述べたように、この時期の太上天皇は譲位すると「～院」と呼ばれる平安宮外の邸宅を御所とするようになる。それらのなかには、朱雀院や冷泉院など、「累代後院《るいだいのごいん》」と呼ばれ、天皇家に代々相続される皇室財産としての邸宅も含まれていたが（第七章参照）、実際には外戚や臣下の邸宅に居住する場合も多かった。例えば、清和の染殿院《そめどののいん》（外祖父良房《よしふさ》邸）、陽成の陽成院（母藤原高子《こうし》邸）、宇多の亭子院《ていじいん》（女御藤原温子《おんし》邸）、朱雀・円融の堀河院《ほりかわいん》（藤原兼通《かねみち》邸）、冷泉の東三条第南院《ひがしさんじょうていなんいん》（藤原兼家《かねいえ》邸）、花山の花山院（藤原師輔《もろすけ》邸）、三条の枇杷第《びわてい》（藤原道長《みちなが》邸）などである。ちなみに朱雀の院号は朱雀院に基づくが、朱雀太上天皇自身がそこに居住したことはなく、同様に冷泉も冷泉院に居住した期間はごくわずかだった。第三章で、内裏が焼亡した際の御所について、円融天皇から一条天皇の時代にかけて、後院から臣下の私邸へという流れが存在したと指摘したが、太上天皇の御所の場合、その傾向は相当早くから存在していたことになる。

　冷泉太上天皇以外は、太上天皇となってから出家し、いわゆる法皇（この称号は宇多の時に始まるとされている）となったが、清和は死去する前年の出家、陽成・朱雀・三条は死去直前の出家であり、法皇としての活動を示す史料はほとんどのこされていない。一方、それ以外の三人は、宇多が譲位の二年後、円融が譲位の翌年の出家で、花山はそもそも兼家の謀略によって出家・譲位させられてしまったので、最初から僧形だった。しかし出家しなかった太上天皇と比べて、天皇との関係などにおいて顕著な違いがあるかといえば、そのような形跡はなく、出家が太上天皇の存在にとって決定的な影響を及ぼしたとは考えがたい。

　以上、摂関期の太上天皇について概括したが、次に個々の太上天皇の活動から、とくに天皇や摂関との関係についてみていくことにする。

清和太上天皇と陽成太上天皇

第一章で述べたように、貞観十八年（八七六）、清和天皇は譲位する際、藤原基経《もとつね》に対して、幼主（陽成）を補佐し、天子の政治を摂行するよう詔を下し、同時に親王以下天下公民に発せられた宣命では、「右大臣基経は、これまで内外の政を日夜怠ることなくつとめ、また皇太子（陽成）の舅《しゅうと》でもあり、幼主のことを寄託するに足る存在なので、幼主が天皇としての政《まつりごと》を行うようになるまで、忠仁公（良房）が私の身を扶《たす》けたように、政を摂《と》り事を行うように」と述べている。

このように、譲位する天皇が次代の幼帝の摂政を特定の人物に命じるという手続きが、この後先例として踏襲されたことも前述したが、ここでは清和と陽成とが父子関係であった点に注目したい。

嵯峨太上天皇以後、太上天皇と天皇とは、基本的には父と子、兄と弟といった家内部での親族関係によって接するようになるのだが、それが父と子、祖父と孫という直系の関係であれば、実態として父・祖父が子・孫に対して政治的影響力を行使することは充分可能である。それを、清和は「舅でもある」基経に託したというように、右の宣命は解することができるのである。したがって、逆に清和太上天皇はこの宣命を発することによって、子である陽成天皇に対して、直接に政治的影響力を行使しないことを宣言したととることも充分可能であろう。

　事実、譲位から没するまでの約四年間、清和太上天皇が陽成天皇に政治的な働きかけをした形跡は史料からはうかがえない。元慶《がんぎょう》三年（八七九）三月、その女御《にょうご》藤原多美子《たみこ》以下一一名の季料《きりょう》・月俸《げつぼう》（国家からの支給物）を、太上天皇の勅により停止したという記事が『日本三代実録』にある。自分の女御のことではあるが、国家財政にも関わる案件であり、一見太上天皇が直接国政に関与したかにみえる史料である。

　しかし『三代実録』の記事から停止の処分が行われるにいたる経緯を詳しく知るのは不可能だが、太上天皇自身が季料・月俸の停止を勅したというわけではない。まず季料・月俸の停止の事実を記し、それが太上天皇の勅によるという書き方をしていることからすれば、太上天皇が直接太政官に命じたのではなく、摂政基経に勅（といっても律令に規定された公文書としての勅ではなく、私的な命令・指示）を送り、基経を通じて処理されたとみるべきであろう。

　陽成天皇は、その素行の問題から、基経によって実質的に廃位された。そこで、次代の光《こう》孝《こう》天皇との間の皇位継承の手続きには異例の部分が多かったが、太上天皇号についてもそれは同様だった。この時期、譲位した天皇は新天皇から太上天皇号とそれに伴う処遇を与えられた後、新天皇との間で辞退と慰留のやりとりを経て、太上天皇に落ち着くというのが一般的だった。しかし陽成天皇の場合、光孝天皇から太上天皇号を奉られたのではなく、譲位の宣命のなかで、自ら譲位を宣言した後、それを承った親王・大臣らが「国典」によって自分に太上天皇号を奉ったと述べているのである。これは光孝天皇の即位が、群臣の推戴――即位の宣命では「楽推之請」と表現している――によって行われたのと対応している。

光孝天皇は仁明天皇の子、すなわち陽成天皇の祖父文徳天皇の弟だったから、陽成太上天皇が親族関係をもとに天皇に影響力を及ぼすという事態はありえず、実際、そのような史料は全くのこされていない。太上天皇は狩猟や和歌などを好み、第二章の『宇多天皇日記』のところで紹介したように、しばしばその乱暴な行動が問題とされることもあった。しかし、退位してから実に六五年後の天暦《てんりやく》三年（九四九）、八二歳の天寿を全うするまで、天皇の位を退いた一私人として、ストレスのかからない日々を過ごしたようである。

宇多太上天皇と朱雀太上天皇

宇多太上天皇は、この時期では、政治的な動きが目立つ太上天皇である。子の醍醐天皇に『寛平 御遺誡《かんぴょうのごゆいかい》』をのこし、藤原時平《ときひら》と菅原道真《すがわらのみちざね》を重用することを説いて、初期の醍醐天皇の時代は宇多院政といっても過言ではない状況が存在した。その背景として、宇多が醍醐の父であること、醍醐の外祖父藤原高藤《たかふじ》は、外孫の即位後、急速に内大臣まで昇ったものの、北《ほっ》家《け》藤原氏のなかでは傍流に属し、大きな勢力を持ち得なかったことなどがあった。

しかし、太上天皇が独自に律令官僚機構を動かして権力を行使することはできず、あくまで天皇（または摂政）を通じて政治的影響力を及ぼす方法しかとり得なかった点にも注意しておく必要がある。それは延喜《えんぎ》元年（九〇一）、道真が失脚した際に、醍醐天皇にその処分の撤回を求めて内裏の門まで赴いたものの、門は開かず、結局あきらめざるを得なかったこととに端的に示されている。

その後、道真失脚の影響もあり、また僧侶としての活動を活発に行ったこともあって、政治への関与はほとんどみられなくなるが、延長《えんちょう》八年（九三〇）、孫の朱雀天皇が即位すると、その約一〇ヵ月後に死去するまで、宇多太上天皇は再び政治に関与するようになる。承《じょう》平《へい》元年（九三一）三月の『貞信公記《ていしんこうき》』（摂政藤原忠平の日記）によれば、興福寺・角《すみ》寺（海竜王寺）の別当の任命について、太上天皇が摂政忠平に書状を送り、忠平はそれを天皇に奏上している。僧侶とはいえ、太上天皇が朝廷の人事に介入している点が注目されるのである。

朱雀天皇は、兄とその子の相次ぐ死去によって、母穏子《おんし》の手厚い庇護のもとで天皇の位につき、また『大鏡《おおかがみ》』の説くところによれば、その母穏子の戯れ言ともいえる発言を真に受けて、村上《むらかみ》天皇に譲位した天皇である。しかし意外というべきか、太上天皇としては政治に関与した形跡が少なからず見出せる。

例えば、天暦四年（九五〇）、村上天皇に広平《ひろひら》・憲平《のりひら》という二人の皇子が相次いで誕生して立太子問題が持ち上がった時、村上天皇とその生母藤原穏子だけでなく、朱雀太上天皇もこれに関わっていたことが、藤原師輔《もろすけ》の日記『九暦《きゅうれき》』から判明する。さらに十二世紀前半の『長秋記《ちょうしゅうき》』（白河・鳥羽院政期の公卿源師時《もろとき》の日記）には、朱雀太上天皇が内裏に入り、村上天皇とともに叙位《じょい》・除目《じもく》を行おうとしたが実現しなかったという記述がある。後世の史料なので、実際のところはよくわからないが、朱雀太上天皇の政治に対する意欲を示す史料ではある。このような朱雀の姿勢をどのように理解するかは議論のあるところだろうが、朱雀単独でこのような意欲をみせたというよりは、その背景に、村上天皇にとっても生母にあたる藤原穏子と、朱雀・村上の二代にわたって摂政をつとめた藤原忠平《ただひら》（天暦三年〈九四九〉死去）の存在があったと考えたほうがよいのではないかと思う。

皇統並立期の太上天皇

十世紀後半以後、皇位は冷泉天皇と円融天皇の子孫によって交互に継承されるという事態が生じた。その意味については、第三章で触れたが、太上天皇の存在にとっても、この事態は一定の意味を持った。それは、少なくとも譲位した直後の太上天皇と新天皇の関係が父子関係にならないという点である。これは同時に、天皇や摂政を通じてであれ、太上天皇の政治的影響力が行使しにくいということを意味していよう。

この時期の太上天皇のうち、その在位期間が長い冷泉（約四二年）と花山（約二二年半）は、国政に関与した形跡は皆無といってよい。陽成太上天皇と同様に、私人として自由に振る舞ったというべきであろう。とくに花山は、仏道修行、和歌、そして華麗な女性関係と、非常に奔放な後半生をおくった。また三条太上天皇は、譲位後一年四ヵ月ほどで死去するが、道長の絶頂期であり、その存在が敦明《あつあきら》親王の皇太子の地位を何とか維持するにとどまったといえよう。

彼らに対して、円融太上天皇はやや様相が異なる。花山天皇の時代には、自らの武者所《むしゃどころ》の職員を武装させるにあたって、天皇の許可を求めているように、天皇の存在に遠慮する姿勢がみられるのに対して、一条天皇の時代になると、叙位・除目などの人事に積極的に関与するようになる。著名な例は、『古事談《こじだん》』にある次のような説話である。

一条天皇即位直後の寛和《かんな》二年（九八六）十月、太上天皇は摂政兼家をはじめ多くの公卿・殿上人を伴い、大井川（平安京西郊を南流する桂川）に遊んだ。その時、三艘の船を用意して、それぞれ漢詩・和歌・管絃の得意な者たちを乗せて、その腕を競わせた。才人として知られた藤原公任《きんとう》などは、すべての船に乗ってその才覚を示し賞賛を浴びた。また大蔵卿だった源時中《ときなか》も管絃の船に乗って腕を披露したところ、太上天皇は摂政兼家を呼び寄せて、時中を参議に任じるよう命じたという。

『古事談』はこのことを述べた後、天皇の御前ではなく、太上天皇の仰せによって参議を任命することについて、周囲の人々が不審に思ったと続けているが、ともかく円融が摂政兼家を通じて人事権を行使している点が注目される。このほかにも円融が叙位・除目に関与したことを示す史料はいくつかのこされており、冷泉や花山とは対照的である。

ただし、ここで注意しなければならないのは、円融と花山との関係が叔父と甥であったのに対して、円融と一条は父と子であったという点である。清和や宇多のところで述べたように、太上天皇と天皇とが父と子、祖父と孫という関係であれば、太上天皇が天皇や摂政を通じて国政に関与することが可能だったのであり、円融の場合にもそれがあてはまるのである。

院政の前提

最後に、摂関政治の時期の太上天皇のありかたと、十一世紀末にはじまるいわゆる院政との関係についてみておきたい。

十世紀末以後の摂関政治を、天皇が母后やその父兄（外戚）の後見によって政治を行う体制だとすれば、院政は院（太上天皇）が天皇の父または祖父として国政を領導する政治体制だということになる。言い換えれば、摂関政治は天皇の母方のミウチ、院政は父方のミウチが王権を構成する政治体制である。しかし、摂関政治の時代に天皇の父方のミウチが、また院政期に母方のミウチがまったく無関係かといえば、むろんそうとはいえないのであって、これまでみてきたように、摂関政治の時期にも太上天皇が天皇または摂政を通じて国政を動かしていく事例は存在した。それでは、そのようなケースがどのような条件の下で院政へと展開していったのだろうか。

まず第一に、摂関期の太上天皇が国政に関与した事例は、基本的には太上天皇と天皇との関係が父と子、あるいは祖父と孫という関係の場合に限られるという点に注目する必要がある。冷泉天皇以後の皇統の並立は、そのような意味で、太上天皇が国政に影響力を行使するのに阻害的な要因となった。これは逆にいえば、太上天皇の存在が、皇統の並立、さらには三条太上天皇以後、太上天皇自体が生まれなかったことにより、潜在的なものとなったということを意味している。

しかし一方で、この皇統並立時代には院政へとつながる重要な動きもあった。それは、一条天皇と後一条天皇の時代の初期に典型的な、国家の中枢を占める地位に就いている人々、言い換えれば王権を構成している人々がそのまま一家を成し、その家長が国政の頂点に立っているという構造の出現である。すなわち天皇の外祖父が摂政となり、彼のもとで天皇とその生母（摂政の娘）が一体的に王権を構成しているという体制である。これまで何度も述べてきたように、当初の摂政・関白は、太政大臣という、特殊な性格は持つものの、厳然として律令官僚機構の頂点に立つ地位にその根拠を持っていたのだが、藤原師輔の子息たちによって、それが天皇との外戚関係に根拠を置く地位へと変貌を遂げた。それを前提として右のような王権の構造が成立したわけだが、この構造の原理、すなわち王権と家とが重なり合っているという点は院政でも同様である。

したがって、皇統の並立が解消されて、皇位が直系で継承されるという状況が生まれ、また天皇の母方のミウチの力が相対的に低下すれば、摂関政治から院政へと変化していく基本的な条件は整うことになるのであり、十一世紀後半以後、それが現実のものとなったのである。

ただし、摂関政治から院政への移行には、もう一つ重要な条件がある。それは太上天皇が天皇を動かすためのシステムの確立である。摂関政治の時期、国政に一定程度関与した宇多・朱雀・円融の各太上天皇の場合、天皇あるいは摂政への働きかけは、多くの場合私的な書状（史料では勅とか勅書とか表記されるが、実体は書状である）によって行われている。

また太上天皇の家政を支える院庁とその職員である院司《いんし》も当然設置されているが、円融太上天皇の別当をつとめた藤原実資《さねすけ》の『小右記《しょうゆうき》』などをみても、院司は太上天皇と天皇・摂関とをとりもつメッセンジャーといった役割にとどまっている。摂関期の太上天皇が天皇を動かすためのこれらのしくみは、基本的には院政期にも継承されていくのであるが、それらがより強力かつ効率的なものとなるためには、なおいくつかの条件が整えられる必要があった。

2　皇后と母后

皇后の不在期

皇后とは天皇の嫡妻《ちゃくさい》（正妻）である。明治以降は、皇太子の皇位継承と同時に、皇太子妃が自動的に皇后となるが、近代以前は、皇后となるには「立后《りっこう》」の手続きを経なければならなかった。一人の天皇が何人ものキサキを持つのが当然だったので、そのうちの誰を立后させるかは、誰を皇太子とするかという問題とも絡み合い、極めて政治的な判断力を求められる事柄だったのである。

皇后の出自は、律令制下では本来内親王に限定されていたが、光明《こうみょう》皇后によって臣下の皇后の例が開かれたことはよく知られている。平安時代に入ると、桓武《かんむ》天皇の藤原乙牟漏《おとむろ》（式家良継《よしつぐ》の娘）、嵯峨《さが》天皇の橘嘉智子《たちばなのかちこ》（清友《きよとも》の娘）と臣下の皇后が続き、淳和《じゅんな》天皇は嵯峨と嘉智子の娘で正良《まさら》親王（後の仁明天皇）と双子の兄妹である正子《せいし》内親王を皇后とした。

ところが、仁明天皇以後、醍醐天皇の延喜《えんぎ》二十三年（九二三）まで、約九〇年間、皇后不在の時期が続く。その理由については、これまでさまざまな考察が加えられてきたが、近年では山本一也氏によって、以下のような有力な見解が出されている。

すなわち、律令で皇后を内親王に限定したのは天皇の父方・母方双方の血統を重視したためであるが、桓武天皇以後、父方の血統を重視する傾向が進み（桓武自身が渡来系氏族出身の高野新笠《たかののにいがさ》を母としたことも、大きな要因だろう）、淳和の正子内親王を最後に、天皇が内親王のキサキを迎えなくなる。その後、醍醐天皇が東宮時代に光孝天皇の娘為子《いし》内親王を妃としているが、これにはやや特殊な事情があったようで、また内親王は醍醐即位の二年後に皇女を生んだ際、死去している。この為子内親王を除くと、冷泉天皇が東宮時代に迎えた昌子《しょうし》内親王（朱雀の娘）まで、内親王のキサキはまったくあらわれない。

この内親王のキサキが不在の時期と皇后不在期とがほぼ重なり合うことに注目し、本来的な内親王のキサキの立后も、臣下のキサキが内親王のキサキに優越することを示すための立后（乙牟漏や嘉智子）も行われなくなったというのである。この見解は、皇后を立てようとすればできたのに、あえて立てなかったという事情までは説明していないが、皇后を立てなければならない必然性がこの時期にはなかったという説明としては説得的である。

また、九世紀前半には妃《ひ》・夫人《ぶにん》・嬪《ひん》という律令制下のキサキが消滅し、それらに代わって天皇のキサキは相対的に高い出自を持つ女御《にょうご》と低い更衣《こうい》という二本立てとなる。そして、皇后不在期には、女御が生んだ最年長の皇子が皇位継承者となる原則が存在したらしい。そうだとすれば、皇位継承者の権威を高めるため、その母が立后するということも、あまり積極的な意味を持たなくなるであろう。

藤原穏子と藤原安子

さて十世紀に入ると、醍醐天皇の時に藤原穏子（基経の娘）、村上天皇の時に藤原安子《あんし》（師輔の娘）が立后する。この時代は、依然として内親王のキサキが不在の時期であったから、そこに皇后不在の主要な理由を求めるとすれば、彼女たちの立后には特別な事情があったということになる。

このうち穏子については、比較的明瞭である。第二章で述べたように、穏子が生んだ皇太子保明《やすあきら》親王が、延長元年（九二三）三月、菅原道真の祟《たた》りによって死去し、翌四月にその子の慶頼《よしより》王が新たに立太子しているのだが、穏子の立后は慶頼王立太子のわずか三日前だった。当時は女御の生んだ最年長の皇子が皇位を継承するという原則が存在していたから、慶頼王の立太子は極めて異例のことで、それを実現するための措置として穏子が立后したものと考えられるのである。

安子は村上天皇の東宮時代からの妃で、天皇即位直後に女御となり、憲平《のりひら》・為平《ためひら》の二人の皇子を生んだ後、天徳《てんとく》二年（九五八）十月皇后となり、翌年三月守平《もりひら》親王を出産した。憲平親王は誕生直後の天暦四年（九五〇）にすでに立太子しているから、なぜその五年後になって立后したのかが問題だが、奇矯な行動が目立つ憲平が即位（冷泉天皇）した後、その弟の為平（安子立后時に七歳）を東宮に立てるための措置とする見方もある。たしかに為平親王と源高明の娘の婚姻はかなり後の康保《こうほう》三年（九六六）なので、この時点では村上天皇と藤原師輔の間で、憲平の次は為平という合意があってもおかしくないが、為平は兄の憲平を除けば、女御が生んだ男子で最年長にあたるので、これまでの見方からいえばあえて立后する必然性はなく、議論の余地もあろう。

皇統並立期の皇后

冷泉天皇の皇后昌子内親王は、実に約一四〇年ぶりの内親王の皇后である。しかし、彼女は皇子女を生むことなく、女御の藤原懐子《かいし》（伊尹《これただ》の娘）が生んだ師貞《もろさだ》親王が次々代の天皇（花山天皇）となった。

さて皇統並立期に入り、在位期間が非常に短かった花山天皇を除き、立后は連続しているが、この時代の皇后は、それ以前とはかなり性格の異なるものとなった。まず第一に、穏子・安子までの皇后は、例外なく天皇との間に皇子をもうけてから立后しているのに対して（八世紀の光明皇后も立后以前に男子を生んだが夭折した）、この時期の皇后は、三条天皇の皇后藤原娍子《せいし》と後朱雀天皇の中宮禎子《ていし》内親王を除き、みな立后の時点では皇子を生んでいないという点である。天皇との外戚関係の構築が権力の掌握にとって決定的な条件となった当時にあって、摂関の地位にある者が娘を入内《じゅだい》させると、時をおかずに女御から皇后（中宮）とするようになった。すなわち、以前の立后がすでにいる皇子の権威を高めるためのものであったのに対して、この時期の立后は、これから生まれるであろう皇子を皇位継承者とするための手段として行われたのである。

したがって、すでに皇后が立てられている状況で、摂関の交替がおきた時などには、二人目の皇后を立てる場合もあった。一条天皇の時の藤原定子《ていし》と彰子《しょうし》、三条天皇の藤原娍子と妍子《けんし》、後朱雀天皇の禎子内親王と藤原嫄子《げんし》（嫄子女王）の事例であり、いずれの場合もすでに皇子をもうけている皇后がいるにもかかわらず、道長・頼通がその娘（嫄子は養女）を強引に立后させている。定子の子敦康親王は、その後見という点で弱い立場にあり、また妍子・嫄子はともに皇子を生まなかったが、もし生んでいれば、この時期比較的安定していた皇位継承問題が紛糾する可能性もあったのである。

母后と女院

これまで、おもに皇位継承との関係から摂関期の皇后についてみてきたが、この時期の皇后は、王権の構成員、言い換えれば妻として天皇に影響力を行使して国政に関与することがあったかというと、そのような形跡はほとんどみられない。また律令制以前から、皇后は天皇の神祇祭祀を補佐する役割を果たしており、奈良時代から九世紀前半にかけても、それは「助祭」という行為として継承されていたが、その後長い皇后不在期を経て、十世紀後半以後、それがどのようになったかは不明である。

皇后と祭祀との関係という点では、道長が娘藤原彰子を定子の存在にかかわらず立后しようとした時、時の蔵人頭《くろうどのとう》藤原行成《こうぜい》が、その時点での藤原氏出身の后（東三条院詮子・〈円融の〉皇后遵子《じゅんし》・中宮定子）がみな落飾《らくしょく》しており、そのつとめである大原野神社の祭祀ができないので、彰子の立后を実現すべきであると進言して、道長に大いに感謝されたという話が有名である。しかし、これはあくまで藤原氏の祭祀なのであって、上記の助祭とは区別して考えるべきだろう。

結局のところ、摂関期の皇后は、皇位継承者の権威を高めるための存在に過ぎないという見方ができ、天皇の嫡妻として王権を構成しているとは言い難いのである。ところが、自らが生んだ皇子が天皇となると、状況は一変する。藤原穏子や東三条院詮子、上東門院彰子についてては、第三章までで述べたので繰り返さないが、母后・女院が摂関政治の時期の王権の重要な構成員であったことを、ここでも強調しておきたい。もっとも天皇の生母が、子や孫の天皇に対して強い影響力を及ぼすことは摂関期に限ったことではなく、持統《じとう》太上天皇と孫の文武《もんむ》天皇、光明皇太后と娘の孝謙《こうけん》天皇というように八世紀以前から存在していた。しかしこれまで述べてきたように、十世紀末以後、王権と摂関を頂点とする家とが重なり合う状況になると、母后・女院はその家長たる摂関と天皇とをつなぐ結節点として、従来以上に王権のなかでの存在意義を高めていったのである。

摂関期の内親王

律令制当初の親王・内親王は、前者については高市《たけち》・舎人《とねり》・新田部《にいたべ》など天武《てんむ》天皇の諸皇子にみられるように、国政の中枢の一角を占めて、王権を支える役割を果たしたし、内親王からも女帝・皇后が出て、王権にとって重要な存在意義を持った。平安時代に入ると、皇位継承者以外の親王は、八省・弾正台《だんじょうだい》の長官や大宰帥《だざいのそち》、上総《かずさ》・常陸《ひたち》・上野《こうずけ》の太守（この三国は親王任国といい、親王が長官となり、受領は介がつとめた）などの官職に就くが、これらはいわば名誉職であって、政治的な役割はほとんど持たなくなった。一方内親王は、前項で述べたように、九世紀半ば頃から約一〇〇年間、天皇のキサキとならない時期が続くなかで、いくつかの新たな役割を与えられていく。

その一つは、賀茂《かも》神社の祭祀に奉仕する賀茂斎王（斎王の御所を斎院と称し、斎王自身も斎院と呼ぶようになる）としての役割である。伊勢神宮については、天武天皇の時代に斎王の制度が始まり、八世紀末から九世紀初頭には、伊勢神宮が天皇家の祖先を祀る宗廟《そうびょう》と位置づけられたため、井上《いのえ》─酒人《さかひと》─朝原《あさはら》と斎王が直系で継承され、斎王の宮である斎宮の整備が進むなど、その最盛期を迎えた。これに対して賀茂斎王は、薬子《くすこ》の変の後、平安京が「万代宮《よろずよのみや》」と定まったのを契機に、嵯峨天皇によって始められたとされる。伊勢斎王と同様、未婚の内親王から選ばれるのが原則で、厳重な潔斎の後、平安京北郊の紫野《むらさきの》にある斎院に入り、毎年四月の賀茂祭をはじめとする神事に奉仕した。

賀茂斎院成立後、伊勢斎宮の意義が格段に低下したわけではなく、例えば斎王発遣の際には、大極殿に天皇が出御して儀式が行われるなど、平安時代の斎王には注目すべき点も少なくない。しかし平安京鎮護の社として賀茂神社の重要性が高まり、また平安京の人々にとっては、その活動を間近で目にすることもあって、賀茂斎院への注目度が高まったことは否定できない。

また村上天皇の娘で、円融天皇から後一条天皇の時代まで実に五六年の長期にわたり斎院をつとめた選子《せんし》内親王などは、紫野の斎院に一種の文芸サロンを形成し、王朝文化の繁栄にも寄与した。

内親王の婚姻の規制緩和

もう一つ注目されるのは、内親王の婚姻についてである。律令制では内親王をはじめとする皇族女性の婚姻について厳しい規制があり、内親王は親王および四世以上（天皇の玄孫の世代まで）の王までが婚姻の対象とされ、四世以上の女王も臣下との婚姻は許されていなかった。しかし平安京遷都直前の延暦《えんりやく》十二年（七九三）、大臣・良家の子弟は三世の女王（天皇の曾孫の世代）、藤原氏はとくに二世女王を妻とすることが認められた。このような規制の緩和のなかで注目されるのは、嵯峨天皇の娘源潔姫《きよひめ》と藤原良房との婚姻である。もちろん潔姫は内親王でも女王でもないから、上記の規制からは自由なのであるが、実態としては天皇の娘であり、天皇の娘と藤原氏との婚姻の端緒を開いた。この後、宇多天皇もその娘源順《じゅん》子《し》を藤原忠平と婚姻させている。

内親王と臣下との婚姻ということでは、醍醐天皇の娘勤子《きんし》内親王が藤原師輔の妻となったのが最初で、勤子は子をもうけなかったが、やはり師輔の妻となった同母妹雅子《がし》内親王は為《ため》光《みつ》などを生んでいる。その後、同じく醍醐の娘靖子《せいし》内親王が師氏《もろうじ》（忠平四男）に嫁し、村上天皇の娘保子《ほし》内親王が兼家の、盛子《せいし》内親王が顕光《あきみつ》（兼通長男）の妻となった。これらをみると、師氏を除けば、内親王を妻としたのは師輔とその子孫、言い換えれば外戚家に連なる人々であり、彼らと内親王との婚姻は、天皇家と外戚家のミウチ関係を別の側面から強化したといえよう。

三条天皇が、その子敦明親王の立太子を実現するため、娘の禔子《ていし》内親王と道長の長男頼通との婚姻をもちかけたことは第三章で述べた。この縁談は沙汰止みになるのであるが、結局禔子は頼通の同母弟教通の妻となった。これまで藤原氏の妻となった内親王は更衣クラスのキサキの娘であったのに対して、禔子は皇后藤原娍子の所生であり、彼女の婚姻は直接的には政治的駆け引きの手段ではあったが、内親王を通じた天皇家と外戚家のミウチ関係がより強化されたという評価も可能だろう。

3　蔵人所・殿上人・検非違使

蔵人所の拡充

摂政・関白と同様に、律令で定められた官職ではない、蔵人所《くろうどどころ》や検非違使《けびいし》、殿上人《てんじょうびと》など「天皇直属」の人々は、この時代の王権にどのように関わっていたのだろうか。

序章で述べたように、蔵人所は嵯峨天皇の時代に平城太上天皇との対立を契機として、従来女官が担っていた「奏請・宣伝」を職務とする天皇直属の秘書官として成立した。また、その「蔵人」という名称に示されているように、天皇が保有する重要書類や調度品などを管理するという役割もあったようで、蔵人所はそれらを保管する内裏の校書殿《きょうしょでん》に執務空間を設けたとされている。さらに初期の蔵人には、近衛府《このえふ》・兵衛府《ひょうえふ》・衛門府《えもんふ》を本官とする者が多く、天皇直属の軍事力を組織するという側面もあった。

九世紀半ばになると、あとで述べる検非違使の整備に対応して武官を本官とする蔵人は近衛府のみとなり、軍事的性格は弱まるが、その反面、中務省管下の内蔵寮《くらりょう》、宮内省管下の木《も》工《く》寮・主殿《とのも》寮など、天皇の生活を支える官司を本官とする蔵人が増加した。その結果、蔵人所には天皇の家政を統括するという機能が加わり、右の諸官司の役割を実質的に吸収していく。内裏内には、天皇の食膳やその材料を管理し、内裏での饗宴の食事の準備も行う進物所《たまいどころ》や御厨子所《みずしどころ》、宮中の雑事に従う下級職員である内豎《ないじゅ》を管理する内豎所、天皇の調度品を製作する作物《つくも》所、天皇所有の書物を管理する内御書所《うちのごしょ》や一本御書所《いっぽんごしょ》など、蔵人所管下の部局（「所々」と総称する）が設置されていった。

このようにして、九世紀末、宇多天皇の頃には、蔵人所は「奏請・宣伝」を中心とする秘書官的機能と天皇の生活を支える家政機関的機能を兼ね備えた官司として、その確立をみるのである。その職員をみると、大臣が兼帯する別当《べっとう》を頂点とし、実質的な長官である頭《とう》（原則二名、四位相当）のもとに、五位蔵人二〜四名、六位蔵人四〜六名ほどが置かれ、職事とも呼ばれた彼らが幹部職員を構成した。さらに下級職員として、出納《しゅつのう》・所衆《ところのしゅう》・雑色《ぞうしき》・小《こ》舎人《どねり》らがおり、彼らは職事の指揮によってさまざまな業務に従事したほか、上記の所々に配属され、それぞれの職務にあたった。さらに十世紀以後には、蔵人所の家政機関としての機能は一層強化され、従来宮内省管下の内膳司《ないぜんし》に所属して天皇の食料の生産・採取にあたっていた供御所・御厨《みくりや》などとよばれる各地の拠点が蔵人所の支配下に入り、蔵人所はいわば独自の所領を所有・運営するようにもなっていく（詳しくは第七章参照）。

昇殿制と殿上人

蔵人所とともに、天皇個人に直結する制度として昇殿制がある。第二章の宇多天皇のところでも触れたが、あらためてやや詳しくみていきたい。昇殿・殿上の「殿」とは、本来天皇がいる殿舎を指し、当然天皇がどの殿舎にいるかによって変化するのだが、九世紀末、宇多天皇の頃に内裏清涼殿が天皇の日常の居所とされると、具体的にはその清涼殿に昇ることを昇殿と称するようになり、制度的にもこの時期に整備が進められた。

昇殿を許される範囲は、公卿がほぼ全員（ただし稀に昇殿を許されない者もおり、「地下《じげ》の上達部《かんだちめ》」などと呼ばれた）、蔵人頭・五位蔵人・六位蔵人はその職務上全員で、これに加えて四位・五位のなかから一定数が選ばれた。その人数は、第二章で紹介した宇多天皇の『寛平御遺誡《かんぴょうのごゆいかい》』では三〇人（蔵人を含む）とされているが、時代が下るとともに次第に増加していく。昇殿を許された者は、清涼殿南庇の殿上間《てんじょうのま》に掲げられた日給簡《ひだまいのふだ》（殿上簡《てんじょうのふだ》）に名前を記され、出勤日数（日勤と宿直の双方）を記録され、蔵人頭の指揮下に、食膳の給仕をはじめ天皇の日常生活を支えるためのさまざまな業務に従事した。

誰を殿上人とするかは、蔵人所の職員と同じく、天皇個人の指示によって定められ、天皇が替われば、あらためて新天皇によって殿上人が定められた。また、殿上人は自分の地位（位階・官職）が変わると、いったん昇殿の資格を失うことになっており、殿上人に復帰するには、天皇の代替わりと同様、あらためて天皇の許可を必要とした。

京都御所清涼殿の殿上間　左奥の白壁に立てかけてあるのが、日給簡

このように殿上人は、個人としての天皇に仕える存在として、蔵人所職員と共通した性格を持っている。しかし、蔵人所職員が天皇の秘書官として、また家政職員として、天皇の日常的な仕事や生活を支えるのに欠くべからざる存在だったのに対して、殿上人はその職務もさることながら、むしろ殿上人という身分そのものに重要な意味があった。

殿上人の側からみれば、天皇に近侍し、朝廷の儀式では公卿に次ぐ位置を占めることによって、自身を栄えある地位にある者として誇示することができた。例えば六位蔵人は職務上、六位のなかで唯一殿上人の身分を持つ存在であり、彼らは六位蔵人として四年ほど勤務すると、五位に昇ることができた（これを叙爵という）にもかかわらず、これによって昇殿の資格を失うのを嫌い、叙爵を忌避する者もあらわれたほどであった。また天皇の側からみれば、位階・官職という律令制的な身分秩序とは異なる新たな原理で官人を再編成することによって、天皇を中心とした王権への求心力を高めることができたのである。

検非違使——王権の警察力

検非違使もまた、嵯峨天皇の時代に成立し、九世紀を通じて発展した天皇に直属する官司である。成立当初の職務は不明の点が多いが、初期の検非違使に関する法令に、その職務が弾正台《だんじょうだい》（風俗の取り締まりや官人の不正の摘発にあたる）と重なり合うことが指摘されているので、官人の綱紀粛正や職務規程違反を摘発する官司として出発したらしい。その後、次第に職務を拡張し、本来左右の京職《きょうしき》や衛府《えふ》が担当した平安京内の犯罪人の捜索・逮捕、その拘禁や尋問などにもあたるようになった。さらに、犯罪人の裁判や行刑についても、本来これを担当する刑部省《ぎょうぶしょう》から検非違使に権限が移管され、九世紀末頃には検非違使の職務内容はほぼ確立する。

職員については、基本的には左右衛門府から採用されたが、長官である別当《べっとう》は承和元年（八三四）にはじめて補任され、以後、中納言または参議で左右衛門督《えもんのかみ》あるいは左右兵衛督《ひょうえのかみ》を兼ねる者が就任した。『延喜式』による職員構成は、別当のもとに、佐《すけ》二名（左右各一名、以下同）・尉《じょう（い）》二名・志《さかん》二名・府生《ふしょう》二名・火長《かちょう》一八名（左右各九名）で、志のなかには、裁判のため、法律の専門家である明法道《みょうぼうどう》出身の者（道志《みちのさかん》と称する）が含まれていた。また下級職員のなかには、囚人の一部を赦し、犯罪人の捜索の手引きなどをさせるために採用した放免《ほうめん》もいた。

上記のうち、別当は中納言または参議という太政官の幹部職員であり、その地位に基づいて天皇の命令を検非違使に伝え、また検非違使からの報告を天皇に奏上したから、まったく太政官から独立した別個の組織というわけではなく、その点で蔵人所と多少の違いがみられる。しかし、天皇の命令は別当から他者を介さず（通常の命令下達は、公卿から弁官、弁官から諸司へというルートをとる）、速やかに別当宣《べっとうせん》として検非違使に伝達されたから、より機動的・効率的に職務を執行することができた。検非違使は、天皇を中心とする王権の警察力・軍事力として、摂関期にはその力を遺憾なく発揮したのである。

摂関政治全盛期の蔵人

ここで話を蔵人所に戻し、摂関期の蔵人の活動を具体的にみていきたい。蔵人頭または蔵人としての活動が記された日記としては、藤原実資の『小右記』、平親信《たいらのちかのぶ》の『親信卿記《ちかのぶきょうき》』、藤原行成の『権記《ごんき》』、源経頼《つねより》の『左経記《さけいき》』、藤原資房《すけふさ》の『春記』などがある。ここでは、天元四年（九八一）から永祚《えいそ》元年（九八九）まで、一部中断期があるものの、円融・花山・一条の三代の天皇の蔵人頭をつとめた実資の『小右記』のうち、天元五年正月の部分を取り上げることにする。

この当時、円融天皇は二四歳、関白には太政大臣の藤原頼忠（実資の伯父）が就いており、左大臣は源雅信、右大臣は藤原兼家だった。実資は二六歳、従四位上右近衛少将で蔵人頭をつとめていた。

まず一日、年中行事である供御薬《みくすりをくうず》に蔵人頭として奉仕している。供御薬とは白散《びやくさん》・屠蘇《とそ》などの霊薬を天皇に奉る儀式で、現在の「おとそ」に受け継がれている。九世紀後半頃までは女官の尚薬《くすりのかみ》が内裏での行事にあたったが、以後蔵人所が差配する行事となった。ついで、これも蔵人所が差配する小朝拝《こちようばい》が行われている。小朝拝は、天皇が大極殿に出御し、その南庭に列立する群臣の拝礼を受ける元日朝賀に対して、清涼殿の東庭に大臣以下、殿上人以上が列立し、天皇に拝礼する行事である。九世紀後半頃から始められたようで、朝賀が次第に行われなくなるのに対して、小朝拝は醍醐天皇の時に一時廃止されるが、その後は引き続き行われており、殿上人という身分の重要性を物語っている。

三日には、実資邸に蔵人所の所衆・小舎人などが正月の挨拶に訪れ、実資は彼らを酒肴でもてなしている。これと同様のことは、それぞれの官司についても行われており、太政官の場合は大臣大饗という大規模な饗宴となる。また実資は長保三年（一〇〇一）以後、長く右近衛大将をつとめているが、やはり正月には右近衛府の官人が実資邸を訪れている。官庁や企業の上司の家に部下が正月の挨拶に赴くという、ごく近年まではさかんに行われていた慣習は、少なくとも平安時代以来のものだった。

四日から実資の蔵人頭としての仕事が本格化する。五日か六日に叙位議を行うので参入せよとの天皇の命を、直廬《じきろ》である職御曹司《しきのみぞうし》にいた関白頼忠に伝え、体調がよくないので確約はできないという頼忠の返事を天皇に奏上した。これに対して天皇は、何としてでも必ず参入すること、六日に叙位議を行うが、この日は天皇の物忌《ものいみ》（行動を慎み、外来者も受け付けない日）と重なるので、大臣以下の公卿は前日夜から参内することなどを指示した。実資は、深夜となったので関白や大臣のもとへは行かず、消息で連絡している。

翌五日早朝、実資は左大臣雅信邸に行き、昨日の天皇の命をあらためて伝え、承諾の返答を得た。実資自身も夕方参内して宿直し、関白頼忠も同様に内裏の弘徽殿《こきでん》（娘である皇后遵子の居所）に入った。

六日の叙位議、七日の白馬節会《あおうまのせちえ》でも実資は蔵人頭としての職務に従っているが、ここでは省略する。

九日、左大臣邸に行き、蔵人の補任に関する奏上を受けている。これは左大臣雅信が蔵人所別当であることによるものだろう。実資は参内して、これを天皇に伝え、同時に検非違使庁から尉の宮道尭時《みやじのあきとき》の叙爵を申請する文書を奏上した。この時期、叙位や任官の申請文書の大半は蔵人所に直接もたらされているので、これもそのなかの一つだろう。天皇はこの叙爵申請について、関白の意見を聞くよう、実資に指示している。

十日には、頼忠邸で検非違使叙爵に関する意見を聞き、参内して報告したが、その際頼忠は、二人の官人の叙位申請文書をあわせて奏上するよう指示している。申請文書が関白の手を経て奏上されているのは、これらの申請に関白がいわばお墨付きを与えたという意味があると思われる。参内した実資に対して、天皇はこの日の女叙位《にょじょい》（隔年で正月に行われる女官などに位階を授ける儀式）と同時に行われる蔵人や殿上人の人選について、申請している人々の評価を開陳したうえで、関白に意見を聞くよう命じた。なお、この時五位蔵人を希望した者のなかには、すぐれた文人で、その後出家して寂照《じやくしよう》と名乗り、宋に渡ってその地で没した大江定基《おおえのさだもと》が、昇殿を申請した者のなかには、当時一七歳の藤原道長が含まれており、両者ともその申請が認められている。関白頼忠は、蔵人・昇殿者に関する意見を述べたうえで、今日の女叙位に参入せよとの天皇の命令を、六位蔵人の藤原宣孝《のぶたか》（紫式部の夫となった人物）が伝えてきたが、叙位・除目などの重要な事柄については蔵人頭を通じて命じるべきだとの意見を天皇に伝えさせている。

その後、正月中旬には実資の本官である右近衛府の行事に関する記述が多く、蔵人頭としての活動はあまり具体的にはわからないが、十七日・十九日には、右衛門府で発生した死穢の取り扱いについて、右衛門志と天皇との間の取り次ぎを行っている。天皇が穢れの処理についてかなり具体的な論点を挙げて右衛門府の対処を譴責しているのが注目される。

二十二日になると、天皇は春除目（県召除目《あがためし》などとも呼ぶ）をいつから始めるかについて関白の意見を聞いてくるよう実資に指示し、あわせて除目に関する先例の書き付けを奉ることも命じた。これに対して関白は、日取りについての意見を具申するとともに、実資に除目の先例についての書き付けを「密々」に奉るよう指示し、あわせて天皇にはこれを見た後は破り捨てるよう依頼している。そのため実資は、書き付けを懐中に入れて（自分は内容を見ないでということだろう）天皇に奉ったという。このように書かれると、よけいにその内容を知りたくなる。

結局除目議は二十六日からということになり、二十五日には天皇の命をうけて左大臣雅信に明日から除目を始めることを伝えている。この時の除目の具体的内容については、あまり詳しく記されていないが、二月一日まで行われた除目議のなかで、その日の審議が終わるたびに、実資が天皇の命によって、大間書《おおまがき》（任官の結果を記録する書類）を天皇の厨子に納めているのは、あまり他の史料には記されていないことで、興味深い。

以上、やや繁雑になったが、天元五年正月の蔵人頭藤原実資の仕事ぶりについてみてきた。この期間には、天皇の家政に関わる活動はほとんどみられなかったが、その反面天皇と関白、天皇と左大臣との連絡に多忙を極めていたこと、そのなかで、蔵人頭は人事に関する事柄など、重要な機密事項や、それについての天皇・関白の意見を職務上知り得たことが理解できるだろう。蔵人頭の職務は、あくまでメッセンジャーであり、国政に対する権限は持たないといってよいのであるが、実際には当時の王権の中枢にかなり深く食い込んだ存在だったのである。

蔵人と太政官

最後に、摂関政治の時期の太政官を中心とする政務処理の方式、およびその変化を、王権の権力発動の問題と関わらせてみていきたい。

まず、やや煩瑣になるが、前項と同様に、蔵人頭の日記をみることにする。今度は一条天皇の時期に蔵人頭をつとめた藤原行成（当時従四位上右大弁、二七歳）の『権記』である。

左大史《さだいし》国平《くにひら》朝臣《さつ》、大蔵省、大宰府所進の絹・綿を公卿以下の禄に充つることを請《こ》ふの文を付く。即ち大臣に覧ず。大臣披き覧《ひらみ》るの後、奏下の間、前例は如何《いかん》を示さる。即ち奏せらるべきの由を申す。大臣、許諾して奏せしむ。則ち御所に参り、詞《ことば》を以て奏す。御物忌には外書を奏せざるに依りてなり。仰せて云く、請ひに依れ。則ち宣旨を下し奉る。又、国平に下すこと例の如し。（長徳四年〈九九八〉正月七日条）

この日は、白馬節会《あおうまのせちえ》が行われる日で、それに先立ち、節会の後に参列者に与えられる禄に、大宰府から送られてきた絹・綿を充てたいという大蔵省の申請に関する記事である。この申請の文書を行成のもとに持参したのは弁官局の下僚、史《し》の多米国平《たためのくにひら》だった。弁官局は太政官の事務部局の一つで、太政官とその管下の諸司（八省・諸国など）との連絡をおもな職務としていた。したがって、大蔵省からの文書がまず弁官局の史のもとにもたらされ、それを上司である右大弁の行成に上申したことになる。行成はこれを右大臣藤原顕光にみせているが、これは顕光が白馬節会の内弁（儀式を進行する主宰者）だったからである。なお節会の場合は内弁というが、一般に朝廷の儀式や政務を主宰する公卿を上卿《しょうけい》と呼んでいる。顕光はこの文書を見た後、「奏下」、すなわちさらに天皇に奏上して決裁を仰ぐのか、内弁（上卿）の判断で決裁を下すのかについて行成に尋ね、その返答に基づき、文書を奏上させている。もちろん天皇に奏上したのは行成で、この場合は太政官と天皇との間の連絡という蔵人頭としての職務に基づいて行動している。この時、天皇は物忌だったので、文書そのものは見せずに口頭で文書の趣旨を伝え、これに対して天皇は、申請の通りにせよとの決裁を下している。これをうけて行成は、顕光に宣旨（天皇の命令という意味だが、この場合実体は天皇の決裁を経た文書そのもの）を下した。「下し奉る」という表記は、蔵人頭の職務として天皇から上卿に文書を下しているのだが、太政官の職階上は顕光が行成の上司にあたるから、これに敬語をつけているのである。明記されていないが、文書を受け取った顕光は、これを右大弁としての行成に下しているはずで、さらに行成は最初に文書を持ってきた史の国平に決裁を経た文書を下したというところで、記述は終わっている。もちろん、この後、史から大蔵省に天皇の許可を得たという連絡が行ったはずである。

政務処理ルートの変化

細かい点ばかり書き連ねたが、右の記事は、摂関期の政務処理の姿が典型的に示されていると考えたので、あえて紹介した。ここにみられる政務処理ルートは、諸司・諸国からの申請が、まず太政官のなかの弁官局に提出され、弁官局から公卿（上卿）へと上申、上卿が決裁できる案件については、その決裁が、上申とは逆のルートで弁官局↓諸司・諸国と伝達される。また奏上すべき案件については、上卿から蔵人（頭）を通じて天皇に奏上、天皇の決裁を得て、蔵人を通じて上卿、上卿から弁官局、弁官局から諸司・諸国へと伝えられるというものだった（二二二頁の図を参照）。

ここで注意しておきたいのは、奏上すべき案件については、公卿（上卿）はなんら判断を下さない（あえていえば奏上するという判断をするわけだが）にもかかわらず、必ず上卿の手を経て奏上され、決裁も上卿の手を経て下されるという点である。摂関政治の時期の「太政官政治」の実態の一端はこのようなものだったのである。もう一つ、序章で触れたように、蔵人頭の一人は弁官（行成は大弁だが通常は中弁）を本官とする者のなかから選ばれるのが通例だが、そうすることによって、右の記事のように、政務処理の中で頭弁《とうのべん》が一人二役をつとめ、より効率的な処理が可能となる点にも注目しておきたい。

ところが、このような政務処理方式には、十一世紀に入り、とくに藤原頼通の執政期になると変化があらわれる。後朱雀天皇の時代、長暦二年（一〇三八）から長久三年（一〇四二）まで蔵人頭をつとめた藤原資房（実資の養子である資平の子、本官は右近衛権中将）の日記『春記』をみると、諸司・諸国からの申請が、弁官局から上卿の手を経ずに蔵人頭資房のもとにもたらされる事例や、さらには諸司や寺社の申請文書が弁官も経ずに直接資房に手交される事例が増加する。

例えば、長暦二年十月・十一月には、伊勢神宮の式年遷宮《しきねんせんぐう》をめぐって祭主《さいしゅ》（中央にあって伊勢神宮を統括する役職で、中臣氏の中から選ばれた）と現地の禰宜《ねぎ》との間で対立が生じ、祭主・禰宜の双方から直接資房のもとに愁状（訴状）が届けられている。このような方式での申請文書の上申は、それ以前にもまったく無かったわけではなく、例えば文書の形ではないが、前項『小右記』の正月十七・十九日のところで登場した右衛門府からの穢れに関する奏上も、同様の政務処理方式といえるかもしれない。しかし頼通執政期になると、それが相当目立ってくるのであり、このような奏事《そうじ》と呼ばれる政務処理方式は、院政期にも継承されていった。

右のような現象は、朝廷での政務処理全体のなかでの太政官、とくに公卿の役割の低下を示している。もちろん、公卿の役割はこの点に限られたものではなく、もう一方の重要な役割、すなわち天皇の諮問に応えて国政の重要事項を合議する定《さだめ》と呼ばれる政務の変化についても、検討しなければ全体的な評価は下せない。しかし、摂関政治から院政へと政治形態が転換していくなかで、王権の発動機関としての太政官の地位が相対的に低下していったのは否定できず、奏事の増加はその一端を示しているといえよう。

第五章　儀式・政務と天皇

1　即位儀礼と「神器」

践祚と即位

この章では、摂関政治の時代の天皇と、儀式・政務・饗宴《きようえん》との関わりについて述べていく。当時の儀式等は、先例に則って、繰り返し行われるため、そこに天皇と臣下との関係が如実に示されているからである。また、同じ儀式でも、時代によって変化していく場合もあるが、それはまさに天皇と臣下との関係の変化を意味しているのである。

最初に、天皇の地位そのものに関わる即位に関する儀礼について、近年この分野の研究を精力的に進めている藤森健太郎氏の研究を参考にしながらみていきたい。

なお、ここで「践祚《せんそ》」「即位」という言葉の意味について触れておくことにする。「践祚」とは、「祚《そ》（天子の位）を践《ふ》む」ということで、「即位」と同義である。実際、律令の規定では、即位と践祚を同じ意味で用い、『令義解《りようのぎげ》』（九世紀前半に成立した養老令の注釈書）でも「天皇即位、之《これ》を践祚と謂《い》ふ」としている。また奈良時代以前の皇位継承の実例をみると、持統天皇から文武天皇への皇位継承を除き、前天皇の譲位または死去と同時に、新天皇が大極殿で即位の儀式を挙行しているので、実態としても践祚＝即位だった。

ところが後に述べるごとく、平安時代に入って前天皇の譲位または死去と同時に行われる儀式と、大極殿での即位儀とが切り離されたため、前者によって践祚し、後者によって即位するというように、両者を区別して用いる場合が出てくる。この区別は、一八八九年（明治二二）に制定された皇室典範に継承され、「天皇崩スル時ハ皇嗣即チ践祚シ祖宗ノ神器ヲ承ク」（第一〇条）、「即位ノ礼及大嘗祭ハ京都ニ於テ之ヲ行フ」（第一一条）とされた（ただし一九四七年〈昭和二二〉制定の新皇室典範では「天皇が崩じたときは、皇嗣が、直ちに即位する」〈第四条〉として「践祚」は用いない）。もっとも平安時代の史料には、上記のような意味での「践祚」の語が登場するのは稀であり、皇位の交替は、「受禅《じゅぜん》（禅《ゆず》りを受ける）」「天祚《てんそ》を受ける」などと表現するのが一般的なので、本書でも原則として「践祚」の語は用いない。

譲国儀と剣璽渡御

平安時代には、天皇の即位に関する主要な儀礼は、譲国儀《じょうこくぎ》（または剣璽渡御《けんじとぎょ》）・即位儀《そくいぎ》・大嘗祭《だいじょうさい》の順で行われるようになった。譲国儀とは、前天皇が生前に皇太子に譲位する際に行われる儀式で、譲位の宣命《せんみょう》の宣読と天皇の地位を象徴する宝器の移動を主要な内容とする。こうした宝器のように、王の権威を象徴するもの、例えば王冠や勲章などを、近年の歴史学の用語で「レガリア」と呼ぶ。

高御座　京都御所の紫宸殿。現在のものは大正天皇即位の際につくられた

前天皇が死去して皇太子に皇位が移動する場合は、譲位宣命は当然なく、レガリアの移動のみが行われた（これを剣璽渡御と呼ぶ）。次に即位儀は、多くの場合、譲国儀または剣璽渡御の数日から数ヵ月後、天皇が大《だい》極殿《ごくでん》の高御座《たかみくら》に即《つ》き、即位の宣命が読み上げられて、大極殿の南庭に居並ぶ群臣の拝礼を受ける儀式である。さらに大嘗祭は、皇位の移動が七月以前ならばその年の十一月、八月以後ならば翌年の十一月に、毎年朝廷で行われる収穫祭である新嘗祭をより大がかりにして挙行したものである。

譲位の儀式についてのまとまった記述で、もっとも古いのは、現在『儀式』という書名で伝わっている儀式書に記された「譲国儀」ということになる。『儀式』は九世紀後半に成立した『貞観儀式《じょうがんぎしき》』に相当するものと考えられており（一部、後世の補訂がある）、摂関政治が始まる頃には、儀式の次第はほぼ確立していたといえる。

『儀式』による譲国儀の次第の概要をみていこう。まず譲国儀は、天皇が本宮を去って、別の御在所に百官を従えて遷《うつ》り、そこで行われることになっていた。譲位の宣命を準備した後、天皇は御殿に南面して座し、大臣が宣命を天皇に奏覧する。次に皇太子が御殿の上の座

（後世の儀式書によれば、天皇の東側）に着くと、大臣の指示によって、親王以下五位以上は南門から入り、御殿の南庭に、六位以下は南門の外に、その位階に従って列立する。列立が終わると、大臣は宣命を宣命大夫《だいぶ》（宣命を読み上げる参議以上）に授け、宣命大夫は、庭中の所定の位置につき、そこで皇太子も起立、宣命が読み上げられ、親王以下は退出する。ここまでが譲位宣命宣読の儀式である。

後半はレガリア移動に関する儀式で、親王以下が退出した後、門が閉ざされ、「今帝」（直前までの皇太子）は御殿から下りて、拝舞《はいぶ》（謝意を示す所作）を行い、内侍《ないし》が「節剣《せつけん》」、少納言に率いられた大舎人《おおとねり》が「伝国璽櫃《でんこくじひつ》」「鈴・印鑰《いんやく》等」を持って、「今帝」に従い、「今上御所」に帰る。

なお、前天皇が死去して皇位が移動する場合の剣璽渡御については、儀式書の記述がないので、嘉祥《かしょう》三年（八五〇）三月、仁明《にんみょう》天皇から文徳《もんとく》天皇への皇位の移動についての『日本文徳天皇実録』の記載をみておこう。三月二十一日、仁明天皇は清涼殿《せいりょうでん》で死去すると、皇太子道康《みちやす》親王は、清涼殿から下り、宜陽殿《ぎようでん》の東庭に設けられた一室に遷る。そこに左右大臣以下の公卿・少納言・近衛少将《このえしょうしょう》等が参上して、「天子神璽宝剣符節鈴印等」をたてまつった。しばらくして道康は輦車《てぐるま》（車の付いた輿《こし》）で東宮雅院《とうぐうがいん》に移動し、儀式は終わっている。

これらの儀式で注目されるのは、まず譲国儀では、皇位を継承する人物が、譲位宣命の宣読の前後で皇太子から「今帝」「今上」というように呼び名が変化している点である。すなわち譲位宣命が読み上げられた時点で皇位が交替するという構造になっているのである。

もう一つは、宣命宣読が親王以下百官の面前で行われ、宣命も皇太子に対して読み上げるのではなく、「親王諸王諸臣百官人等天下公民」に対して天皇が譲位を宣言するという、いわば開かれた構造になっているのに対して、レガリア移動の儀式は、門内の閉じられた空間で前天皇・新天皇とレガリアに付き従う少数の官人のみで行われている点も注目される。

また、前天皇死去による剣璽渡御の儀式は、譲国儀の後半部分と基本的には同じ構造を持っている。ただし九世紀の段階では、譲国儀を経た天皇と、剣璽渡御のみの天皇では、その直後の扱いに違いがあり、具体的には後者によって皇位を継承した平城と文徳は、しばらくの間天皇ではなく皇太子としての礼遇を受けていたとされており、当時は譲位宣命こそが皇位の移動にとって本質的なものだったことがわかる。

中国風の即位儀

次に即位儀についてみていく。八世紀までの即位儀は、原則として前天皇の譲位または死去と同時に行われた。その次第は、天皇が大極殿の高御座に即き、前庭に列立する親王以下百官が再拝、宣命大夫が即位の宣命を宣読した後、中臣《なかとみ》氏が「天神寿詞《あまつかみのよごと》」を奏上、忌部《いんべ》氏が「神璽鏡剣《しんじきょうけん》」を奉上し、あらためて百官が再拝・拝舞するというものだった。この即位儀は、天応《てんおう》元年（七八一）四月の桓武《かんむ》天皇即位の時に、かなり大きな変化を遂げたとされている。前項と同じく『儀式』によってその次第をみると、以下の通りである。

天皇が大極殿の北にある小安殿《こあどの》に入ると、八省院（朝堂院）南門の会昌門《かいしょうもん》を開いて、親王以下百官が、朝庭（朝堂に囲まれた空間）にその位階に従って列立する。天皇は小安殿から袞冕《こんべん》（中国の皇帝の礼服と同様の、冕冠《べんかん》、すなわちたいらな頂部の前後から旒《りゅう》という玉を貫いた紐を垂らした冠と、袞衣《こんえ》、すなわち龍や日月・北斗七星などの模様をほどこした服）を着して、大極殿の高御座に即くが、その時、高御座のなかの天皇は御帳《みちょう》が垂らされていて百官からは見えない状態になっている。そして女官が御帳をかかげて、天皇がはじめて姿を見せると、百官は深く腰を折って礼拝し、焼香の後、宣命大夫が所定の位置について即位の宣命を宣読、百官は再拝・拝舞し、万歳を称する。さらに即位にともなう叙位で、叙位された者に位記が授けられた後、天皇が大極殿から退き、百官が退出した。

この次第と八世紀までのそれとを比べると、中臣氏による「天神寿詞」奏上、忌部氏による「神璽鏡剣」奉上が抜け落ちていることが一目瞭然である。「天神寿詞」とは、高天原《たかまがはら》の皇祖神の命によって、天孫が豊葦原瑞穂国《とよあしはらのみずほのくに》に降臨し、その後代々の天皇が「天都日嗣《あまつひつぎ》の高御座」に即いて天下を治めてきたこと、その代々の天皇に親王以下天下の百姓にいたるまでが仕えてきたことを言祝《ことほ》ぐものであり、神話的な文脈から即位した新天皇に、その正統性を付与したものとみることができる。また忌部《いんべ》氏による「神璽鏡剣」奉上も、天孫降臨神話に類似の行為がみえているが、一方で律令制以前に行われていた群臣による新天皇（大王）へのレガリア奉上を継承したと捉えることも可能だろう。

ともかく、両者は神話的、氏族的な面から新天皇の即位を保証するといった意味合いを持つ儀礼であり、それらが平安時代になると行われなくなるのである。このことは、即位儀の場で宣読される宣命の内容とも対応している。八世紀までの即位宣命には、「天神寿詞」と同様の神話的な文言がよくみえているのに対して、桓武天皇の即位宣命では、神話的文言はほとんど姿を消し、それにかわって天皇の位が天智天皇の定めた法によって前天皇から授けられた点が強調されており、この形式は以後の天皇の即位宣命に踏襲される。

さらに天皇が着す袞冕、すなわち中国の皇帝風の衣装については、聖武《しょうむ》天皇が天平《てんぴょう》四年（七三二）にはじめて冕服《べんふく》を着したという記事が『続日本紀』にあるが、冕冠はつけていたものの、衣服は帛衣《はくい》（日本風の白い衣装）だったのではないかという見解があり、即位儀（及び後述する元日朝賀）に袞冕を着するようになったのは平安時代に入ってからだった可能性がある。

以上を要するに、平安時代の即位儀は、神話的・氏族的な要素を払拭し、天皇を中国的な皇帝として現前させる儀礼として再編成したものといえよう。そしてもう一つ、前項で述べた譲国儀の整備によって、皇位の交替は譲位宣命とレガリアの移動で確定していたから、即位儀は、高御座に即くことにより新天皇の地位が確定するというよりも、新天皇に対してあらためて群臣が拝賀するという点に、その意義がうつったと評価することもできるだろう。

大嘗祭の伝統的要素

即位儀が平安時代に入っていわば中国風に変化したのに対して、大嘗祭にはそのような変化は確認できない。ここでも譲国儀や即位儀と同様、『儀式』によって、その次第を簡単に確認しておこう。

大嘗祭（狭義の祭祀・神事とそれに続く饗宴《きょうえん》を含める）は、十一月の二回目の卯《う》の日から四日間にわたって行われた。その年の前半に悠紀《ゆき》・主基《すき》の国郡が卜定《ぼくじょう》され、その斎田《さいでん》で大嘗祭に用いられる稲の耕作が始まり、八月には行事全体を監督、進行する検校《けんぎょう》・行事《ぎょうじ》が定められる。九月、悠紀・主基両国から収穫された稲が斎場に運ばれて、白酒《しろき》・黒酒《くろき》が醸造され、あわせて紀伊《きい》・淡路《あわじ》・阿波《あわ》等の国から海産物（贄《にえ》）も進上される。九月から宮中は潔斎《けっさい》の期間に入り、十月下旬には天皇の御禊《ごけい》も行われる。

大嘗祭の会場は、大極殿南庭に作られる大嘗宮で、北に天皇が斎戒する廻立殿《かいりゅうでん》、その南に悠紀院・主基院が東西に設けられた。初日の卯の日には、供物が斎場から大嘗宮に搬入され、深夜、天皇は廻立殿で斎戒沐浴した後、悠紀殿に入る。続いて、大嘗宮南門から皇太子以下諸臣が参入し、あわせて隼人《はやと》の犬吠《いぬぼえ》、吉野の国栖奏《くずそう》、諸国語部による古詞の奏上などがある。その後、神饌《しんせん》が悠紀殿に運び込まれ、天皇がそれを神に供え、天皇自身も箸をとって食べる所作をする「神饌親供《しんぐ》」の儀というもっとも重要視された神事が行われた。終わると天皇はいったん廻立殿に戻り、再び斎戒沐浴して主基殿に入り、同じ儀式が行われる。以上が卯の日の行事である。

二・三日目の辰《たつ》・巳《み》の日には、舞台を大極殿の西の豊楽院《ぶらくいん》にうつして、饗宴（辰日節会・巳日節会）が行われた。豊楽院の正殿である豊楽殿には東西に悠紀御帳《みちょう》・主基御帳が設けられ、午前と午後に分けて、悠紀・主基両国の風俗歌舞の奏上などのなか、饗宴が繰り広げられる。また辰日には、即位儀と同様、中臣氏による「天神寿詞」奏上、忌部氏による「神璽鏡剣」奉上があった。午の日の饗宴は豊明節会《とよのあかりのせちえ》と呼ばれ、ここでは豊楽殿南庭に舞台が設けられ、吉野の国栖奏、悠紀・主基両国の風俗舞に加え、朝廷に古くから伝わるとされている久米《くめ》舞や舞姫による五節《ごせち》舞などがあった。

以上が大嘗祭の概要であるが、譲国儀・即位儀に比べて、はるかに伝統的な要素が色濃いものであり、その本質は、「食国《おすくに》」という言葉で表されるといってよい。「食国」とは、ある地域の支配者が、そこでとれた食物を上位の支配者に食べてもらうことによって服属の意を示すという意味の語である。大嘗祭には、悠紀・主基両国からの新穀の供進といい、諸国からの贄の貢上といい、また饗宴での諸国風俗歌舞の奏上といい、「食国」の儀礼、言い換えれば天皇に対する服属儀礼という意味が貫かれている。ただし、このような「食国」の観念自体は律令制以前に遡るといえるが、大嘗祭の儀式は七世紀後半、天武《てんむ》・持統《じとう》天皇の頃に成立したという説が有力で、律令制成立期の天皇が、即位儀のみでは十全に確立できなかったその地位を補強するために、大嘗祭を行ったという見方もできるだろう。

皇位継承は前天皇の意思によって

譲国儀・即位儀・大嘗祭それぞれの儀式の内容と特徴を、おもに九世紀後半の『儀式』を材料にみてきたが、このような儀式から導き出される皇位継承の論理について考えてみたい。

まず天皇位が交替する時点については、譲国儀で譲位宣命が読み上げられた前後で皇太子から「今帝」「今上」へと呼称が変化しており、譲国儀によって一瞬の空白期も置かずに皇位が移動するという体制が確立している。したがって、これに続く即位儀と大嘗祭は、新たな天皇となるための儀礼ではなく、新たな天皇の権威を高める儀礼だと位置づけられる。

このように考えると、仁明から文徳への皇位移動のように、前天皇の死去のため譲位宣命のない剣璽渡御が問題となり、実際前述したように、剣璽渡御の場合は、一定期間新天皇の地位が不安定になる。しかしこれは、譲国儀を整備する際に参考にした唐の儀礼との違いから生じたものとされており、十世紀に入ると、先帝の服喪が明けた時点で新天皇の地位が確立するという形で処理されるようになった。

即位儀礼の全体像をこのように捉えると、そこには天皇位の継承が、譲位宣命を発する天皇（前天皇）の意思によって、あるいは天皇の意思のみによって行われるという観念の存在がうかがえる。

第一章第三節で、奈良時代以前には、天皇位の継承に前天皇以外（群臣など）の意思が介在した形跡のあること、そのような状況に対して、桓武《かんむ》天皇が即位宣命で皇位は「天智《てんじ》天皇が定めた法」に則り、前天皇の意思のみによって継承するという原則を強く打ち出したこと、藤原基経《もとつね》によって廃位された陽成《ようぜい》天皇から光孝《こうこう》天皇への皇位継承、言い換えれば前天皇の意思によらない皇位継承では、その儀式や手続きにさまざまな異例がみられたことを指摘した。陽成から光孝への皇位継承は、まさに摂関政治が始まり、譲国儀を記す『儀式』が編簒された直後にあたる時期で、その異例な手続きの数々から、逆に平安時代の皇位継承は、前天皇の意思のみによって行われるという原則が確認でき、それを儀礼から端的に示したのが譲国儀だったといえるのである。

即位儀礼の変化

次に譲国儀及び剣璽渡御、即位儀、大嘗祭が、十世紀以後どのように変化していくかについてみていく。

順序は前後するが、まず大嘗祭についてみると、さほど大きな変化はないといってよい。あえて挙げれば、宇多《うだ》天皇の頃から、悠紀《ゆき》が近江《おうみ》に、主基《すき》が丹波《たんば》と備中《びっちゅう》（まれに播磨《はりま》）にほぼ固定する点と、辰日節会で忌部氏による「神璽鏡剣」奉上が行われなくなる点がある。後者については、『西宮記《さいきゅうき》』などの儀式書によれば、すでに仁明天皇の大嘗祭から行われなくなっていたようであるが、後朱雀《ごすざく》天皇の時だけは忌部氏が奉仕したとされている。これも儀式書の記述によれば、御所から豊楽院に運ぶと破損の危険があるためと説明しているが、この儀が群臣によるレガリア奉上を継承したものだとすれば、前項で述べたような皇位継承法の確立によって、その意義が薄れたためであるとも考えられる。

即位儀についても、その式次第については大きな変化はみられない。しかし参列者と、儀式の最中、彼らがいる場所について興味深い変化があったことが指摘されている。

まず、幼帝の即位儀では、摂政と母后が大極殿上に昇った。朱雀天皇の時には、高御座の東西に幔《まん》（布をテント状に廻らしたもの）が設けられ、東には摂政忠平《ただひら》が、西には母后穏子《おんし》が入った。後一条《ごいちじょう》天皇の時になると、摂政道長は東の幔にいたが、母后彰子《しょうし》は、西の幔から高御座に昇り、天皇の傍らについたらしい。とくに後一条天皇の場合には、王権が天皇と母后と外祖父である摂政から構成されていることを、即位儀でも視覚的に示したものとして注目される。

一方、新天皇に拝礼する側では、本来新天皇に対して群臣、すなわち全官人が拝礼するのが原則であったのに、次第にその数は減少していったようである。とくに公卿以外の参列者は、かなり後になるが、元暦《げんりゃく》元年（一一八四）後鳥羽《ごとば》天皇即位儀についての史料では、「四五位大夫参列の事、久しく絶ゆるか」と記されるような事態になっており、摂関政治の時期を通じて次第に減少していったものと考えられる。

公卿はというと、すでに十世紀半ば頃から、数人の参列者が指定され、それ以外は大極殿上、高御座のうしろから儀式を見物するようになった。大極殿前庭という広大な空間が群臣列立の場として設定されたにもかかわらず、まことに寂しい状況となっていたのである。即位儀が、新天皇に対して群臣が拝礼することによって、君臣関係を確認する儀式であるとするならば、その実質的意義は次第に空洞化していったと考えられる。

剣璽の行幸

譲国儀および剣璽渡御についても注目すべき変化が指摘されている。

生前譲位の場合の譲国儀では、『儀式』は先帝が別宮に遷り、そこで行うとしていたのに対して、宇多天皇から醍醐天皇への譲位以後、内裏紫宸殿《ししんでん》で行われるのが通例となる。そして、とくに幼帝に譲位する場合、新天皇となるべき皇太子が、内裏での宣命宣読の場におらず、内裏の別殿か、内裏外の別宮に待機することが多くなる。それに関連して、剣璽が天皇の行幸に准じて新天皇のもとに遷されるという儀が行われるようになった。

明確な初例は三条天皇から後一条天皇への皇位交替の時で、三条天皇は道長の枇杷第で譲位し、剣璽は土御門《つちみかど》第にいた敦成《あつひら》親王のもとに、陽明門《ようめいもん》（近衛《このえ》）大路を通って遷されたが、その際、剣璽が通る所には長莚《ながむしろ》を敷き、幔を立てて周囲から隔てたらしい。

一方、剣璽渡御については、事例そのものが譲国儀に比べて少ないが、後一条天皇から後朱雀天皇への皇位交替では、後一条天皇が内裏で譲位の意向を示し、それを関白頼通《よりみち》が同じ内裏の昭陽舎《しょうようしゃ》にいた東宮に伝えている間に、にわかに天皇が死去してしまったため、剣璽のみを昭陽舎に渡したと、当時の日記『左経記《さけいき》』に記されている一方で、『日本紀略』では「如在之儀」によって皇太弟（敦良《あつよし》親王＝後朱雀）に譲位したと述べている。ここからは、皇位の交替は譲国儀によって行うのが正規であり、剣璽渡御はどちらかといえば変則であるとの意識がうかがえる。なお、この時の皇位交替については、第六章第三節で再びとりあげる。

以上のように、譲国儀および剣璽渡御の十世紀以後の状況からは、あくまで譲国儀が皇位交替のための正規の儀式だとする観念が生き続けている一方で、譲国儀での皇太子の不在や剣璽の行幸にみられるように、実質的には剣璽の移動が皇位の移動と同義であるという意識が生まれてきたことも読み取れる。とくに剣璽の移動を行幸に准じて行っている点からは、天皇位そのものが剣璽に籠められているという考えを見出すことも可能だろう。

神器と天孫降臨

そこで、即位儀礼の問題からやや離れるが、剣璽や鏡などのレガリア（宝器）について少し考えてみたい。なお「神器」あるいは「三種神器《さんしゅのじんぎ》」という人口に膾炙《かいしゃ》した言葉は、実は平安時代には用いられておらず、中世に入ってからのものであるが、ここでは便宜的に、レガリアの総称として神器という言葉を用いることにする。

『日本書紀』巻第二、天孫降臨章、第一の一書には、天照大神《あまてらすおおみかみ》が皇孫瓊瓊杵尊《ににぎのみこと》に「八坂瓊《やさかにの》曲玉《まがたま》」「八《や》咫鏡《たのかがみ》」「草薙剣《くさなぎのつるぎ》」の三種宝物を授けたとあるが、これらと宮中の神器との関係については触れていない。この後、景行《けいこう》天皇や仲哀《ちゅうあい》天皇が「八坂瓊」「八咫鏡」などを用いて祭祀を行った記事もあるが、「八坂」「八咫」は玉や鏡の大きさを示すための語であって、固有名詞と捉えることはできない。「草薙剣」にいたっては、景行紀に熱田社《あつたのやしろ》にあると記され、天智《てんじ》七年（六六八）、僧道行《どうぎょう》がこれを盗もうとしたため、しばらく宮中に置かれたが、朱鳥《しゅちょう》元年（六八六）天武《てんむ》天皇に祟ったとされて熱田社に戻されており、これ以後、宮中に戻された形跡はない。

要するに、宮中に天皇の地位を象徴するレガリアとして鏡・剣・玉などがあったのは間違

熱田神宮　名古屋市熱田区

いないが、それらが天孫降臨の時のものであるという観念の存在は確認できないのである。宮中のレガリアと天孫降臨神話が結びつけて語られる比較的古い例としては、九世紀初頭、斎部《いんべの》（忌部）広成《ひろなり》によって著された『古語拾遺《こごしゅうい》』に、皇孫に授けられた「八咫鏡」と「草薙剣」の二種神宝が、「神璽之剣鏡」に相当するという記述がある。『古語拾遺』は、当時、同じ神事をつかさどる中臣氏におされて衰退しつつあったなかで、忌部氏の職掌の重要性を主張するために著されたとされており、上記の記述は、前項で紹介した大嘗祭辰日節会での忌部氏の役割を強調するためのものであるのは明らかであろう。

もちろん、律令では「神璽之鏡剣」（神のしるしとしての鏡・剣）という表現があり、平安時代にはレガリアとしての鏡は「神鏡」という呼称が一般的だったから、天皇位を象徴する宝器である以上は、そこに何の神聖性・神秘性も認められていなかったというのではない。しかし、それは一応神話的な文脈とは別のものであったことに注意しておく必要があるのである。

このように神器を捉えたうえで、摂関政治の時代にそれらがどのように扱われるようになったかを考えてみると、前項でみた譲国儀や剣璽渡御の変化からは、剣・璽（この場合は玉）が、従来より天皇位に密着したものとみなされるようになったという点が指摘できるだろう。やや印象的な表現になるが、従来は天皇位にある者がその地位を象徴するために剣・璽を持つという関係から、剣・璽を持つ者こそが天皇であるという関係へと変化していくということである。

神鏡の奇瑞

神鏡についても、剣・璽とは少し異なるが、とくに十世紀後半以後、その神秘性が強調されるようになる。そもそも神鏡は、第二章第二節でも触れたように、天皇の行幸や譲位の際に移動する剣・璽とは異なり、基本的には内裏の温明殿《うんめいでん》に安置されて、女官である内侍がこれに仕えていたため、内侍所《ないしどころ》あるいは賢所《かしこどころ》などとも呼ばれていた。『本朝世紀』天慶元年（九三八）七月十三日条によれば、神鏡は斎韓櫃《いみからびつ》に納められており、この韓櫃（唐櫃）は昔から「神明《しんめい》」と呼ばれ、伊勢大神の分身で、祈禱すると霊験あらたかだったとある（伊勢大神の分身で祈禱の対象となるのは鏡のほうがふさわしいように思えるが、『本朝世紀』は明らかに韓櫃について右のように記している）。この神鏡が、村上天皇の天徳四年（九六〇）、内裏焼亡の際、焼け跡からほぼ完形でみつかり、天皇をはじめとする人々を感嘆させ、後世にはそれが奇瑞譚に増幅されて著名となったことは、第二章で述べた。なお、この奇瑞譚にも登場する藤原実頼の日記によれば、神鏡は三面あり、一面は伊勢大神、二面は紀伊国の日《ひの》前《くま》・国懸《くにかかす》神の分身とされていたらしい。日前・国懸の神は紀伊国造が祀ってきた神で、『日本書紀』神代の第七段宝鏡開始章の一書によれば、天照大神が天岩戸に籠もった時、その姿をかたどって作られた神だという。

神鏡は、その後も不思議な力を発揮し続ける。一条天皇の寛弘二年（一〇〇五）十一月の内裏焼亡では、わずかに外縁部に近い部分が残るのみで、それ以外は焼損してしまった。しかしその残骸を新しい韓櫃に納める時、日光のように照り輝いたという。また、翌年七月、神鏡の改鋳について、左大臣道長以下が一条天皇の御前で合議した時も、蛇が殿上から庭に下り、内侍所のほうへと向かったため、人々は驚き恐れたと『御堂関白記《みどうかんぱくき》』に記されている。なおこの時、神鏡の改鋳が天皇の御前で議されているのも注目される。次節で述べるように、当時の公卿による合議は、多くの場合内裏における彼らの詰所である陣座《じんのざ》で行われ、天皇の面前で行われるのは、これも次節で紹介する叙位《じょい》・除目《じもく》のほかは、ごく限られた議題のみだった。そのなかに神鏡改鋳が入っているのは、神鏡が天皇位に直結する存在だったからなのだろう。

この時の神鏡焼損を契機に、内侍所《ないしどころ》神楽《かぐら》という行事も始められた。十二世紀初めの儀式書『江家次第《ごうけしだい》』によって、その次第を簡単にみておこう。十二月の吉日を選んで行い、温明殿には、屛風を廻らした神座を設け、そこに韓櫃に納められた神鏡を安置して錦で覆い、その上に綱を引いて鈴を懸ける。神座の西側には東面して天皇の御拝座が設けられた。天皇が清涼殿から、この御拝座に着くと、神前にはさまざまな供物がそなえられ、天皇が神鏡に三度拝礼し、そのたびに女官が綱を引いて鈴を鳴らした。その後、天皇は別の座に遷り、殿上人とともに盃酌が行われるなかで、神楽が演じられた。

さらに後朱雀天皇の長久《ちょうきゅう》元年（一〇四〇）九月九日、土御門第内裏が焼亡した際には、神鏡は完全に破損してしまう。焼け跡の灰の中から残骸が探され、絹の布に包まれ韓櫃に納められたが、その後女官の夢想によって、拾われないままになっていた破片が発見され、それらもあらためて韓櫃に収納された。神鏡はまたしても奇瑞をあらわしたのである。後朱雀天皇は、このような神鏡に対して毎晩拝礼を欠かさず、さらに臨時に神楽も行われた。前述したように『江家次第』では、神楽の時に、神鏡を納めた韓櫃の前に御拝座が設けられ、天皇がそこで拝礼するという次第を載せているが、長久の焼損以前には天皇の出御が確認できず、この時から天皇が直接拝礼する次第が加えられたらしい。

このように神鏡は、十世紀後半以後、さまざまな奇瑞をあらわしたこともあって、次第に神そのものと考えられるようになり、剣・璽とはやや異なる形で、天皇位と密接不可分の関係を強めていく。くりかえしになるが、これらの神器は、単に天皇位の象徴というだけでなく、むしろ神器を持つ者こそが天皇位に即くという観念が、摂関政治の時期を通じて、次第に強まっていくのである。

2　摂関の政務と天皇の政務

除目議の次第

ここでは、狭義の政務と天皇との関わりについてみていきたい。

最初に、人事、すなわち叙位（位階の授与）や任官（官職の任命）に関わる政務をとりあげる。叙位・任官はもちろん臨時に行われる場合もあるが、定例の叙位は正月五日（場合によっては六日）の叙位議で、任官は正月下旬〜二月上旬にかけての春除目（県召除目《あがためしじもく》）と十〜十二月に行われる秋除目（司召除目《つかさめしじもく》）で決定された。叙位議と除目議は、ともに天皇が日常生活する清涼殿《せいりょうでん》に大臣以下の公卿が参集し、天皇の面前で行われる。両者の次第には共通する部分も多いので、ここでは春除目の次第を略述してみよう。

除目当日、公卿たちは、内裏紫宸殿《ししんでん》の南東に位置する宜陽殿《ぎようでん》の議所という場所に集まる。議所は、紫宸殿東北廊の陣座《じんのざ》（左近衛陣）以前に内裏での公卿の詰所だった所で、除目議の次第が九世紀末以前に遡ることを示している。蔵人が公卿達に清涼殿に参上するよう、天皇の命を伝えると、大臣は外記《げき》（太政官に所属する公卿の秘書官）に筥文《はこぶみ》を用意させる。筥文とは、除目に必要な文房具（硯《すずり》・筆・墨）や書類などが入った箱のことで、書類のなかには、執筆《しゅひつ》大臣が任官結果を記入していく大間書《おおまがき》、官職の任命および欠員状況を記した帳簿などのほかに、外記局に提出された任官申請文書などが含まれていた。大臣以下は、清涼殿東孫庇《ひがしまごびさし》に参上するが、その座は図の通りで、東庇に天皇が東向きに座り、御簾《みす》を隔ててその正面西向きに執筆大臣が座る。公卿は、大臣・大中納言がその序列に従って西向きに座り、参議は孫庇の南端に、北面して座った。

除目議を始めるための儀式を行った後、いよいよ任官に入るのだが、大雑把に言って、官位相当の低い官職から高い官職へという順番で任命される。具体的には、諸国国司の目《さかん》や掾《じょう》（主典・判官）からはじまり、京官の判官以下、顕官（外記・史《し》・式部丞《しきぶのじょう》など）、受領《ずりょう》へと続く。任官の方式は、議所からもたらされた筥文のなかにある任官申請文書に基づいて大臣が選ぶものと、あらかじめ天皇のもとに提出されていた申請文書のなかから天皇が選び、これを大臣に指示するものとがあった。また顕官と受領については、挙《きょ》という方式で行われる。

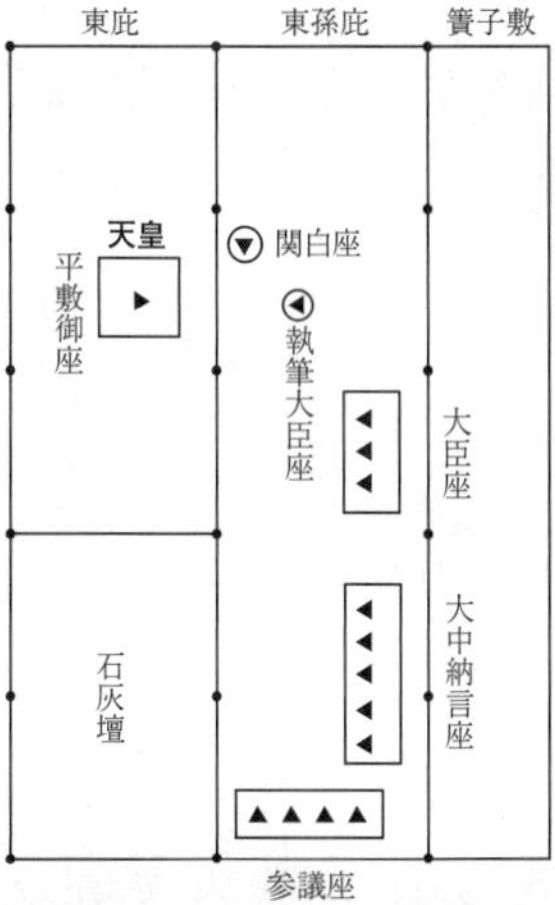

清涼殿除目議の座席図　『雲図抄』より作成

東南角から見た京都御所清涼殿　中央奥に平敷御座が見える

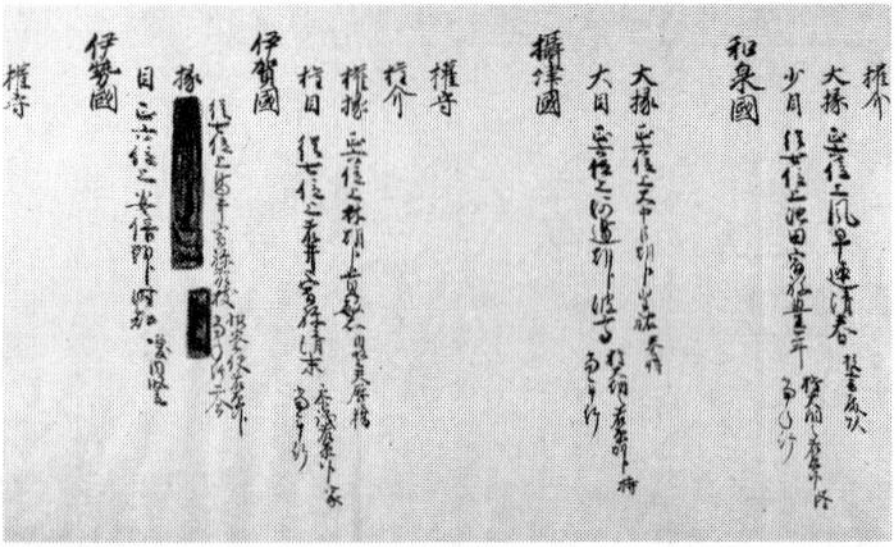

大間書　正長２年(1429) ３月29日のものの写し。京都大学総合博物館蔵

公卿が欠員のあるポストについて、適当と思われる人物の名を記して奏上し、天皇がこれを参考に決定するという方式である。

執筆大臣は、任官が決定するたびに、大間書に列挙された官職の下にある空白部分に、任命された人物の名を記入し、その下に任官の事由を注記していく。春除目は通例三日間にわたって行われ、中間に受領の成績判定会議などもはさまれるのだが、ともかく任官が一通り終わると、執筆大臣は大間書に日付を入れ、天皇に奏上、それが返されると、大臣は大間書を大納言以下に授けて退出する。大納言以下は、議所に戻り、大間書をもとに、召名《めしな》・下名《おりな》という書類を作成した。召名・下名は、任官の結果を、勅任《ちよくにん》・奏任《そうにん》、あるいは文官・武官といった種別ごとに書き分けたもので、これらの書類によって、本来は内裏で任官結果を公表する任官儀が行われた。ただし、十世紀後半以後になると、内裏ではなく太政官庁でいわば略式の任官儀が行われるようになる。

やや長くなったが、以上が除目議の次第である。ここで、除目議のなかで天皇がどのような役割を果たしているのか、また摂政や関白がおかれた場合、彼らは除目議にどのように関わるのかについてみておきたい。

除目議で任命される官職は、律令に規定された任官の区分によると、勅任《ちょくにん》官と奏任《そうにん》官である。前者は公卿・左右大弁《だいべん》・八省の卿《きょう》（長官、以下同）・衛府《えふ》の督《とく》・弾正台《だんじょうだい》の尹《いん》・大宰府《だざいふ》の帥《そち》といった、律令官制の頂点に立つ官職であり、後者は勅任官以外の諸司・諸国の四等官が含まれる。勅任・奏任というのは、唐の任官区分をとりいれたもので、必ずしも任官の方法と完全に対応しているわけではないが、一応本来的には前者が天皇によって任命される官職、後者が太政官の奏上を天皇が裁可することによって任命される官職という捉え方はできる。

さて、これをふまえて前項で紹介した除目議の進め方をあらためてみていくと、儀式書などで、その任官方式について具体的に述べているのはすべて奏任官であるが、大別して三種類の方式があった。第一は執筆大臣が手許にある任官申請文書に基づいて任官者を決定するもの、第二は天皇のもとに提出されていた申請文書のなかから、天皇が任官者を選んでその文書を大臣に下すもの、第三は公卿の推挙を参考に天皇が任官者を決定するものである。

なお、第三の挙という方式については、受領挙では公卿が候補者の過去の受領としての成績に関する書類などを参考に推挙するとあるが、受領の欠員が生じた場合に行われる臨時除目や、顕官挙の場合には、天皇からそのポストを希望する者の申請文書が下され、そのなかから推挙するという形をとっている。さらに恒例除目における受領挙の次第を『西宮記』など十世紀後半以後の儀式書によってみると、公卿が挙状（推挙者を記した文書）を奏上する頃にはすでに除目議の大半は終了しており、実際には挙状によらず、第二の方式によって任命されているようであり、受領挙はかなり形骸化した手続きであることがうかがわれる。

このようにみてくると、第一の方式では、執筆大臣が任官を実質的に決定するが、第二の方式は天皇が決定し、第三の挙においても、公卿の推挙はあくまで参考意見にとどまり、しかも恒例除目の受領挙に示されるように、その参考意見はあまり重視されたとは言い難く、やはり実質的には天皇が決定している。それぞれの方式で任命される官職は、おおむね一つめから三つめにかけて官位相当が高くなっていくから、奏任官のなかでも相対的に重要な官職の任命は天皇の手によって行われ、太政官の大臣が実質的に決定できるのは諸国の掾以下といった下位の官職に限られていた。

また、任官申請文書の提出先をみても、第一の方式では太政官（外記局）であるが、第二・第三の方式については、おおむね天皇（実際には蔵人所《くろうどどころ》）のもとに提出されている。なお、任官申請文書については、有効な申請文書の多くは九世紀後半を通じて外記局から蔵人所へと提出先を変えていったことが指摘されているので、除目議における奏任官任命の主導権は、摂関政治の成立とほぼ並行して、太政官から天皇へと移動していったことになる。天皇の人事権は、律令制当初（史料が非常に限られており、わからない部分も多いのであるが）に比べて、摂関政治の時代には強化されたのである。

天皇・摂関に人事権が集中

摂政が置かれている場合には、これまで何度か触れたように、除目議は摂政の直廬《じきろ》で行われる。細かい次第には違いがあるものの、天皇はこれに関与せず、摂政が天皇の役割を完全に代行していると考えてよい。すなわち、九世紀後半の天皇の人事権の強化は、そのまま摂政による強大な人事権の掌握を意味した。

関白については、除目議では、天皇と執筆大臣の座のちょうど中間、御簾のすぐ外側に南面して座が設けられ（二〇五頁の図参照）、大臣から天皇へのさまざまな書類の奏上、天皇から大臣への申請文書の下付は、すべて関白を通じて行われた。除目議でも、「内覧」の職務を関白は果たしているわけである。より実質的な関白の役割をみると、除目に先立ち天皇との間で人選についてのかなりつっこんだ意見交換が行われていることが、『小右記《しょうゆうき》』『権記《ごんき》』『春記』など蔵人頭の立場にある者が書いた日記によって判明する。これらをみると、天皇は関白の意見に必ずしも唯々諾々と従っていない場合があり、それだけ人事権の重要性が浮き彫りになるのである。

摂関政治の時代は、前代に続き、基本的には官僚制に基づく国家体制が生き続けていたから、官僚（官人）の人事は官人自身にとっても最大の関心事であり、人事権の所在には非常に敏感だったはずである。そのなかで、摂関政治の成立とともに、人事権が天皇とそれを代行・補佐する摂関に集中していったのであり、このことは、天皇と摂関を中心とする王権への求心力を高める結果をもたらした。天皇や摂関への経済的な奉仕を行ったり、彼らと個人的な関係を結ぼうとしたりという動きである。

天皇、摂関への経済的奉仕としては、莫大な経済的利権を伴う受領の奉仕が著名で、例えば寛仁《かんにん》二年（一〇一八）、藤原道長が土御門第を造営した際には、伊予《いよ》守だった源頼光《みなもとのよりみつ》がその調度品一切を献上して人々を驚かせている。また個人的な関係を結ぶ動きとしては、姻戚関係のほかにも、摂関の地位にある人物の家司（家政機関の職員）となったり、天皇の場合でいえば蔵人や殿上人となることは、自らの昇進にきわめて有利な条件となった。人事権の天皇および摂関への集中は、さまざまな側面で、当時の国家体制や社会に大きな影響を与えたといえる。

奏上案件の決裁

次に、諸司・諸国から上申されたさまざまな案件が奏上され、天皇の決裁をうける手続きについてみていくことにする。第四章の蔵人所について述べたところで、諸司・諸国からの上申文書が、どのような形で処理されるかの概要はすでに述べたし、十一世紀に入り頼通が関白をつとめた時期になると、奏事という公卿を通さない処理方式が次第に増加することにも触れた。そこでここでは、それらをふまえながら、天皇がどのような状況のなかで、奏上された案件を決裁するのかを考えてみたい。

諸司・諸国からの上申文書（解《げ》という様式を持つ）は、まず太政官の弁官局に提出され、そこで整理・点検が行われる。その後、弁官局の官人から公卿（上卿《しょうけい》）に上申されるが、その方式には、外記政《げきせい》（庁 中文《ちょうのもうしぶみ》）・南所 中文《なんしょのもうしぶみ》・陣 中文《じんのもうしぶみ》などがあった。外記政とは、内裏の東に隣接する外記庁で行われる公卿聴政（公卿が上申文書の決裁などの政務を行うこと）、南所中文は、外記庁の南にある侍従所《じじゅうどころ》（南所）で行われる公卿聴政、陣中文は内裏陣座での公卿聴政である。要するに政務が行われる場がいくつかあったということだが、それにともない、上申の作法にも差違があった。また、このような決まった場所・参列者・作法に則って行われる政務以外にも、弁官局の官人が個別に上卿に文書を上申する場合もある。

さて、弁官局からの上申をうけた上卿は、自ら決裁できる案件については、その場で決裁を下し、奏上すべきものについては、その旨指示する。十一世紀前半に藤原公任《きんとう》が著した儀式書『北山抄《ほくざんしょう》』には、弁官局から一上《いちのかみ》（大臣）に申す案件二八件、うち奏上すべきもの一五件、決裁すべきもの一三件、弁官局から大中納言に申す案件八二件、うち奏上すべきもの四〇件、決裁すべきもの四二件が列挙されており、上申の対象（大臣か大中納言か）や奏上すべき案件かどうかはほぼ定まっていた。

これらの案件の天皇への奏上については、相対的に重要とされた事項は、官奏と呼ばれる政務によって奏上される。大臣が弁官局の官人を率いて清涼殿に参上し、天皇に直接文書を見せて、その決裁を仰ぐものである。それ以外は、上卿から蔵人を通じて天皇に奏上され、決裁を経た文書は再び蔵人から上卿に下されることになる。

摂政・関白との関係をみると、摂政がいる場合の官奏は、摂政の直盧に弁官局の官人が参上して行われ、それ以外の奏上も摂政へとなされて、すべて摂政が決裁する。一方、関白がいる場合には、官奏の前に、関白に文書を内覧するが、官奏の場で天皇に奏上する前に内覧することもあれば、事前に関白の直廬や自邸で内覧することもあった。

以上のように、摂関政治の時代には、諸司・諸国の上申文書が天皇に奏上されて決裁をうけるまでの手続きは、ほぼ定式化しており、また具体的には触れられないが、天皇の決裁の内容もそれほど自由裁量の余地があるものではなく、大体決まっていたといえる。その背景には、それだけの先例の蓄積があったのであり、とくに第二章で述べたように、藤原忠平政権期にこのような政務処理の方式も整備が進められたと考えられる。

もう一つ指摘しておきたいのは、上申文書の内容やそれに対する天皇の決裁は、公卿のなかでは上卿（官奏を行う大臣も上卿である）のみが把握しており、ほかの公卿は少なくとも一連の政務のなかでは、その内容を知ることができなかったという点である。にもかかわらず、上申文書の奏上とそれに対する決裁は必ず上卿を通しているのが、この時期の大きな特徴である。これも先例の蓄積によって、上卿のみの関与で事が足りたという評価もできるわけだが、一歩進めば、第四章で触れた公卿を通さない奏事へと進む可能性をはらんでいた。

摂関期の政治を太政官を中心とした律令官制による行政機関が政務を行う「太政官政治」と捉えるのは通説であり、筆者も基本的にはそう捉えるべきだと考える。ただし、太政官政治を大臣以下の公卿が国政の重要事項に必ず関与する体制とするならば、上記のような政務処理をみる限りでは、摂関政治全盛期のそれは、効率化・定式化が非常に進んだ段階、別の

陣定の復元想像図　寛弘２年(1005) ４月14日の陣定を、史料から復元したもの。左側手前に上卿の道長、向かい側に顕光、公季、実資らが並ぶ。吉川真司氏、勝田至氏の考証を元に勝田氏が制作。京都大学総合博物館蔵

見方をすれば形骸化・空洞化の一歩手前のところまで進んだ段階とすることもできる。

天皇と定

前項では、諸司・諸国からの上申文書に対する決裁について、上卿以外の公卿は基本的にはそれに関知しないという点を強調した。しかし、当時の政務のなかで、公卿全員が参加するものも当然あった。それが定《さだめ》と呼ばれる政務である。

定は、それが行われる場所によって、陣定・殿《てん》上《じょう》定《さだめ》・御前定《ごぜんさだめ》などと呼ばれている。もっとも一般的で開催頻度が高かったのは陣定で、内裏内の公卿の詰所（執務場所）である陣座で行われた。また殿上定は、第四章で触れた殿上人が伺候する清涼殿南庇の殿上間で行われ、御前定は清涼殿東孫庇に公卿が参集し、天皇臨席のもとで行われた定である。

陣定の次第は、まず天皇から蔵人を通じて上卿に陣定開催の命と、その議題が伝えられる。議題は、地方

行政・外交・神事・仏事など多岐にわたっており、大部分はすでに上卿を通じて奏上された案件であり、一般的にいえば先例に則って機械的に処理しにくい内容が議題にのぼるといえる。上卿によって、参集した公卿に議題が提示されると、一人一人の公卿がそれについての意見を述べるのであるが、原則的には下位の者から上位の者へという順番で発言していったらしい。意見が出揃うと、上卿は定文《さだめぶみ》にそれを記録し、蔵人を通じて天皇に奏上するが、議論が比較的単純な場合には、口頭で奏上することもあった。

陣定の特徴を、実例も交えながらみていくと、公卿の意見が分かれた場合、それを統一するまで議論するのではなく、異なる意見を併記したまま定文が奏上される点が挙げられる。例えば、一条天皇の寛弘《かんこう》二年（一〇〇五）八月、大宰府から宋の商人曾令文《それいぶん》が来航した旨の報告が届き、彼を安置すべきかどうかについて、陣定が開催された（『小右記』寛弘二年八月二十一日条）。安置というのは、商人を当時博多津《はかたのつ》にあった鴻臚館《こうろかん》に迎え入れ、交易を許可するという意味である。これについて、左大臣道長らは、商人の来航については年紀（一定の間隔をあけて来航すること）を定めており、今回の来航はその年紀に違反していること、ただそれを商人に申し渡すと、帰国するのによい風が吹くまで待たせてもらいたいと願い出て、それを許可すれば結果的には長期間滞在することになるので、実質的には安置とかわらなくなるから、この際安置すべきだという意見を述べた。一方、大納言実資らは、年紀を遵守させるため、直ちに追却すべきだとした。

上卿の道長は、この二つの意見をそのまま天皇に奏上し、結局天皇は安置すべきだとの決定を下した。この時の『小右記』には、当初実資と同じような意見を述べていた公卿のなかに、道長の意見を聞いて自説を変えた者がいたこと、道長が上記のようなかなりまわりくどい意見を述べた背景には、一条天皇の時代になってからすでに二度内裏が焼亡したことにより、内裏の「唐物《からもの》」（大陸からもたらされる高級絹織物・香料・薬種など）が底をついており、大陸商人との交易の必要性があったことなどが指摘されていて興味深い。ともかく、陣定での公卿の意見は、あくまで天皇の決定のための参考意見として提出されているのである。

京都御所の陣の座　紫宸殿から東にのびる廊にある

なお陣定には、寺社の別当などの補任《ぶにん》、奉幣使《ほうべいし》など朝廷から派遣される使者の選定、法会の請僧《しょうそう》の選定など、広い意味での人事に関わる議題も含まれているが、これらの場合は、とくに公卿の間で議論が行われるわけではなく、上卿が定文に人選の結果を記入していく形で陣定は進行する。

殿上定は、摂関期にはほとんど例が無く、そのようすを具体的にみていくのは困難なので、ここでは省略する。御前定の次第は、本節冒頭で紹介した除目議と基本的には同じで、清涼殿東庇に天皇が出御し、その正面の孫庇に上卿（除目議でいえば執筆大臣）が着し、以下、大臣・大中納言・参議が座に着く。議題が天皇から提示されるのは、陣定と同様だが、その議題はかなり限定的で、臣下から提出された意見封事の採否について、神鏡の改鋳について、焼亡した内裏の再建についてといった事例が確認されるだけである。また、除目議の途中で行われる受領功過定《ずりょうこうかさだめ》と呼ばれる受領の成績判定会議も、陣座で行われる場合もあるが、本来的には御前定と考えてよい。

神鏡改鋳定の議論

このうち、神鏡改鋳定については、前節で寛弘三年（一〇〇六）七月の例を挙げたが、その次第や陣定との相違をみるために、あらためてやや詳しく紹介する（『御堂関白記』寛弘三年七月三日条）。当日、蔵人頭によって召された上卿左大臣道長以下の公卿が清涼殿に参入し、「除目の座」と同じように着座した。一条天皇から上卿道長に諸道勘文《しょどうかんもん》（各分野の学者による意見書）とともに、神鏡の焼損について、改鋳すべきかどうかを定め申せという仰せが下された。道長はまず参議左大弁藤原行成《こうぜい》を召して、諸道勘文を読み上げることを命じる。行成によって勘文が読み上げられた後、上卿道長が、勘文の内容もふまえて意見を述べるよう、公卿に命じた。

公卿の意見はおおむね二つに分かれ、内大臣藤原公季以下七名は、神鏡は神のよりましとして不思議な力を持っているから安易に改鋳すべきではないとし、道長以下三名は、諸道勘文にある通り、神に祈り、また占いをしてその結果によって措置を決めたらどうかと述べた。これらの意見に対して、天皇は公卿達の意見が一致をみないので、さらに議論するよう命じ、その結果、道長が破損した鏡に祈禱を加え、そのまま安置するという案を出し、それが結論となった。このように、この御前定では、公卿によって異なる意見が出されたところで定が終わるのではなく、最終的に意見を一つに集約している。なお受領功過定も、ある受領の成績について、公卿の意見がまとまるまで審議されるという点で、共通した特徴を持っている。

内裏再建の御前定

もう一つ、やや異なるタイプの御前定として、内裏再建についての定を紹介する。
長和三年（一〇一四）二月九日、内裏が焼亡し、三条天皇は太政官朝所《あいたんどころ》などに一時避難した後、四月九日道長の枇杷第を里内裏とした。五月二十四日には、その枇杷第で造宮定が行われている（『小右記』同日条）。実資が参内したところ、陣座には誰もおらず、公卿は道長の直廬に集まっているとのことだった。おそらく定が始まる前に、後に述べる行事所官人の人選について根回しが行われていたと思われる。

その後、左大臣道長をはじめとする公卿達が陣座に集まり、蔵人の召しによって天皇の御前に参上した。やはり除目と同様に着座して、道長を上卿とする定が始まるが、前半は、造《ぞう》宮行事所《ぐうぎょうじどころ》、すなわち内裏再建のために太政官内に設置されるプロジェクトチームの人選である。これについては、上卿の道長が定文に、その別当（大中納言一名・参議二名）、行事の弁・史各二名の名を記入するという形で進められた。定文は天皇に奏上され、返給された後、公卿達にも披露されたようである。

事前の根回しから外された実資は、この人選についていろいろと批判を書き付けているが、それは天皇の意向が権中納言藤原懐平《かねひら》（実資の実兄）を別当にというものだったにもかかわらず、これを無視して道長の子である権中納言教通《のりみち》（一九歳）など、年少の公卿が選ばれたことに向けられているのであって、上卿道長一人が定文に名を書き付けていった手続き自体を批判しているわけではない。

次に上卿道長は、参議左大弁源道方《みちかた》に命じて、これまでの内裏再建の時に作成された「殿舎・門・廊等定文」を用意させた。村上天皇の時の内裏焼亡以来、焼失した建物一つ一つを受領に割り当てて再建を請負わせるという国充《くにあて》という方式がとられており、その割り当てが記された定文である。これを参考にして、今度は道長を除く公卿達が道方の周囲に集まり、「国之興亡」「役之軽重」を考慮しながら、国充を定め、定文は道方によってまとめられて、上卿道長に奉られ、さらに奏上された。

このように前半の造宮行事所官人の人選については、公卿による合議、意見の具申が行われた形跡は全くなく、上卿が単独で別当・行事を定め、天皇に奏上し、その後はじめて公卿にその結果が披露されており、これは前述した除目議の方式とも共通している。一方後半の造宮国充では、逆に上卿が積極的に関与した形跡はみられず、公卿の合議によって国充が定められ、これを上卿・天皇が承認するという形をとっている。両者は、最終的決定にいたる経過が一見全く異なるが、やや角度を変えてみると、ある案件について異論が併記されることなく、定の結果が天皇・上卿・公卿というその場にいる全員によって承認されることにより、それが最終的決定となるという点では同じなのであり、それはさきにみた神鏡改鋳に関する御前定とも共通しているといえよう。

諮問答申型と衆議一決型

以上、陣定と御前定とについてやや詳しくみてきたが、ここで両者の特徴と相違を整理しておこう。まず両者は、いずれも天皇の命によって開催され、天皇によって議題が提示される、すなわち天皇に発議権がある点では同じである。また、実際に意見が交わされるかどうかはともかく、議題が公卿全員に共有されている点でも共通している。一方、陣定では公卿の意見は一つにまとめられず、議題について異なる意見が出ればそのままそれを奏上するのに対して、御前定では意見を一つにまとめるというのが大きな違いである。

これを天皇の側からみれば、陣定で奏上された意見は、あくまで天皇の最終的決定のための参考意見であって、天皇は陣定での多数意見でも、少数意見でも採用することができたし、場合によっては陣定で出された意見とは全く異なる決定を下すこともできた。実際には公卿の意見は充分に尊重されているのだが、原理としてはそういうことになる。一方、御前定は天皇もその場に臨席して意見が一つにまとめられるのだから、それはそのまま最終的な決定となるのである。このような両者の違いをふまえれば、陣定は諮問答申型の定、御前定は衆議一決型の定と表現することもできよう。

さて、陣定・御前定の成立については、もはやここで詳しく論じることはできないが、若干の見通しを述べておくと、御前定は、律令制以前から存在した伝統的な合議の形式であると思う。用明《ようめい》天皇の時代の著名な崇仏廃仏論争は、その形式という点では御前定に共通する部分があるし、第一節で触れた七、八世紀に行われた皇太子を定める合議もやはりこの形式で行われているからである。

一方、陣定については、唐での合議のありかた、あるいは九世紀に日本で行われた議という諮問答申の方式などとの関係も考慮しなければならないが、前述した奏上案件の処理に上卿のみが関与するという政務の方式が確立するのに応じて、国政上の重要事項について、公卿全体がその問題を共有するために生み出された、比較的新しい定の形式だったと考えられる。

政務における天皇と公卿との関係

ここまで、除目議、すなわち人事の決定、奏上案件の決裁、公卿による定についてみてきた。議論がやや錯綜した部分もあるので、最後にこれらを総合的にみて、摂関政治の時期の天皇と公卿との関係をまとめることにする。

まず、叙位・任官といった人事の面では、その決定にあたって天皇の主導権が確立している。律令制当初の奏任官の任命方式には不明の点が多いが、律令の注釈書などによれば、太政官が候補者（おそらく一つのポストにつき一名）を定めて天皇に奏上し、それが裁可されるものだったと考えられる。この方式は、儀式書などから知られる除目議（九世紀末頃までには成立していたと考えてよい）のなかでは、執筆大臣が外記局に提出された申請文書等によって大間書に任官者を記入していくという方式に相当するものであろう（除目議終了の際に大間書を奏上するのが、上記の裁可にあたる）。

しかし、摂関期にこの方式で任命される官職は、奏任官のなかでは相対的に地位の低い官職であり、それ以外は、蔵人所に提出された申請文書のなかから天皇が人選を行い、執筆大臣に任官を命じるという方式が用いられていた。この方式では、最後に大間書を奏上するというところに、わずかに「奏任」の意味が残されているものの、天皇の指示によって執筆大臣が大間書に名前を記入するまでは、太政官はまったく関与していないのである。

また受領や顕官という奏任官のなかでも重要な官職については、挙という方式が用いられており、その方式自体は古くから存在していた可能性もある。しかし少なくとも十世紀以後、これらの官職についての申請文書は太政官（外記局）ではなく蔵人所に提出されており、また挙によって公卿の意思が統一されるわけではなく、一つのポストについて複数名が推挙されることになっており、また公卿から推挙された者以外が任官される場合もあったから、結局任官決定の主導権は天皇の側にあるといえる。

しかし一方で、このような除目議が、公卿全員が参列したもとで行われている点も重要である。執筆大臣が大間書に任官者の名前を記入した際には、その名が読み上げられていたようであるし、奏上の後、戻された大間書を公卿が閲覧している場面も、しばしば当時の日記

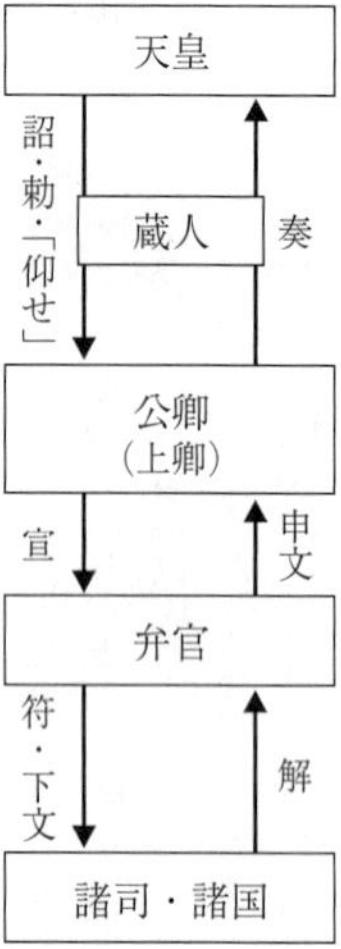

天皇と公卿の政務の流れ

に登場する。すなわち、摂関期の人事は、その決定に関する主導権は天皇(および摂政・関白)にあったが、その決定が公卿全員の見守るなかで行われ、決定の内容もその場で共有される点に特徴があったといえる。

諸司・諸国からの上申文書に対する決裁についてみると、弁官局—上卿—天皇というラインで政務が処理され、上卿以外の公卿はこのラインから排除されている。政務処理の場に、上卿以外の公卿が参加していたとしても、上申文書が読み上げられるわけではなく(奈良時代には読み上げる形式の政務処理方式が主流だった)、その内容を共有しているとは言い難いからである。また十世紀を通じて、上申文書の処理に関する先例が蓄積され、大臣に申すのか大中納言に申すのか、上卿が決裁できるのか、奏上して決裁を仰ぐのかといった判断は、いわば機械的に行えるようになり、それは決裁の内容についても同様だったと考えられる。さらに、第四章の蔵人所のところで述べたように、弁官を本官とする者が蔵人を兼ね、彼が一人二役をつとめることにより、上記のラインの伝達がより迅速に行えるようになった。すなわち全体としては、政務の効率化・迅速化が進む反面、公卿全員が関与する機会は、少なくともこの種の政務に関してはなかったということになる。

これに対して、定は公卿全員が国政上の重要事項に関与する政務である。御前定では公卿が天皇のもとに参集して、議題について結論を一つにまとめ、それがそのまま天皇の最終的判断にもなったが、陣定では、公卿の意見は定文に並記され、それを参考にしながら天皇が最終的判断を下した。前述したように、御前定が古くからの伝統的な形式で、陣定は九世紀に登場する後発の形式だという想定が認められれば、ここでも公卿の役割の後退は否定できない。しかし、その反面で、依然として公卿全員が定に加わり、議論を行うことの意味は軽視できず、実態としても公卿の意見は充分に尊重されていた。

以上を要するに、摂関期の政務は、天皇とその権能を代行あるいは補佐する摂政・関白が主導権を握り、そのもとで、先例に基づき、公卿が許容する範囲のなかで、人事をはじめとする国政の重要事項を専断するという形で行われたといえる。

3　饗宴と君臣関係

節会の種類

摂関期の朝廷では、さまざまな饗宴《きょうえん》が行われたが、それらは単なる宴会ではなく、天皇と臣下との関係を確認、強化するために行われた。

饗宴の代表的なものとして節会《せちえ》がある。節会とは、律令の規定に、正月一日・七日・十六日、三月三日、五月五日、七月七日、十一月大嘗の日を節日と定めており、この日に朝廷で行われる饗宴を指す。節日という考え方は、唐の制度を継受したものであるが、唐の節日は官人にとっては休日だったのに対して、日本では朝廷の公的行事として節会が行われているのである。なお唐にあった九月九日は、天武天皇の忌日にあたっていたため削除されている。このほか、奈良時代から平安時代初期にかけて日程などの変化があり、第一節で用いた『儀式』に節会として記されているのは、正月一日の元日節会、七日の白馬節会《あおうまのせちえ》、十六日の踏歌節会《とうかのせちえ》、五月五日の端午節会《たんごのせちえ》、七月下旬の相撲節会《すまいのせちえ》、九月九日の菊花宴《きっかのえん》（重陽節会《ちょうようのせちえ》）、十一月の新嘗会《しんじょうえ》（豊明節会《とよのあかりのせちえ》）の七つである。以下、簡単にそれらの特徴を説明しておく。

元日節会は、朝賀の儀式の後に行われ、そのなかで中務省《なかつかさしょう》官人がその年の七曜暦を奏上する儀、宮内《くない》省官人が氷室《ひむろ》に収められた氷の厚さを奏上する儀（氷様奏《ひのためしのそう》）、大宰府から献上された腹赤《はらか》の魚（鱒《ます》）を奏上する儀（腹赤奏）などの諸司奏があった。

白馬節会では、天皇と群臣の面前で、左右馬寮《めりょう》が白馬を牽《ひ》き廻《めぐ》らし邪気を払うという行事があり、このほか兵部《ひょうぶ》省が弓矢を天皇に献上する御弓奏《みたらしのそう》も行われた。さらに、饗宴が始まる前には、正月五日の叙位議で五位以上に叙された者に位記を授ける儀もあった。

踏歌節会では、内教坊《ないきょうぼう》の舞妓が足で地を踏みならしながら歌舞を行う。なお、十世紀中頃までは、正月十四日に男性官人が踏歌を行う男踏歌も行われていたが、これは清涼殿の東庭を中心として催される天皇の私的宴会という色彩が強かった。

律令で節日と定められた三月三日には上巳宴《じょうしのえん》という饗宴が行われたことが、八世紀から十世紀中頃までの史料に散見し、そこではいわゆる曲水宴《きょくすいのえん》が催されていた。しかし、毎年の年中行事として行われていたわけではないようで、『儀式』にも、それ以後の儀式書にも、節会としては登場しない。

端午節会には、騎射、すなわち馬上から弓を射る競技が行われる。また天皇には菖蒲草《しょうぶぐさ》が献上され、皇太子以下には薬玉《くすだま》が下賜された。ただし、この日の行事も、十世紀以後の儀式書や日記には「供菖蒲」とか「騎射」という形でしか登場しなくなり、節会としては行われなくなったようである。

相撲節会は、近衛府に所属する相撲人《すまいびと》（多くは地方から貢上される）が左右に分かれて相撲を取るが、節会以前に近衛府と天皇の御前で内取《うちとり》と呼ばれる予行演習があり、また本番の取り組み（召合《めしあわせ》と呼ぶ）の後に、抜出《ぬきいで》・追相撲《おいすまい》といった追加の相撲が行われる場合もあった。当初は七月七日だったが、天長《てんちょう》元年（八二四）のこの日に平城《へいぜい》太上天皇が没したため、それ以後は十六日、二十五日と改められ、十世紀には、二十七～二十九日の間に行われるようになった。

重陽節会は、平安時代に入り、皇統が天武系から天智系へと移動したこともあり、嵯峨・淳和天皇の頃から節会として定着するようになる。この節会では、通常の参列者に加えて文人が召され、賦詩（漢詩の制作）が行われたほか、延命の効果があるとされる菊酒が振る舞われた。

豊明節会は、毎年十一月の二度目の卯の日に行われた新嘗祭《しんじょう》の翌日、辰の日に催された。その年の新穀でつくられた白酒《しろき》・黒酒《くろき》が参列者に振る舞われ、公卿や受領の娘のなかから選ばれた舞姫が五節舞《ごせちまい》を舞った。

さて、『儀式』は上記諸節会のうち、元日・白馬・踏歌・豊明の会場を豊楽院《ぶらくいん》としている（端午は武徳殿《ぶとくでん》、相撲は特定の場所を明示しないがやはり武徳殿を想定しているか、重陽は紫宸殿）。豊楽院は、平安宮のなかの国家的饗宴のための施設で、大極殿を中心とする八省院（朝堂院）の西にあり、築垣《ついがき》で囲まれた内部には、北部正面に正殿である豊楽殿、その南に朝庭を囲んで、東西二つずつ、計四棟の朝堂が建てられていた。節会の際には、天皇は当然豊楽殿に出御し、五位以上が北の二朝堂（顕陽《けんよう》堂・承歓《しょうかん》堂）、六位以下が南の二朝堂（観《かん》徳《とく》堂・明義《めいぎ》堂）に着した。

もっとも実例をみると、『儀式』で豊楽院を式場としている節会でも、それ以外の場所で行われていることもあり、とくに元日節会は、豊楽院で行われたのはごくわずかな事例しかなく、むしろ内裏紫宸殿で行うのが一般的だった。おそらく豊楽院は、蕃客《ばんきゃく》（外国使節。実際には渤海からの使節のみ）への賜宴を強く意識して作られたらしく、蕃客が参列した饗宴は、必ずといってよいほど豊楽院で行われている。

節会の構造

次に節会の次第を、天皇と臣下との関係という点に留意しながらみていきたい。節会の次第は、前項で挙げたそれぞれの節会特有の行事を除けば、基本的には同じである。そこでここでは、『儀式』の豊明節会（新嘗会）をとりあげて、紹介する。

天皇が、新嘗祭が行われていた中和院《ちゅうか》から豊楽殿の北にある清暑堂《せいしょ》に入り、五位以上は儀《ぎ》鸞《らん》門の南、六位以下は豊楽門の南に待機する。天皇が豊楽殿に出御すると、内侍が殿の東南角に出てきて大臣を召し、大臣は謝座《しゃざ》（着座を許されたことに謝意を表す所作）して豊楽殿に昇り、次いで皇太子も昇殿して座に着く。その後、豊楽門・儀鸞門が開かれ、大臣が少納言を通じて参入を命じると、親王以下五位以上、六位以下の順に朝廷に入って列立し、大臣が「侍座《しきいに》（座に着けの意）」と仰せ、親王以下は謝座する。

次に、節会の酒を用意した造酒司《みきのつかさ》の長官が、空の盃を貫首者《かんじゅ》（新嘗会の場合、厳重に斎戒して新嘗祭の上卿をつとめた者）に授け、貫首者、ついで親王以下が謝酒（酒を賜ることに謝意を表す）し、参議以上は豊楽殿上の座に、五位以上・六位以下は各朝堂の座に着く。天皇の御膳、臣下の饗饌が運ばれ、盃が一巡した後、吉野《よしの》の国栖《くず》が儀鸞門外で贄《にえ》をたてまつって歌笛を奏し、大歌所《おおうたどころ》の別当が参入して、大歌を奏し、舞姫が舞台で五節舞を舞った。

一通り行事が終わると、豊楽殿上にいた皇太子以下が庭に下りて拝舞を行う。そして庭中に禄台が立てられて、大蔵省の官人がそこに禄を積み、外記が見参《げざん》（参列者の名簿）と禄の支給額を記した書類を、内記が宣命を大臣に進め、大臣は内侍を通じてこれらを奏覧する。宣命が返給されると、大臣はこれを宣命大夫に授け、殿上にいた者もすべて庭中に下りて列立するなかで、宣命が読み上げられる。内容は、今日は豊明節会の日なので、臣下たちに酒食と禄を賜うというものである。終わると、皇太子以下が拝舞して、禄を賜り退出した。

以上が豊明節会の次第である。より大きく括ると、①臣下の参入、②狭義の饗宴と諸行事、③宣命と賜禄の三段階に分けられ、②のところでそれぞれの節会特有の行事があるほかは、諸節会はおおむね共通した次第、構造を持っているといってよい。以下、順にその特徴をみていきたい。

①については、当然であるが参列者の地位によって着座する場所が峻別されている。天皇が出御する豊楽殿に昇れるのは、天皇に近侍してさまざまな業務にあたった次侍従のほかは、皇太子・親王と公卿のみであり、五位以上は北側の朝堂、六位以下は南側の朝堂と、位階の高下が天皇からの距離に対応していた。

②で行われる行事はさまざまな性格を持っているが、豊明での五節舞や相撲、どの節会でも行われる国栖奏《くずそう》などは、服属儀礼的な要素があり、また元日の七曜暦奏上や腹赤奏、蕃客が参列した時に行われる儀礼などは天皇の支配、統治を儀礼として示したものといえる。宴を賜った臣下は、これらの行事をまのあたりにすることによって、天皇が国内を揺るぎなく統治し、さらには蕃国の上に立つ存在であることを再確認したのである。

③で参列者に授けられる禄は、節禄《せちろく》と呼ばれ、『延喜式《えんぎしき》』に規定された節禄の額は、当時の官人が位階に応じて与えられていた給与（位禄・季禄）に比べても、遜色のないものであり、充分に経済的な意味を持っていた。この節会の、とくに上級官人の参列者に与えられる禄は、奈良時代には被《かずけ》（寝具の衾《ふすま》）や衣服で、大蔵省ではなく、天皇をはじめとする宮中の衣服の縫製を担当した官司である縫殿寮《ぬいとの》から支給されていて、天皇と臣下との人格的結合を強めるという政治的な意味合いが強かったらしい。平安時代になると、衣服を節禄として授

けることは、元日節会だけにのこされ、それ以外は大蔵省からの絁《あしぎぬ》（平織りの絹）・綿となって、むしろ経済的意味が前面に出てくるのだが、それでも参列者に天皇の「君恩」を、充分実感させるものであった。

十世紀以後の節会

九世紀後半の『儀式』にみられるような諸節会は、十世紀以後、どのように変化したのだろうか。その前に、もう一度『儀式』での節会のありかたを確認しておくと、端午節会と相撲節会は、武技の披露というその内容から武徳殿で、重陽節会は、節会としての歴史が浅いためか、紫宸殿で行われたが、それ以外の四節会は豊楽院を会場としていた。また、元日節会と踏歌節会を除くと、参列者には六位以下が含まれている。

ただし実例をみると、元日節会については、『儀式』の通り豊楽院で行われたのは、弘仁《こうにん》十一（八二〇）・十三・十四年の三回のみで、それ以外は場所を明示した史料をみる限り、内裏（紫宸殿）で行われている。また参列者は、『儀式』でも六位以下の参列はなく、五位以上では前述した次侍従と、後世の殿上人に相当する侍臣のみであり、実例もこれに一致する。すなわち元日節会は、本来、天皇とその側近とで行われる内々の饗宴という性格を持っており、嵯峨天皇の時の儀式整備にともない、『内裏式』（弘仁十二年成立の『儀式』に先行する儀式書）では豊楽院の儀とされたものの、実際にはほぼ一貫して内裏で催されたということになろう。また、踏歌節会も天長《てんちょう》年間（八二四〜八三四）以後は、もっぱら内裏で行われるようになった。

さて、十世紀以後の状況であるが、まず全体の状況を把握するため、十世紀後半成立の『西宮記』をみてみる。まず注目されるのは、豊楽院を会場とする節会が全く姿を消してしまい、ほとんどが内裏紫宸殿の儀とされている点である。例外は、武徳殿での端午節会と相撲節会であるが、これも正式の節会として行う場合は、という限定付きで、武徳殿を会場とする次第を記している。実態をみると、『西宮記』の時代には前者は騎射やその予行演習である手結《てつがい》は行われているものの、武徳殿での節会（饗宴）は行われておらず、後者については、紫宸殿とその前庭を会場として節会が行われている（ただし、『西宮記』よりやや後の『北山抄』では、その次第を「相撲節会」ではなく「相撲召合」という項目を立てて記している）。ともかく、結局豊楽院で行われる節会は、大嘗祭の時の節会のみとなったのである。

また参列者については、紫宸殿の節会では「王卿以下」という表現で、下限は不明なのだが、彼らは堂上（紫宸殿上）に座を賜るとしているから、九世紀からの元日節会と同様、侍臣（殿上人）以上と考えてよい。例外は九月の重陽節会で、そもそも『西宮記』は、九月は醍醐天皇の忌月にあたるため（醍醐天皇は延長八年〈九三〇〉九月二十九日に死去）、以後節会は停止されているという時代に成立しているのだが、それでも節会としての次第は詳しく記されており、そこには六位の参列が認められる。ただし、六位の官人は紫宸殿上に座を賜るわけではなく、紫宸殿南庭中央の菊を飾った舞台の西側に、幄舎《あくしや》（仮設テントのごときもの）が立てられ、そのなかに座があったようである。

やや細かい話になったが、全体的な傾向として、『西宮記』の次第をみても、また実例を検索しても、十世紀も後半になると、節会は紫宸殿で天皇と公卿・殿上人などのごく限られた人々によって催される饗宴となっていった。

さらに、節会の最後に参列者に授けられる節禄についても変化がみられる。前述したように、『延喜式』に規定された節禄は、充分に経済的意味を持つほど多額のものであった。節会の次第をみると、参列者は、その節禄を受け取って退出することになっているが、とくに五位以上の上級官人の場合、そのすべてを持ち帰るのは困難だったから（例えば四位参議の白馬節会の節禄は、絁《あしぎぬ》一五疋、綿六〇屯にのぼる）、その一部だけを持ち帰り、後日のこりが大蔵省から支給されたらしい。この当座持ち帰る禄を手禄《しゅろく》とも称したが、十世紀半ば頃から、財政状況の悪化などにより、節禄の満額支給は困難となり、また手禄のほうは、正蔵率《しょうぞうりつ》分《ぶん》という別の財源から支給されるようになって、結局十世紀末頃になると手禄のみが支給されるという状況になっていったらしい。

九世紀の節会が、天皇と全官人との間の君臣関係を確認する機会として行われていた、あるいは少なくとも理念上はそのように捉えられていたのに対して、十世紀には、君臣関係という点では非常に限定的な範囲での確認にとどまるようになり、節会はむしろそのような限られた人々によって行われる洗練された年中行事という色彩を強めていくのである。

「平座」の増加

饗宴については、十世紀に入り、上記の変化に加えて、もう一つ重要な変化がみられる。それは天皇自身が饗宴に出なくなるという問題である。

もちろん、九世紀以前にも、天皇に何らかの故障が生じて節会に出御できないという事態はあったが、そのような場合には、節会は停止されるか、節会とは別に、侍臣などに酒食を振る舞うというのが通例だった。また清和・陽成と幼帝が出現し、良房・基経が摂政となって、除目や官奏を天皇の代わりに行うようになっても、君臣関係の確認の場である以上、節会で天皇の代役を務めることはあり得なかった。

ところが十世紀になると、本来天皇が出御して行うべき饗宴で、平座《ひらざ》と称して天皇の出御なしに行われるものが現れ、しかもその式次第が儀式書にも記されるようになる。その代表的なものが孟夏《もうか》・孟冬《もうとう》の旬宴《しゅんえん》であるが、これは後述することとし、まず重陽節会からみていこう。

重陽節会で、「平座」が行われたとするもっとも早い例は、『日本紀略』の延喜八年（九〇八）九月九日条であり、諸国の衰損により重陽宴を停止したとあるのに続けて、「平座有り」と記している。この前後には、やはり同じような理由で重陽宴が停止されている記事がみられ、醍醐天皇の日記の逸文などをみると、そのなかには平座が行われた場合もあったようである。

前述したように、醍醐天皇が九月に死去したため、続く朱雀・村上天皇（いずれも醍醐の子）の時代には重陽節会は停止されていた。復活したのは冷泉天皇の時代からであり、しかも復活後最初の安和元年（九六八）の重陽節会には、天皇の出御が無く、大臣以下が陣座に参集して、菊酒のことがあったとある（『日本紀略』）。すなわち復活した重陽節会は、いきなり平座からはじまることとなった。

また、ほぼ同じ時期に成立した『西宮記』には、天皇出御の時の次第を記した後、天皇の出御がない時は、王卿が宜陽殿に着して盃酒のことがあると、簡単にその内容を記し、十一世紀前半の『北山抄』でも、不出御の場合、上卿が菊酒を賜るよう奏上して、宜陽殿でこれを賜るとしている。さらに十二世紀初めの儀式書『江家次第』になると、もはや重陽節会または重陽宴の項目は立てられず、重陽平座の次第が詳しく記されるようになった。実際のところ、『江家次第』の時代になると平座のほうも、あまり行われなくなるのだが、ともかく冷泉天皇の時代に復活した重陽節会は、平座を常態としていたといってよい。なお、このほか事例は少ないが、元日節会や豊明節会でも平座の事例が存在する。

もう一つ、平座が常態化した饗宴に孟夏・孟冬の旬宴がある。これは毎年四月・十月の一日に、天皇が紫宸殿に出御して儀式的な政務を行った後、参列者に賜る饗宴である。平安時代初期には、毎月一日・十一日・十六日・二十一日に旬政《しゅんせい》というやはり儀式的な政務が行われており、具体的な変化の状況については不明の点が多いが、十世紀に入る頃には、それが衰退し、四月・十月一日の行事としてのみのこったとされている。『西宮記』では、天皇が出御する場合としない場合とを並記し（『北山抄』『江家次第』も同じ）、出御の場合は当然紫宸殿で饗宴があるが、平座の場合には、重陽のそれと同様、宜陽殿で酒食が振る舞われた。実例をみると、すでに醍醐天皇の時代から旬平座はかなり一般的となっていたらしく、十世紀末以後は、ほぼ常態化したといってよい。

もちろん、重陽宴にしても旬宴にしても、本来的には天皇が出御して催されるべきものであり、例えば『小右記』などには、これらに天皇が出御すべきだという考えが強く述べられている箇所がある。しかし、そのような原則の存在にもかかわらず、なお実態として平座が増加していく傾向は否定できないのである。

饗宴からみた君臣関係の変化

以上、節会を中心として、九世紀から十世紀以後にかけての饗宴の変化についてみてきた。最後に、饗宴を天皇と臣下との君臣関係確認の機会と捉える視点から、この変化を整理しておきたい。

九世紀後半の『儀式』（これに先行する九世紀前半の『内裏式』もほぼ同じ）に記された節会の次第は、天皇と親王以下全官人が豊楽院という共通の空間に集まり、そこで君臣関係が、その地位による天皇との距離の違いも含めて、確認される場であったことを示している。もちろん、これはあくまで理念としてそうだったということであり、実際には元日節会のように、内裏でごく限られた臣下のみが参列して行われる節会もあったのだが、ともかくも理念と実態との間にそれほど大きな乖離がみられない時代だったと考えてよい。

ところが十世紀に入ると、節会の場はおおむね内裏にうつり、参列者も公卿・殿上人などのごく限られた侍臣のみとなった。しかもそれは、建前としては九世紀的な節会の形をのこしながら実態としてそうなったというよりは、儀式書の記載をみる限り、そもそも上記のような理念がほぼ放棄されたと理解できる。

このような変化は、元日朝賀と小朝拝《こちょうばい》との関係ともほぼ合致している。元日朝賀は、大極殿に出御した天皇に対して、全官人が拝礼する儀式で、それは即位儀で行われた儀礼を毎年繰り返し、確認する意味を持つとされている。一方小朝拝は、第四章でも述べたように、同じ元日に清涼殿の東庭に大臣以下殿上人以上が列立して天皇に拝礼する儀式である。その成立については諸説あるが、遅くとも九世紀末の宇多天皇の時代には確立していたとされる。元日朝賀は、十世紀に入ると次第に停止されることが多くなり、第三章でも触れたように、一条天皇の正暦《しょうりゃく》四年（九九三）を最後に廃絶する。小朝拝のほうは、醍醐天皇の時代に一時廃止されたがまもなく復活し、その後は毎年行われた。

この元日朝賀と小朝拝の内容、推移をみれば、九世紀の節会は元日朝賀と理念上、表裏一体をなすものであり、十世紀以後の節会は小朝拝と同じ考え方のもとに催されているといってよいだろう。要するに十世紀以後の、天皇と臣下との関係の確認は、ごく限られた範囲で行われるようになったのである。この変化を、天皇の存在の矮小化とみるか、あるいは君臣関係が毎年の確認を必要としないほど安定してきたとみるか、さらにはそもそも九世紀の元日朝賀や節会のありかたは、唐の制度を取り入れて作られたいわば背伸びしたものだったとみるか、にわかには断定しがたい。しかし十世紀以後、天皇は次第に君臣という関係で国家の頂点に立ち、君臨する存在という性格を次第に弱めていったと捉えることができるのではないかと思う。

第六章　仏と神と天皇

1　国家の仏事・天皇の仏事

国家的法会

前の章では、儀式や饗宴を通じて、摂関政治の時代の天皇と人（臣下）との関係についてみてきた。つづくこの章では、天皇と仏や神との関係を、さまざまな法会や寺院の建立、祭祀の変遷などをたどることによって検討し、仏や神の前では、天皇はどのような存在だったのかを考えていきたい。

平安時代に入って、天台《てんだい》宗と真言《しんごん》宗という新たな仏教が導入され、それが国家や天皇と仏教との関わりにも大きな影響を与えたが、律令制以来の国家仏教、すなわち仏教の力によって国家の繁栄を祈願するという基本的な考え方は、摂関政治の時代にも継承された。

この時代、朝廷で行われた代表的な国家的法会《ほうえ》には、御斎会《ごさいえ》・仁王会《にんのうえ》・季御《きのみ》読《ど》経《きょう》などがある。御斎会は、正月八日から十四日まで、「金光明最勝王経《こんこうみょうさいしょうおうきょう》」を講説し、国家安穏《あんのん》・五《ご》穀《こく》豊穣《ほうじょう》を祈願する法会である。初日の八日には、天皇が盧《る》舎那《しゃな》仏《ぶつ》を安置した大極殿《だいごくでん》に出御し、検校《けんぎょう》（上卿《しょうけい》）の指揮の下に、衆僧が参入、天皇の面前で講師と読師が講説を行う。この日の夕方から十三日までは、行事の弁が法会をとりしきり、朝座と夕座の講説があり、最終日は公卿が参列して講説を行った。布施を賜った後、僧侶は清涼殿に参入して、天皇の御前で内《ない》論義《ろんぎ》が行われた。また諸国でも正月八日から十四日まで、「金光明最勝王経」の転読が国分寺で、吉祥悔過《きっしょうけか》（過去の罪を懺悔して五穀豊穣などを祈願する法会）が国庁で行われることになっていた。さらに御斎会と並行して、平安宮内の真言院では、真言宗の僧侶により後七《ごしち》日御修《にちのみし》法《ほ》が行われ、密教による鎮護国家・玉体安穏が祈願された。

仁王会は、やはり代表的な護国経典である「仁王般若経《にんのうはんにゃきょう》」を講説する法会で、宮中の年中行事として春秋二季に行われたほか、天皇即位によって行われる一代一度《いちだいいちど》仁王会、除災などのために行われる臨時仁王会があった。百僧を請《しょう》じ、大極殿・紫宸《ししん》殿・清涼殿等に高座を設けて行う大規模な法会で、春秋二季仁王会と一代一度仁王会は諸国国分寺でも同時に行われた。「仁王般若経」はとくに災害を除くのに効果のある経典とされているので、一代一度仁王会は新天皇の治世の平安を祈願して行われたものと考えられる。

季御読経は、仁王会と同じく春秋二季（多くは二月と八月）に「大般若経」を転読する法会である。大極殿または紫宸殿に百僧を請じて三日あるいは四日にわたって行われ、春季御読経では、御斎会と同様、三日目に清涼殿に一部の僧を召して、論義が行われた。

これらの法会の成立・整備の時期をみると、御斎会は奈良時代後半に始まり平安時代に入って整備が進み、嵯峨《さが》天皇の弘仁《こうにん》四年（八一三）に内論義が組み入れられた。仁王会は、「仁王般若経」の講説自体は古くから行われていたものの、一代一度仁王会は文徳《もんとく》あるいは清和《せいわ》天皇の頃から、春秋二季の仁王会は十世紀に入ってから整備されたといわれている。さらに季御読経は、本来天皇の私的仏事として行われていたものが、清和・陽成《ようぜい》天皇の頃に国家的仏事として位置づけられ、やはり十世紀を通じて整備が進んだとされている。すなわち、鎮護国家を祈願する大規模な国家的法会は、むしろ平安時代に入ってから整備されていったのである。

もう一つ、これらの法会で注目されるのは、御斎会と春季御読経に際して、天皇の御前で論義が行われている点である。このような論義は、二月と八月の二度、孔子《こうし》やその弟子をまつる儒教祭祀である釈奠《せきてん》にも存在し、八月の釈奠では、その翌日に諸博士を紫宸殿に召して天皇の御前で論義を行うのが例だった。

これらの意義については、いろいろな考え方があるだろうが、まずは天皇が仏教や儒教を保護する存在であることを示すものと捉えることはできよう。しかしその一方で、これらが僧侶や博士の論義を天皇がいわば謹聴するものであると理解すれば、天皇が仏教や儒教の秩序に包摂されている存在、すなわち仏教の力によって護られ、儒教的な礼の秩序によって支えられている存在であることを示す儀礼だと考えることもできるだろう。

天皇の家の仏事

摂関政治の時代になると、上記のような国家的法会だけでなく、天皇のいわば私的な仏事も史料に登場してくる。ここでは、灌仏会《かんぶつえ》と仏名会《ぶつみようえ》を紹介してみよう。

灌仏会は、いわゆる「花祭り」のことで、釈迦生誕の日に、釈迦如来像に香水を灌《そそ》ぎ礼拝する行事である。当日の装束は、清涼殿東庇《ひがしびさし》の中央に、金銅の灌仏盤に載る釈迦如来像（釈迦誕生仏。東大寺誕生釈迦仏立像が有名）を安置し、両脇に山形（それぞれ赤龍と青龍が巻き付いたものらしい）を立て、その前（東側西向き）に、導師の座の半帖《はんじょう》（正方形の畳の敷物）を敷いた。仏像・山形の南には、やや離れて天皇と女房の布施を置く机、その東には臣下の布施の机が立てられ、東孫庇《ひがしまごびさし》に王卿の座があった。公卿《くぎょう》・殿上人《てんじょうびと》、ついで導師が参上し、まず導師が仏前で礼拝、香水を灌ぎ、その後公卿・殿上人がこれにならう。蔵人《くろうど》が導師に布施を授けて導師が退出し、公卿・殿上人も退出した後に、女房が灌仏して行事は終了する。女房の灌仏があるところが、いかにも私的な仏事らしい。

仏名会は、十二月中の三日間（九世紀半ば以降は十九日から二十一日までとされるが、十九日以後の吉日から始める場合もあった）の昼夜にわたり、「三劫三千諸仏名経《さんごうさんぜんしょぶつみょうきょう》」という経典に基づき、一年間の罪障《ざいしょう》を除くため、諸仏の名号を唱える行事である。清涼殿東庇中央に聖観音《しょうかんのん》像、左右には「三劫三千諸仏名経」の説く一万三千仏図像と塔形が配され、その南に導師・次第僧の座、東孫庇には公卿・殿上人の座があった。また、これらの座を取り囲むように地獄変屏風《じごくへんびょうぶ》が廻らされていた。三日間の行事は、それぞれ初夜《しょや》・半夜《はんや》・竟夜《きょうや》の三部構成になっており、導師以下の僧侶が、梵唄《ぼんばい》・散花《さんげ》の後、仏名を唱え、蔵人が導師に被綿《かずけわた》を授け、公卿・殿上人が行香（焼香）するという順で進行した。なお、仏名会に請じられる僧のなかには、「野《の》臥《ぶし》（伏）」と呼ばれる山野で修行する僧が含まれる場合があり、この行事の呪術的な性格をあらわしている。

内裏で行われる灌仏会と仏名会は、いずれも仁明《にんみよう》天皇の承和《じようわ》年間に始まる。元興寺《がんごうじ》の僧で近江《おうみ》国比良《ひら》山で修行した静安《じようあん》という僧侶が、承和五年（八三八）十二月に導師となって仏名会が始められ、同じく静安が承和七年四月に灌仏会を始めたという。また、これらは清涼殿で行われる天皇の私的な仏事であるから、その準備や進行は蔵人所の主導のもとで行われた。灌仏会の布施は、蔵人が内蔵寮《くら》に命じて準備させたし、仏名会では、行事に用いられるさまざまな調度・物品を、大蔵《おおくら》省・木《も》工寮・主殿《とのも》寮・内蔵寮といった律令制官司や画所《えどころ》・御書所《ごしよどころ》・作物所《つくもどころ》などの蔵人所管下の所々に指示して用意させていることが『西宮記《さいきゆうき》』などからわかる。第四章で触れた蔵人所の拡充は、このような行事の差配という面でも、九世紀後半以後顕著なものとなったのである。

灌仏会・仏名会と同様、清涼殿で行われた仏事として、一条《いちじよう》天皇の長保《ちようほう》四年（一〇〇二）に初めて行われ、寛弘《かんこう》二年（一〇〇五）以後恒例行事となった最勝講《さいしようこう》がある。五月中の五日間、朝夕二座で順に「金光明最勝王経」を講説するもので、清涼殿東庇に、本尊釈迦如来像と脇侍の吉祥天・毘沙門天、および四天王像を安置し、講師・読師・聴衆《ちようじゆ》などの僧侶を請じ、公卿・殿上人が参列して行われた。行事の運営は、やはり蔵人所が担い、その点では天皇の私的な仏事という性格を持っている。しかし講説の対象が護国経典であること、参加する僧侶が、興福寺・東大寺・延暦《えんりやく》寺・園城《おんじよう》寺の僧から選ばれ、南都と天台宗の僧侶が問答する形式で法会が進められることなどからみて、上記の灌仏会・仏名会とはやや異なる性格を持っていた。事実、宮中の最勝講は、院政期になると仙洞《せんとう》（院）最勝講・法勝寺御《ほっしょうじご》八講《はっこう》とあわせて三講と呼ばれ、そこで講師をつとめた僧侶は僧綱《そうごう》への昇進を約束されるようになるなど、国家的仏事としての性格を強めていった。

御願寺――仁和寺と醍醐寺

摂関期にも、興福寺・東大寺などの南都諸大寺の重要性は失われることなく、これに天台宗の延暦寺・園城寺、真言宗の東寺（教王護国寺《きょうおうごこくじ》）が加わり、これらの寺院が国家仏教体制を支えていた。さらに、特定の天皇が自らのために祈禱を行ったり、その父母などの菩提を弔うために建立した御願寺《ごがんじ》と呼ばれる寺院が、仏教界で重要な位置を占めるようになる。その早い例としては、文徳天皇が父仁明天皇の菩提のために建立した嘉祥寺《かしょうじ》などがあるが、ここでは御願寺のなかでも規模も大きく、後世にいたるまで繁栄した仁和寺《にんなじ》と醍醐寺《だいごじ》についてみていきたい。

仁和寺は、当初光孝《こうこう》天皇が御願寺として発願し、建設途上で死去したため、子の宇多《うだ》天皇がその遺志を引き継いだとも、宇多天皇が父の菩提を弔うために発願したともいわれ、成立事情については不明な点が残っている。山城国葛野《かどの》郡の大内山《おおうちやま》（現京都市右京区御室大内）に所在する大寺院で、仁和《にんな》四年（八八八）、真言宗の僧真然《しんぜん》によって金堂の落慶供養が行われたらしい。宇多太上天皇は、昌泰《しょうたい》二年（八九九）、やはり真言宗の僧益信《やくしん》を戒師として出家し、延喜《えんぎ》四年（九〇四）には寺の南西部に自らの御所を営んだ。仁和寺を御室《おむろ》とも称する

仁和寺金堂　国宝。17世紀の建築

のは、これによる。承平《じょうへい》元年（九三一）に宇多法皇が没すると、御室は子の敦実《あつみ》親王に伝えられ、さらに敦実親王の子寛朝《かんちょう》が長く仁和寺の別当をつとめて、天皇家とのつながりを強めるとともに、宇多源氏の菩提寺としても発展を遂げた。

醍醐寺は、山城国宇治郡にある笠取《かさとり》山とその西麓に広がる寺院である（現京都市伏見区醍醐東大路・醍醐醍醐山）。真言宗の僧聖宝《しょうぼう》が貞観《じょうがん》年間に笠取山上に堂宇を建立したのに始まり、醍醐天皇の外祖母（母藤原胤子《いんし》の母、藤原高藤《たかふじ》の妻）が、この地域に本拠を持つ宮道《みやじ》氏出身だったという縁で、延喜七年（九〇七）醍醐天皇が御願寺とした。この時、従来からの堂宇に加えて薬師堂が建立され、堂自体はその後倒壊して十二世紀初めに再建されたが、本尊である薬師三尊像は創建当初の制作になるものである。

この上醍醐に対して、笠取山西麓の下醍醐は、延喜十九年から東寺の座主《ざす》、観賢《かんけん》によって造営が始められ、延長《えんちょう》四年（九二六）にはその中心となる釈迦堂が完成した。さらに天《てん》暦《りゃく》五年（九五一）には五重塔が建立されたが、これは現在京都府最古の木造建造物である。醍醐寺は真言宗の寺院であるが、聖宝の頃から東大寺や石山寺との関係も密接で、院政期には醍醐源氏はもちろん、白河太上天皇など皇族の帰依も受けて大きく発展した。

四円寺の建立

仁和寺・醍醐寺は、単に天皇の御願寺というだけでなく、仏教界全体にも重きをなした大寺院であるが、十世紀末から十一世紀後半にかけては四円寺と総称されるやや小規模な御願寺が生まれている。

まず円融寺《えんゆうじ》は、円融天皇が譲位後の永観《えいかん》元年（九八三）、前述した仁和寺別当僧正寛朝の住房の地に薬師堂を建立したのに始まる。円融太上天皇は寛和《かんな》元年（九八五）に寛朝を戒師として出家し、この地を御在所として法華堂や塔も造られた。円融寺は仁和寺の北東、現在竜安寺《りょうあんじ》が建っている場所にあったとされ、仁和寺への帰依が深かった太上天皇が、隣接するこの地に自身の「御室」として建立したものである。

次に円教寺《えんきょうじ》は、一条天皇が長徳四年（九九八）に建立した寺院で、落慶供養の導師は、やはり寛朝がつとめた。寺地は、仁和寺の南東、現在の京都市右京区谷口円成寺町付近とされている。寛弘八年（一〇一一）に一条太上天皇が死去すると、その周忌法事や国忌《こき》の行事が円教寺で行われたが、寛仁二年（一〇一八）焼亡し、長元七年（一〇三四）再興された。再興の御願堂には丈六金色《じょうろくこんじき》の大日如来、薬師如来像・釈迦如来像などが安置されていたという。

三つめの円乗寺《えんじょうじ》は、後朱雀《ごすざく》天皇の御願寺であるが、完成したのは天皇没後の天喜三年（一〇五五）のことだった。「円教寺新堂」という表現を用いる史料もあるので、円教寺との密接な関係がうかがえ、地理的にも隣接していたらしい。

最後の円宗寺《えんしゅうじ》は、本書の対象とする時期から外れるが、後三条天皇の御願寺である。当初は円明寺《えんみょうじ》と称し、延久二年（一〇七〇）の落慶供養は天皇の行幸のもとで行われた。仁和寺の南にあり、金堂・講堂・法華堂や後に五大堂も建てられ、寺の規模としては四円寺中最大を誇った。延久四年から始められた法華会《ほっけえ》と最勝会《さいしょうえ》は、承暦二年（一〇七八）に始まる法勝寺《ほっしょうじ》大乗会《だいじょうえ》とあわせて北京三会《ほっきょうさんね》と称された。

以上の四円寺は、いずれも仁和寺の周辺に位置し、実際に御在所として使われたのは円融寺のみだが、ほかの三寺も、おそらくはそれぞれの天皇の譲位後の御所としても用いることを想定していたらしい。また各天皇の周忌法事が営まれ、陵もごく近辺に営まれるなど（円融天皇の場合、陵はやや離れているが、火葬塚が円融寺に隣接する）、菩提寺としての性格も持っており、これらの性格は、ほぼ並行する時期に建立された藤原忠平の法性寺《ほっしょうじ》、兼家の法興院《ほこいん》、道長の法成寺《ほうじょうじ》などとも共通する部分があった。

僧侶の昇進ルート

出家者である僧侶も、国家仏教の体制のもとでは、世俗の官僚制的な秩序の影響をまぬかれず、そこには僧位・僧官という秩序が存在した。とりわけ僧官のなかでも最高位に位置する僧正《そうじょう》・僧都《そうず》・律師《りっし》は僧綱《そうごう》と総称され、朝廷における公卿にも比すべき地位だった。

僧綱は、本来、治部省被管の玄蕃寮《げんばりょう》の監督を受ける僧侶の自治機関という性格を持っていたが、平安時代に入るとそのような性格は次第に弱まり、単に僧侶の地位を示すものとなっていく。その定員も、嵯峨天皇の弘仁十年（八一九）に、僧正一名、大僧都一名、少僧都一名、律師四名とされたが、実際は増加の傾向をたどり、貞観六年（八六四）には、僧正一名、大僧都一名、少僧都一名、権《ごん》少僧都一名、律師五名、権律師七名の計一六名が一挙に任命されている。

また、同じ頃に、僧綱の地位を得るための昇進ルートともいうべきものが形成されていった。具体的には、興福寺維摩会《ゆいまえ》・薬師寺最勝会《さいしょうえ》と前述した御斎会の講師をつとめた僧を已講《いこう》と呼び、僧綱の予備軍と位置づけたのである。このような国家的法会への奉仕の実績を積んで僧綱の地位にいたるという方式は、同時期の官人の位階・官職昇進の原理と基本的には共通するものであり、僧綱という地位の性格をよく示している。

僧綱が僧侶に与えられる最高の国家的地位だとすれば、それとは別に、天皇との個人的な関係を示す肩書も存在した。その一つが護持僧《ごじそう》である。すでに奈良時代から、宮中で玉体安穏などの祈禱に奉仕する内供奉十禅師《ないぐぶじゅうぜんじ》という僧侶群が存在したが、平安時代に入ると、常に天皇の側に仕え、天皇個人の身体をさまざまな危険から防ぐための祈禱を行う、護持僧と呼ばれる僧侶が出現する。堀裕氏の研究によれば、清和天皇の誕生前後に、その側に仕えた真言宗の僧真雅《しんが》・宗叡《しゅえい》などが、護持僧の端緒らしい。このうちとくに真雅は、藤原良房とも関係の深い僧だったから、良房が外孫の無事な成長を願って真雅を側に置いた可能性も充分あり、だとすれば護持僧はまさに摂関政治の始まりとともに成立したことになる。その後も、例えば憲平親王（冷泉天皇）が生まれたその日に、父村上天皇は外祖父藤原師輔にすぐれた僧をつけて親王の身を守るよう命じ、師輔は仁和寺の僧寛忠《かんちゅう》などに祈禱を行わせている。

ただし護持僧が、特定の職務を果たす肩書として確立するのは、十一世紀前半、後一条天皇のころらしい。その職務とは、夜間、清涼殿の天皇の寝所である夜御殿《よるのおとど》東隣にある二間《ふたま》という部屋で終夜修法を行ったり、日食・月食・雷鳴など異変の際の祈禱や修法、除目の時の修法などを行うことである。このうち除目の修法は、任官を希望して実現しなかった者の怨念が天皇の身にふりかかるのを防ぐためとされている。

護持僧の数は、十一世紀前半には大体四人程度だったようであるが、彼らはほぼ例外なく護持僧の労（この場合業績とほぼ同義）によって、僧綱の地位を得ており、上記の已講とは異なる昇進コースが形成されていたことをうかがわせる。またその顔ぶれをみると、全員が天台宗と真言宗、すなわち密教僧であり、已講が興福寺・東大寺という南都の僧で占められていたのと対照的である。

このようにみてくると、護持僧を経て僧綱へ昇進するというルートは、俗界の蔵人頭を経て参議に昇進するというルートに対応するものであることがわかる。第四章第三節で、摂関政治の時代には、朝廷の官人の地位が従来の位階・官職という秩序に加えて、蔵人・殿上人という天皇との個人的な関係に基づく秩序によって再編成されていくことを指摘したが、それは僧侶の世界、あるいは僧侶と天皇との関係についても同様だったと考えられる。

2　祭祀と行幸

宮中祭祀と天皇

神と天皇との関係を考える時、まず天皇自身は神ではなかったことを確認しておく必要がある。本シリーズ第一巻でも述べられているように、壬申《じんしん》の乱で勝利した天武《てんむ》天皇は、柿本人麻呂《かきのもとのひとまろ》などによって「皇《おおきみ》は　神にしませば」と称えられ、詔書やその一類型である宣命の冒頭に「明神《あきつみかみ》と御宇《あめのしたし》らす日本の天皇」などとあって、一見天皇は「現人神《あらひとがみ》」だという観念が古代に存在したかにみえる。しかし、この天皇を神とする観念は、天武天皇とその直後の時代に限られたものであり、また「皇は　神にしませば」の「神」も、記紀神話に登場する神や、当時の朝廷や各地域社会でまつられていた神と同種のものというよりは、いわゆるカリスマ（超人間的な力を持つ指導者）に近い観念であろう。

したがって、天皇はむしろ神をまつる側の人間なのであって、基本的には最高の司祭者という属性を一貫して持っていると考えられる。そのなかで摂関政治の時代に、天皇が神をまつるその方法、司祭者としての性格の変化がどのようにあらわれたか、というのがここでの課題である。

左に掲げた表は、『北山抄《ほくざんしょう》』の記載を中心に、年中行事としての神祇祭祀を列挙したものである。宮中で祭祀そのものがある行事と、神社への奉幣使《ほうべいし》等の発遣行事とに大別したが、ここではまず前者についてみていきたい。平安宮内の神祇官は、官人が政務をとる東院と、儀式・祭祀の場である西院（斎院）とに分かれており、西院には合計二三座の神が祀られていた。それらは、天皇の身体を守護する神、平安宮やその門を守護する神、国土全体を守護する神などであり、神祇官に所属する御巫《みかんなぎ》（巫女《みこ》）が日常的にその祭祀にあたっていた。

表中の二月・十一月中丑日にみえる園韓神祭《そのからかみさい》は、宮内省に鎮座する園韓神社の祭りで、園《その》

月	日	宮中祭祀	奉幣使等の発遣
2月	上申日		春日祭
	上酉日		率川祭
	上卯日		大原野祭
	4日		祈年祭
	中丑日	園韓神祭	
	この頃		祈年穀奉幣
3月	中午日		石清水臨時祭
4月	上卯日		大神祭
	上申日		平野祭・松尾祭・杜本祭・当麻祭
	上酉日		当宗祭・梅宮祭
	4日		広瀬龍田祭
	中子日		吉田祭
	中酉日		賀茂祭
6月	10日	御体御卜	
	11日	月次祭・神今食	
	晦日	大祓	
7月	4日		広瀬龍田祭
9月	11日		奉幣伊勢太神宮
11月	上巳日		山科祭
	上申日		平野祭・春日祭・杜本祭・当麻祭
	上酉日		率川祭・当宗祭
	中子日		大原野祭
	中丑日	園韓神祭	
	中寅日	鎮魂祭	
	中卯日	新嘗祭	
	下酉日		賀茂臨時祭
12月	上卯日		大神祭
	10日	御体御卜	
	11日	月次祭・神今食	
	晦日	大祓	

年中行事のなかの神祇祭祀　『北山抄』をもとに一部加筆。下線は天皇の親祭・出御のあるもの

神《かみ》・韓神《からかみ》は、いずれも平安遷都以前からその地に祀られており、遷都にともなって宮内省内に鎮座したと伝えられ、おそらくはこの地に古くから勢力を持っていた秦《はた》氏の祀る神だったと考えられている。

また新嘗祭《しんじょうさい》（および即位後の大嘗祭《だいじょうさい》）の前日の鎮魂祭も、宮内省で行われた祭祀である。新嘗祭の挙行にあたり、天皇の魂を安定させるために行われるとされており、神祇官西院に鎮座する天皇の身体守護の神を宮内省に設けた神座に迎え、宇気槽《うけぶね》という箱状の容器をふせて、その上に御巫が立って鉾《ほこ》で槽をつく所作を繰り返し、その間、女蔵人《にょくろうど》が天皇の御衣《おんぞ》を振るわせるという神事が行われる。

六月・十二月の十日から十一日にかけて行われる御体御卜《おおみまのみうら》・月次祭《つきなみ》・神今食《じんごんじき》は、一連の祭祀として捉えられる。まず各月の一日から九日間、神祇官の卜部《うらべ》が天皇の身体や土地の神に関わる占いを行い、その結果を十日に奏上する御体御卜があり、翌日の朝、神祇官で全国の三〇四座の神に幣帛《へいはく》を頒《わか》つ班幣《はんぺい》の儀をおもな内容とする月次祭が行われる（班幣は新嘗祭でも行われた）。その夜は神今食があり、天皇が内裏の西に隣接する中和院《ちゅうかいん》の正殿神嘉殿《しんかでん》に出御し、天照大神《あまてらすおおみかみ》をそこに迎えて、神とともに供えられた食事をとる。この儀礼は、十一月中卯日に行われる新嘗祭と基本的には同じであるが、神今食では旧穀が用いられるのに対して、新嘗祭では畿内の官田で収穫された新穀が用いられる点が異なっている。

以上が平安宮内で行われる主要な祭祀であるが、天皇自身が出御して親《みずか》ら祭祀に関わるのは、六月・十二月の神今食と十一月の新嘗祭の一年三回だった。意外と少ない感もあるが、これらはいずれも神との共食という行事であり、天皇のみがなし得る重要な祭祀に限って天皇が出御したと捉えることも可能だろう。しかし一方で、これらの祭祀においても、触穢《しょくえ》や物忌《ものいみ》などのさまざまな理由で、天皇が出御しない場合があったことにも注意しておく必要がある。そのような場合には、神祇官で神饌《しんせん》を供えるという略式の行事になるのだが、『西宮記』の神今食の項では、むしろこの神祇官儀を先に、天皇が中和院に行幸して行う次第を後に記しており、不出御がさほど珍しくなかったことがうかがえる。

祈年穀奉幣

次に表の右側、奉幣使等の発遣についてみていこう。

まず、朝廷から使者が派遣される諸社をみると、天皇の祖先神を祀る伊勢《いせ》と石清水《いわしみず》、平安京守護の神である賀茂《かも》、七世紀以来の農耕祭祀の対象であった広瀬《ひろせ》・龍田《たった》を除くと、その多くは九世紀以後の天皇の外戚に関わる神社であることが指摘されている。春日・大原野は藤原氏の氏神、平野社は和氏《やまと》（桓武の生母高野新笠《たかののにいがさ》の本姓）の氏神、梅宮社《うめのみや》は橘《たちばな》氏（嵯峨皇后、仁明生母の橘嘉智子《かちこ》）の氏神であり、杜本社《もりもと》は文徳《もんとく》外祖父藤原冬嗣《ふゆつぐ》の母と縁の深い神社、当麻社《たいま》は清和外祖母の源潔姫《みなもとのきよひめ》、率川社《いさかわ》は光孝外祖母の藤原数子（南家）と関係が深く、当宗社《まさむね》は宇多外祖母の当宗氏の氏神、山科社《やましな》は醍醐外祖母宮道《みやじ》氏の氏神だった。このような諸社の祭祀が、九世紀を通じて朝廷から使者を派遣し、幣帛を奉られる公的な祭祀として確立していく。

また、九世紀から十世紀にかけて、その年の豊作を祈願するいわゆる予祝《よしゅく》祭祀にも重要な変化があらわれた。律令制下、国家的な予祝祭祀として祈年祭《きねんさい》（としごいのまつり）がもっとも重視されていた。祈年祭は、毎年二月四日、全国三〇〇〇あまりの神社の祝《はふり》（神官）が神祇官に参集し、中臣《なかとみ》氏が祝詞を唱えた後に、忌部《いんべ》氏によって祝に幣帛を頒つ祭祀である。しかし当然のことではあるが、祝の参集状況は芳しくなく、八世紀末には、神祇官に参集する祝は全体の三分の一程度とされ、それ以外は諸国の国司が、それぞれの国で祝に班幣するようになった。

一方、すでに奈良時代から、諸国のとくに霊験あらたかとされる「名神《みょうじん》」に奉幣して年穀を祈願することが、必要に応じて行われていた。平安時代に入ってもこれらの名神奉幣は続けられ、貞観年間以後になると、特定の神社の名称を列挙した奉幣の記事が六国史《りっこくし》に登場するようになっていく。具体的には、伊勢神宮・賀茂社（上社である賀茂別雷《わけいかずち》社と下社である賀茂御祖《みおや》社）・松尾《まつのお》社・稲荷《いなり》社などである。そして十世紀に入る頃には、それが十六社──上記四社に加えて、石清水・平野・春日・大原野・大神《おおみわ》・石上《いそのかみ》・大和・広瀬・龍田・住《すみ》吉《よし》・丹生《にう》・貴布禰《きふね》の各社──にほぼ固定されるようになった。さらに十世紀末には吉田・広田・北野・梅宮・祇園の五社、十一世紀半ばには日吉《ひえ》社が加わり、合計二十二社が、年穀祈願の奉幣の対象として定まった。

これらの十六社（最終的には二十二社）に年穀を祈願して奉幣する行事を祈年穀奉幣《きねんこくほうべい》と呼ぶが、十一世紀前半頃までは、とくにその時期や使者発遣の次第が定まっていたわけではなく、当時の日記などにも単に「臨時奉幣」などとして出てくる。しかし、十二世紀初めの『江家次第《ごうけしだい》』にいたって、はじめて祈年穀奉幣が二月の行事として登場する。『江家次第』によると、その次第は、まず八省院で上卿の監督の下に、各社への使者に対して幣物と宣命《せんみょう》が授けられ、その後、天皇が紫宸殿に出御し、南庇《みなみびさし》の中央の屏風に囲まれた場所に入って「御拝《ごはい》」を行った。

摂関政治の時代になっても、律令制以来の祈年祭は存続し、またさきにみた月次祭や新嘗祭でも、班幣の行事は依然として行われていた。しかしこれらの班幣行事はまったく形骸化し、天皇の諸社への「御拝」をともなう祈年穀奉幣が、国家の予祝祭祀の中心的位置を占めるにいたるのである。

臨時祭の成立

もう一つ、表の右側で注目されるのは、三月の石清水臨時祭と十一月の賀茂臨時祭である。両者は臨時祭という名称を持つが、『北山抄』の頃には毎年の年中行事として行われていた。

成立の古い賀茂臨時祭からみていくと、この祭りは、宇多天皇の寛平《かんぴょう》元年（八八九）十一月に始まる。宇多天皇自身の日記によれば、その契機は天皇即位前に受けた賀茂明神の託宣だという。託宣の内容は、ほかの神は一年二度の祭祀があるのに自分だけ一度なのは寂しいので、いま一度幣帛を奉ってほしい、汝（宇多天皇）はいずれそのことを実現できる地位につくであろうというものだった。

『大鏡《おおかがみ》』はこれを陽成天皇の時代のこととしているが、そうであるとすれば宇多天皇は、まだ定省王《さだみ》として一官人に過ぎなかった時期となる。また次の光孝天皇の時代であったとしても、光孝は定省も含めて自らの子すべてに源朝臣の姓を与えて臣籍に下していたから、皇位に即くことになった宇多天皇にとって、この託宣は非常に重いものだったに違いない。ただし宇多天皇の時代は、この祭りは文字通り臨時の祭祀であって、恒例化するのは、その子醍醐天皇の時代になってからであった。

石清水臨時祭は、朱雀天皇の時代、平将門《まさかど》・藤原純友《すみとも》追討を謝するため、天慶《てんぎょう》五年（九四二）四月に始められた。朱雀天皇は、将門・純友の乱平定のため、さまざまな祈願・祈禱を行っているが、とくに石清水八幡宮と賀茂社への祈願を重視した。石清水の臨時祭と同月に、やはり報賽《ほうさい》（祈願成就の御礼）のため賀茂社への行幸も行っており、これは次項で述べる神社行幸の嚆矢でもあった。石清水の臨時祭は、しかし続く村上天皇の時代には行われず、次に行われたのは冷泉天皇の安和《あんな》元年（九六八）九月だった。そして円融天皇の天禄《てんろく》二年（九七一）三月以後、石清水臨時祭は恒例の祭祀としてようやく定着する。ただし、円融天皇が石清水臨時祭を恒例化したのは、朱雀天皇とは別の個人的な宿願によるものらしく、賀茂臨時祭に比べると成立・定着の過程はやや複雑だった。

なお、平野社についても、花山天皇の寛和元年（九八五）に賀茂・石清水を模した臨時祭が始められている。この祭祀は四月の恒例の平野祭と同日に、花山天皇個人の祈願により始められ、一条天皇以後にも継承された。

さて、これらの臨時祭の内容だが、石清水臨時祭は先行する賀茂臨時祭にならって祭祀の次第を整えたらしく、両者はよく似通っている。そこで賀茂臨時祭の宮中での行事をみていくと、祭りの前日までに、祭使の選定が行われ、賀茂社に奉る馬の御覧、社頭で奉納される舞楽の予行演習（試楽《しがく》）などがあり、天皇は試楽も覧ることになっていた。当日は、天皇が身を浄めたうえで、清涼殿で賀茂社に奉る幣帛に拝礼し、ついで清涼殿に王卿が参入、祭使《さいし》と舞人《まいびと》・陪従《べいじゅう》が東庭の座に着いて盃酌がある。さらに祭使・舞人・陪従がいったん退出した後、再び東庭に参入して舞楽を披露し、それが終わると、彼らは賀茂社に向かうことになる。四月の賀茂祭でも、祭使が出立するにあたって参内し、天皇が彼らに禄を授けるなどの行事はあるが、臨時祭では右にみたように祭使発遣の行事に天皇が深く関わっているのが特徴である。とくに幣帛への拝礼は、臨時祭が天皇個人の祈願によって行われるものであることを如実に示している。

石清水八幡宮　京都府八幡市男山の峰に鎮座

神社行幸

序章で述べたように、平安時代に入って、天皇が遠方に行幸することは稀となっていったのだが、そのようななかで、十世紀半ばから始まる神社行幸は、天皇と神社との関係を考えるうえで、重要な意味を持っている。

天皇が特定の神社に行幸した確実な初例は、朱雀天皇の天慶《てんぎょう》五年（九四二）四月、賀茂社への行幸とされている。これは前述したように、平将門・藤原純友追討の報賽のためで、同月の石清水臨時祭とその契機は全く同じである。次の村上・冷泉天皇の時代には行幸はなく、円融天皇の時代になって、天元《てんげん》二年（九七九）三月に石清水八幡宮への行幸があった。これも前述したように、石清水臨時祭は円融天皇の時代から恒例化するのであるが、この時の行幸は臨時祭の祭日にあわせて行われており、行幸と臨時祭とが円融天皇の同じ宿願によることを示している。円融天皇は、翌天元三年十月に賀茂社、同四年二月には平野社に行幸した。これらは『栄花物語』によれば、賀茂社行幸の約四ヵ月前に、天皇と藤原兼家の娘詮《せん》子《し》との間に懐仁《かねひと》親王が無事誕生したことへの報賽だとしている。

次の花山天皇は在位期間が短かったこともあって神社への行幸はなかったが、続く一条天皇の時代には、神社行幸がいわば制度化されるようになった。まず即位の翌年にあたる永延《えいえん》元年（九八七）十一月に石清水、十二月に賀茂社への行幸があり、永祚《えいそ》元年（九八九）三月には、初めて大和国の春日社に行幸した。これらの行幸には、いずれも生母の詮子が同じ輿に乗って付き添い、春日社行幸では摂政兼家も従っていた。とくに春日社行幸は、摂政兼家の権威を高めるために行われたとされている。続いて正暦《しょうりゃく》三年（九九二）十二月に平野社、翌四年十一月には初めて大原野社に行幸があり、さらに寛弘《かんこう》元年（一〇〇四）十月に初めての松尾社への行幸と平野（二度目）・北野社への行幸が連続して行われた。このほか一条天皇は、石清水には長徳《ちょうとく》元年（九九五）・長保《ちょうほう》五年（一〇〇三）の二度、賀茂社には長保五年に一度行幸し、在位中の神社行幸は一一度におよんでいる。

さきに神社行幸の制度化という言葉を用いたが、それは行幸の対象となる神社と、行幸の順序がともに定まったことを意味している。すなわち、即位後まもなく石清水・賀茂に行幸し、続いて春日・平野・大原野・松尾・北野の順で合計七社に行幸するというのが、一条天皇の時代に定まり、それ以後の天皇に継承されていくのである。次の三条天皇は在位期間が短く、また在位後半は眼病を患ったこともあって、石清水と賀茂のみにとどまったが、後一条・後朱雀・後冷泉の三天皇は、一条天皇とまったく同じ順番で七社に行幸している。後三条天皇以後には、これに日吉・稲荷・祇園の各社が加わり、合計一〇社となるが、その順序はその後も忠実に墨守されていく。

平野神社　京都市北区平野宮本町

大原野神社　京都市西京区大原野南春日町

さて、神社行幸は、天皇の神社への接し方としてはもっとも鄭重なものといえる。天皇自身が社頭で神に

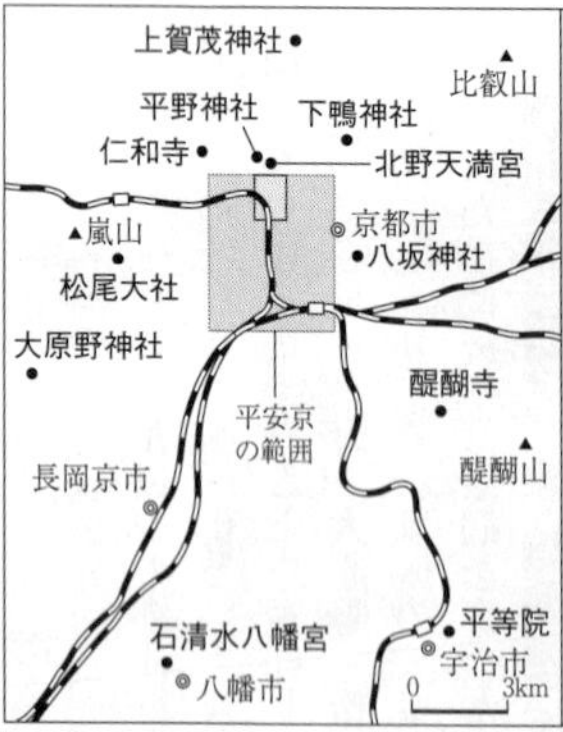

賀茂別雷神社(上賀茂神社)	京都市北区上賀茂本山
賀茂御祖神社(下鴨神社)	京都市左京区下鴨泉川町
仁和寺	京都市右京区御室大内
平野神社	京都市北区平野宮本町
北野天満宮	京都市上京区馬喰町
松尾大社	京都市西京区嵐山宮町
八坂神社	京都市東山区祇園町
大原野神社	京都市西京区大原野南春日町
醍醐寺	京都市伏見区醍醐東大路町
平等院	宇治市宇治蓮華
石清水八幡宮	八幡市八幡高坊

平安京周辺の寺社

拝礼することはなかったものの、ともかく神社まで直接出向き、神馬や舞楽の奉納があったからである。さらに後一条天皇の賀茂社と春日社への行幸にあたっては、とくにその生母藤原彰子《しょうし》の意向によって、それぞれ山城国愛宕郡・大和国添上郡が神郡《しんぐん》として寄進されており、両社への尊崇の念を最大限示している。

神社行幸は、当然ながら律令制以来の行幸の一種であるから、一定の秩序に従って行列が組まれることになる（これを鹵簿《ろぼ》と称する）。これに参加した貴族たちにとっては、行幸が繰り返されることによって、天皇との君臣関係を再確認する効果があっただろう。また前述した一条朝前半の石清水・賀茂・春日行幸などでは、天皇と生母詮子が同輿し、摂政兼家は貴族たちが供奉している天皇の行列とは別に、最後尾から車を進めており、行幸を通じて王権の実体や摂関の権威が示されている点にも注目する必要がある。

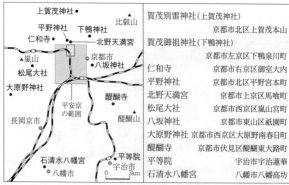

行幸行事所と貴族の昇進

神社行幸の準備や実施には、多くの時間と費用がかかるものであり、そのため、大嘗祭や内裏の再建と同様に、太政官のなかに行幸行事所《ぎょうこうぎょうじどころ》というプロジェクトチームが組織されることになっていた。公卿の別当や行事の弁《べん》・史《し》は、行幸の議がもちあがってからその当日にいたるまで、さまざまな業務に奔走して多忙を極め、行幸終了後も、右に触れたように神郡が寄進されるような場合には、その処理に数年を要することもあった。

ただし一方で、彼ら別当や行事は、行幸が終了すれば必ずその賞として叙位されることが予定されていた。とくに神社行幸の場合には、一条天皇以後、行幸の対象となる神社とその順序が固まってくるから、貴族にとっては予想可能な昇進の機会と捉えられるようにもなったのである。第五章で触れた内裏再建の御前定で、道長が実務に練達した公卿ではなく、自らの子で年少だった教通を別当にしたのを藤原実資が批判したことを紹介したが、それは当時の貴族のなかに、行事の円滑な執行よりは、行事終了後の昇進のほうに目を向ける意識が存在したことを示している。

以上、摂関政治の時代の天皇と神祇祭祀・神社との関わりについてみてきた。そのなかで、十六社（のち二十二社）への祈年穀奉幣、臨時祭の創始、神社行幸の制度化などは、いずれも一定の方向を示しているように考えられる。律令制の時代には、祈年祭に代表されるように、天皇には全国の神祇祭祀を総攬するという立場が強くみられたのに対して、摂関政治の時代になると、そのような立場は後退し、特定の神社を選んで、年穀や戦乱の平定といった国家的な祈願や、それぞれの天皇の個人的な祈願を行うという姿勢が目立つようになった。神祇祭祀の頂点に立つ天皇から、特定の神社に依存し、その保護を求める天皇へと変化していったのである。

3　穢れと怨霊

穢れの観念と平安京

平安時代の社会の特徴として、穢《けが》れを忌避する観念が非常に強かった点が挙げられる。穢れは、現象としては人間の死や出産、動物（家畜）の死や出産、失火などによって生じるものとされた。穢れに触れた者は、一定期間忌み慎しむ、すなわち自宅に籠もって外出を避けなければならず、それは触れた穢れの種類によって、例えば『延喜式』によれば、人の死穢《しえ》は三〇日、産穢《さんえ》は七日、家畜の死穢は五日、産穢は三日、失火の穢れは七日などと日数が決まっていた。なお、ここで穢れに触れるというのは、直接手で触れるというのではなく、穢れの生じた空間に同居していた場合に、穢れに触れる、あるいは穢れに染まるということになる。もちろんその空間とは、開放的な場所を指すのではなく、ある建物の中とか、垣根などで囲まれている宅地とか、船の中といった閉鎖的な空間を指すのが一般的である。

さらに穢れは伝染するものと考えられていた。『延喜式』に「甲乙丙展転《こうおつへいてんてん》」という穢れについての著名な規定がある。その規定によれば、甲処に穢れがあり、乙がそこに入ると乙とその同居者はすべて穢れに染まる。丙が乙処に入ると、丙本人は穢れに染まるが、同居人は穢れとならない。乙が丙処に入ると丙の同居の人はみな穢れに染まる。丁が丙処に入っても穢れとはならないとしている。

　ところで、このような穢れを忌避する観念は、平安京という空間と密接に関係している。

都の餓鬼　都の生活は、常に死や穢れと隣り合わせだった。「餓鬼草紙」より。京都国立博物館蔵

平安京の人口は、九世紀段階で約一〇万人強とされ、その面積約二三・四平方キロメートルから計算した単純な人口密度は五〇〇〇人ほどで、現代の都市に比べればさほどでもないが、それでも当時の日本列島のなかでは、もっとも人口の密集した空間であったのはいうまでもない。また、十世紀末に慶滋保胤《よししげのやすたね》が著した「池亭記《ちていき》」（『本朝文粋《ほんちょうもんずい》』所収）では、閑散とした右京に対して、左京、とくにその四条以北には人家が集中し、それは京域を東に越えて鴨川べりまでおよんでいたとしているから、この地域の人口密度はさきの単純な計算値よりははるかに高かったに違いない。

　このような空間で、例えば疫病が入ってくれば、長徳元年（九九五）の中納言以上の死者八人を出した時のように（第三章第一節参照）、深刻な結果を生じることになる。また人口密集地域の常として衛生面の環境は劣悪で、出生率・死亡率ともに高い都市だったといえる。したがって、平安京の住民はほかの地域の人々以上に、病気や死と日常的に向き合っていたのである。

このようななかで、すでに平安京成立当初から、病人を路頭に遺棄するという事態が問題となっており、また出産時の異常や貧困のため、乳児を遺棄することもそれほど珍しくはなかった。病人の場合、治癒の見込みのない病人を死穢を避けるため遺棄したとも考えられるが、貧窮した人々の間での病人の遺棄は、むしろ文字通り病人に治療を加え、養うだけの余裕がなかったためとみたほうがよいだろう。さらに平安京内には多くの犬が棲息していたらしく、遺棄された病人や孤児の死骸を喰らったり、場合によっては生きながらの状態でそれを餌とするといった事態も、史料にしばしば登場している。

天皇の死と穢れ

このような平安京の状況をふまえれば、史料のなかに実に頻繁に穢れに関する記述が登場するのは、むしろ当然のことだった。ここではとくに、天皇およびその居所である内裏との関係にしぼって、穢れについての史料をみていこう。

まず天皇自身の死去が穢れの原因になるかどうかであるが、康保《こうほう》四年（九六七）五月二十五日に内裏清涼殿で死去した村上天皇については、その「御穢」によって御体御卜や月次祭・神今食が停止されており、穢れとされたのは明らかである。その後、在位中に死去した後一条天皇と後冷泉天皇については、穢れとされたかどうかは不明である（二天皇については、なお後述する）。ところが、嘉承《かしょう》二年（一一〇七）七月十九日に堀河院西対《にしのたい》（清涼殿に相当）で死去した堀河天皇については、かなり詳細な史料がのこされている。貴族の日記では、当時の関白右大臣藤原忠実《ただざね》の『殿暦《でんりやく》』、権中納言藤原宗忠《むねただ》の『中右記《ちゅうゆうき》』があり、また天皇に仕えた女房藤原長子《ちょうし》の仮名日記『讃岐典侍日記《さぬきのすけにっき》』も詳細に天皇の死去の様子を伝えている。ところがこれらの史料では、死穢について全く言及しておらず、宗忠にいたっては、天皇が死去した直後に、わざわざその死に顔を見に行っている。したがって、堀河天皇の死去は死穢の原因にはならなかったと考えざるを得ない。

一方、寛弘八年（一〇一一）六月十三日、病気により居貞《いやさだ》親王（三条天皇）に譲位、同月十九日に出家、二十二日に一条院で死去した一条太上天皇の場合はどうだったのだろうか。その時の『権記』によれば、太上天皇の容態が悪化して臨終のようすになった時、左大臣道長以下の公卿はいったん太上天皇の臥せっている殿舎から下り、蘇生の兆候を見せると、再び近くに参上したとある。また行成自身は、穢れに染まらぬため殿舎には昇らなかったのだが、その状態でいると死去した太上天皇の側でさまざまな仕事ができないので、あえて殿舎に昇り穢れに触れたと記している。すなわち退位してしまえば、天皇であった人の死も穢れの原因となるのである。

さて、天皇の死については、穢れとはやや異なる角度から、堀裕氏による興味深い研究がある。天皇の葬送儀礼を中心に検討された堀氏によれば、村上天皇までは、在位中に天皇が死去すると、それはまさに天皇の死として扱われ、天皇としての葬送儀礼が行われたという。ところが、後一条天皇が死去した際には、第五章第一節で記したように、譲位の儀式を準備している最中に、天皇が突然死去したこともあって、「如在之儀」によって、後一条から後朱雀への譲位が行われた。すなわち、後一条天皇はまだ死去していないということにして、皇位が継承されたのである。それに応じて、葬送儀礼も譲位の後に太上天皇として死去したという前提で行われるようになり、この方式が、後冷泉天皇や、その後の在位中に死去した天皇にも受け継がれていったという。したがって、後一条天皇以後は、観念上、天皇は在位中は死去しない存在となり、その「不死の天皇」によって、天皇の地位が連続して継承されるようになったとされている。非常に魅力的な議論で、まさに摂関政治の全盛期に天皇の性格そのものが大きく変わったことを示唆する見解だが、天皇と穢れとの関係に限定してみても、後一条天皇以後は事実のいかんにかかわらず、天皇は在位中に死去しないことになった以上、天皇の死去によって穢れが発生するという事態そのものがありえなくなったということになるだろう。

次に内裏と穢れの関係についてみていく。まず天皇のキサキなど内裏に居住している者の病気が重篤となった場合、その者を内裏から退出させている事例が散見する。例えば、承和六年（八三九）六月、仁明天皇の女御藤原沢子《たくし》が急病で危篤となったため、彼女を「小車」に載せて内裏から出したところ、実家に着いた直後に息を引き取ったという記事が『続日本後紀《しょくにほんこうき》』にある。すなわち、天皇以外の死者は平安時代を通じて死穢の原因になったのであり、それだけに内裏が穢れに染まらぬよう、細心の注意が払われていたこともうかがえる。

しかし、内裏が穢れに染まる原因は、じつはほかのところにあった。それは、内裏の殿舎の床下に多くの犬が棲みついていたという点である。摂関期の蔵人の職務について記した『侍中群要《じちゅうぐんよう》』には、「犬狩」という項目があり、仏神事が無い時や天皇が物忌の時に、蔵人が近衛府の官人や滝口《たきぐち》に命じて、所々にいる犬を捕らえ、内裏の外に放つという作業が行われていた。それだけ多くの犬が、内裏に棲みついていたのである。したがって、犬そのものの死穢や産穢、あるいはおそらくは犬が人間の死体の一部を餌として内裏に持ち込むことによって生じた穢れについての記事は、かなり多くの史料に見出される。このように、天皇の居所たる内裏も、触穢という事態からはまぬかれなかったのである。

浄—穢の構造と天皇

さて、上記のように、実態として内裏は触穢の危険性を多分にかかえていたとしても、穢れに染まらぬよう細心の注意が払われ、また十一世紀前半以後、天皇は在位中には死去しないという観念の成立によって、結果的に天皇の死は穢れの原因とはならなくなったことを、もう少し別の角度から考えてみたい。

山本幸司氏の研究によれば、そもそも、穢れというのは、人・動物の死や出産といった現象によって社会の秩序が乱された状態を示し、その秩序とは神とそれを祀る代表者である天皇を中心とした秩序であるとされる。この考えに従えば、内裏の触穢を極力避け、天皇自身の死が穢れの原因とはみなされなくなるという点はある程度理解できる。また、毎年六月と十二月の晦日に、半年分の穢れや罪（これも広い意味で穢れである）を除くために朝廷で行われる大祓《おおはらえ》も、秩序を代表する天皇が穢れを祓う責任を持っているために行われるのだと考えられるだろう。

　ところで、この大祓の時に中臣氏によって唱えられる祝詞《のりと》は、天皇のいる朝廷からはじめて天下の四方の国々の罪を、瀬織津比咩《せおりつひめ》・速開比咩《はやあきつひめ》・気吹戸主《いぶきどぬし》・速佐須良比咩《はやさすらひめ》という四柱の神が次々に送っていき、かなたの大海原に祓い捨てると述べている。また十二月晦日に宮中で行われる大儺《たいな》（おにやらい）という、疫鬼を追い払う儀式では、陰陽師が、国中の疫鬼を、四方の境、東方は陸奥、西方は遠値嘉《おじか》（五島列島）、南方は土佐、北方は佐渡より遠い場所に追放するという祭文《さいもん》を唱えることになっていた。これらにみられるのは、天皇のいる内裏を浄（穢《え》の対極）の中心、国境より外側の大海原を罪や穢れに満ちた異界と捉える一種の領域観念である。このような観念は、従来日本固有のものとされてきたが、近年、坂上康俊氏は中国での類似の観念を参考にして、平安時代に入ってから形成されたものだとしている。

　ともかく、このような観念は、直接には祝詞・祭文といった、現代の目から見ればフィクションとしてのそれなのだが、平安時代の人々にとっては、現実の問題ともなった。第二章で紹介した宇多天皇の『寛平御遺誡《かんぴょうのごゆいかい》』に、天皇が蕃人（異国の人）を謁見する時には、直接対面するのではなく、簾ごしにせよという条文があったが、それは蕃人が穢れに充ち満ちた場所からやってくると観念されていたからに他ならない。ここでは詳しく触れられないが、ちょうど同じ頃、日本は皇祖神をはじめとする神々に護られた神国であるという神国思想が形成されていく。この神国思想と、浄―穢を軸とした領域観念とは表裏一体のものであり、その後の政治や対外関係にも大きな影を落としていくことになる。

怨霊と御霊会

最後に、これも摂関政治の時代に天皇の行動を大きく左右した怨霊の問題についてみていきたい。

怨霊とは、政争などで怨念を抱きながら死亡した人物の霊魂であり、それが死亡の原因を作った人物やその子孫、さらには社会全体に祟りをなすという考えは、奈良時代後半ころから次第に強まっていった。天平《てんぴょう》十八年（七四六）に大宰府で死去した玄昉《げんぼう》について、藤原広嗣《ひろつぐ》の霊によるものだとする（『続日本紀』）のが、その早い例である。また桓武天皇がその母や皇后の死、あるいは皇太子安殿《あて》親王の病気、長岡京の水害などを、廃太子した早良《さわら》親王の怨霊によるものと捉え、平安京遷都にいたったことも著名である。

このような怨霊の祟りを鎮めるためには、早良親王に崇道《すどう》天皇の号を追贈するなど、怨霊となった人物の名誉回復をはかったり、やはり早良親王について指摘されているように、その人物に関する国史の記事を削除するなどの方策がとられたが、一方で、怨霊を御霊《ごりょう》として祀り鎮める御霊会《ごりょうえ》も行われるようになった。

祇園祭　怨霊を祀る八坂神社の御霊会

清和天皇の貞観五年（八六三）五月、平安京の神泉苑で行われた御霊会は、その文献上の初見である。この時の御霊会では、崇道天皇・伊予《いよ》親王・藤原夫人（吉子《きっし》）・観察使（藤原仲成《なかなり》か）・橘逸勢《たちばなのはやなり》・文室宮田《ふんやのみやた》麻呂《まろ》の六座の御霊が祀られ、僧侶が金光明経・般若心経を講説し、舞楽が奏された。この御霊会を記録した『日本三代実録』は、これらの御霊は、みな政争に敗れて殺され、「冤魂《えんこん》」が祟りをなしたもので、近年疫病がさかんに流行し、多くの死者を出したのも、御霊によるものだとしている。また、すでに京や畿内、その外側の地域にいたるまで、夏から秋にかけて御霊会を行っているとしているから、この時の御霊会は、あくまで朝廷が行った最初の御霊会であって、それ以前から民間では疫病などを防ぐため、御霊を祀る行事が広く流行していたことがうかがえる。

同じく貞観年間には、現在の八坂神社の前身である牛頭天王社《ごずてんのうしゃ》が創祀され、元慶年間には藤原基経が堂舎を建立、感神院《かんじんいん》とも称されるようになった。さらに十世紀を通じて貴族・庶民の信仰を集め、長徳二年（九九六）には前節で述べた祈年穀奉幣の対象にも数えられるようになる。その祭礼である祇園祭は、まさに御霊会であって、現在にいたるまでのその隆盛をみても、いかに怨霊の慰撫が平安時代以後の人々にとって重要な課題だったかがわかる。

怨霊に苦しむ天皇

怨霊の祟りをあえて二つに分ければ、一つは怨霊を生む原因を作った人やその子孫に対する祟りであり、もう一つはより広く社会全体に疫病を流行させるといった類の祟りである。摂関期の天皇にとって、より切実だったのは、当然前者ということになる。

天皇に怨霊が祟るという事例は、すでに第二章などで触れており、重複になるが、あらためてみておこう。菅原道真《すがわらのみちざね》を左遷し、その道真が大宰府で死去したことにより、醍醐天皇は史上もっとも怨霊に苦しめられた天皇の一人となった。皇太子保明《やすあきら》親王の死（延長元年〈九二三〉）、続いて皇太子となったその子慶頼《よしより》王の死（延長三年）、さらに延長八年の内裏への落雷事件と、醍醐天皇は道真の怨霊に打ちのめされ、結局その年、朱雀天皇に譲位した直後に死去してしまう。第二章では、道真に呪い殺され地獄で苦しむ天皇の姿を描いた『道賢上人《どうけんしょうにん》冥途記《めいどき》』という史料を紹介したが、当時の人々が、怨霊は天皇を地獄にまで落とすと考えていたことは興味深い。

村上天皇の天暦四年（九五〇）、藤原師輔《もろすけ》の娘安子《あんし》との間に生まれた憲平《のりひら》親王（後の冷泉天皇）が、その直前に藤原元方《もとかた》の娘更衣祐姫《すけひめ》が生んだ第一皇子広平《ひろひら》親王をさしおいて、皇太子に立てられた。元方はそれを恨んで三年後に失意のまま死去するのであるが、これ以後元方の怨霊がさまざまな形で、天皇や貴族を苦しめることになる。その第一は、憲平親王自身の奇行だった。これはすでに皇太子時代から父村上天皇、母藤原安子、外祖父藤原師輔をはじめ、周囲の人々の悩みの種となった。そのためもあってか、安子・師輔は親王の即位をみることなく死去し、父村上天皇も皇太子の将来に不安をかかえたまま、当時としては珍しく在位中に没してしまう。これらが元方の怨霊によるものとされたことはいうまでもない。

冷泉天皇以後、皇位は冷泉系とその弟の円融系の二つの皇統に交互に継承されることになるが、元方の怨霊はとくに冷泉系の皇統にその後も長く祟った。花山天皇の出家、三条天皇の眼病、敦明《あつあきら》親王の皇太子辞退などがそれである。なお三条天皇の眼病については、天台宗の賀静《がじょう》という僧侶が、天台座主《ざす》の地位を望んだものの実現しなかった怨みを含んで康保《こうほう》四年（九六七）に没したことと結びつける考えもあったらしい。これなどは三条天皇とは直接には関係のない、しかも約五〇年前の出来事であって、天皇にとっては迷惑この上もない話なのであるが、それだけ当時の人々が怨霊の存在に敏感になっていたことを示すものでもある。

したがって、天皇や貴族が、この種の祟りをできる限り避けようとするのは当然であった。菅原道真に、その死去から約九〇年後の正暦四年（九九三）、左大臣正一位、ついで太政大臣を贈っているのも、その直接的契機は託宣や当時の内大臣藤原道兼の夢告によるものだが、そのような意識のあらわれといえる。また、十世紀後半以後は、朝廷での政争の敗者の扱いには細心の注意が払われており、安和の変の源高明、藤原道長に対抗して失脚した藤原伊周・隆家らは、左遷後ほどなくして入京を許され、伊周・隆家については、公卿またはそれに準じる地位に復されている。皇太子を辞した敦明親王に対して、道長が太上天皇なみの待遇を与え、自らの娘寛子を納《い》れているのも、敦明が怨霊となる可能性を未然に排除するためだったとみて間違いない。

　このように、摂関政治の時代の天皇は、穢れや怨霊の祟りから超然とした存在ではなく、それらに対して絶えず心を配らなければならなかったのである。

第七章　摂関期の財政と天皇

1　受領のもたらす富

受領と摂関期の財政

第五章では天皇と人との関係（君臣関係）、第六章では天皇と仏・神との関係について考えてきた。そこで第七章では、天皇とモノとの関係、すなわち摂関期の国家および天皇の財政の特徴についてみていきたい。

もちろん、この時代にも荘園《しょうえん》は存在し、それが天皇を含む貴族や寺社の財政に一定の役割を果たしたのは事実だが、なんといっても摂関期の国家や貴族の財政の基礎となったのは、受領《ずりょう》が諸国からもたらす富だった。そこで第一節では、まず受領を中心とした当時の国家財政に、天皇がどのように関わったのかを考え、そのうえで第二節・第三節で天皇あるいは天皇家の財政・財産についてみていくことにしたい。

受領とは、九世紀末以後、任国《にんごく》の支配に責任を持つ最高かつ唯一の存在、具体的には国司《こくし》のうちの守《かみ》（守が公卿《くぎょう》の兼任などの場合は権守《ごんのかみ》または介《すけ》も受領となる）のことである。彼らの任国支配の方式や中央との関係は、さまざまな点で律令制当初の国司とは異なっていた。

まずこの点について、必要な範囲で簡単にみておきたい。

任国支配については、律令制当初の国司は、それぞれの地域に伝統的な支配力を持っていた郡司《ぐんじ》の力に依存しながら、戸籍《こせき》・計帳《けいちょう》といった住民の台帳を作成し、調《ちょう》・庸《よう》などの成年男子に対して賦課する租税を徴収していた。ところが、八世紀半ば以後、郡司の伝統的な支配は次第に揺らぎはじめ、「富豪之輩《やから》」などと呼ばれる新興の有力者が台頭すると、それにともない戸籍・計帳を基礎とした住民の把握や、これを基礎とした租税の徴収も困難になっていった。

九世紀には、国司はさまざまな方法で任国での租税収入の確保を模索していくが、そのもっとも有力な方法が、主たる課税対象を人から土地に転換することだった。九世紀も後半になると、律令制地方支配のもう一方の根幹であった班田収授制《はんでんしゅうじゅ》も危殆《きたい》に瀕していたから、国司は任国内の把握可能な田地を「名《みょう》」という課税の単位に再編成し、田堵《たと》と呼ばれる有力農民に名を耕作させて、その面積に応じた租税を徴収するようになった。田堵は名の耕作を請け負う（一定の租税納入を条件に耕作を保証される）ということから「負名《ふみょう》」と呼ばれ、このような土地の把握と租税徴収のしくみを負名体制と称している。国司が名から徴収した租税は、律令制下の租・出挙利稲《すいこりとう》・調・庸などが統合されたもので、官物《かんもつ》と呼ばれ、その多くは米、あるいはその代納物としての絹などの形で徴収された。

このように、受領の任国支配の方式は、国内の住民一人一人の把握を放棄したという点では、律令制当初の国司の支配からは後退しているという評価もできるが、他方で郡司などの地方豪族の力を介さず、田地とそこから租税を納入する農民を把握するようになったという点では、その支配がより直接的なものとなったという評価も可能である。

次に中央との関係をみると、律令制下の国司は、守《かみ》・介《すけ》・掾《じょう》・目《さかん》の四等官が、租税納入などについての責任を連帯して負い、また前任者以前の租税の未納があれば、それは前任者個人の責任ではなく、国全体の責任として後任の国司にその補塡が命じられていた。しかし、一部は第二章の宇多天皇のところでも触れたが、九世紀半ば頃から、国司の権限と責任は次第にその官長（受領とほぼ同義）に集中していき、また租税納入の責任は、国を単位とするのではなく、国司（受領）を単位として設定されるようになった。これによって、受領は任期中の一定額の租税納入を条件に、任国の支配を朝廷から委ねられる存在となったのである。

受領の中央への租税納入を考える場合、受領が京内あるいはその周辺に設置した私的な倉庫である納所《なつしょ》と、それを管理する受領配下の弁済使《べんざいし》の存在が鍵となる。受領は、任国で徴収した米・絹などの官物を、まず納所にプールする。一方朝廷では、本来諸国からの正規の納入物（年料と呼ばれる）を大蔵省などに納めさせるのであるが、その納入状況は良好とはいえず、朝廷のほうでもあまり期待していなかった。

それに代わって、十世紀半ばから後半にかけて、年料の一割（のち二割）を太政官の弁官局が統括する率分所《りつぶんしょ》に納めさせる正蔵率分《しょうぞうりつぶん》、朝廷の恒例行事の用途の財源となる永宣旨料《えいせんじりょう》物《もつ》、行幸など臨時行事の経費を調達する行事所召物《ぎょうじどころめしもの》などの制度が次々に成立していく。これらは、比較的余裕のある国から必要に応じて必要な品目を納入させるという共通の特徴を持ち、納入を命じられた国では、弁済使が納所に保管されている米や絹などを、場合によっては必要な品目と交易して、朝廷に納入した。また諸国に設定された封戸《ふこ》（皇族・上級貴族・寺社などに与えられた国家的給付）からの納入物も、やはり弁済使が納所から封主《ふうしゅ》に納入した。

納所からの支出には、ほかにも摂関や公卿に対する私的な贈り物、すなわち現代的にいえば賄賂も含まれていたが、いずれにしても、これらの納入物を除いたのこりの物品は受領自身の私富として蓄積されることになる。平安時代の受領といえば、貪欲に私富を追求する存在というイメージが強いが、その実態は以上のようなものだったのである。

受領の人事と天皇

除目議《じもくぎ》のなかで、受領の任官が挙《きょ》という方式、すなわち除目議に参列した公卿が、その候補者を推挙し、それを参考に天皇が任命するというものだったことは、第五章で触れた。また、正月後半〜二月前半の恒例の除目で、数ヵ国の受領を一度に任命する場合と、何らかの事情で欠員の生じた国の受領を臨時に任命する場合とでは多少の違いがあったようだが、受領任官の経緯がかなり具体的に判明する十世紀後半以後の史料をみる限りは、公卿の推挙に相当な重みがあったようにはみられず、受領の任官は、基本的には天皇と摂政・関白の専断事項だったことも前述した。

ただし、専断事項だからといって、まったく恣意的に任命されたわけではなく、受領の任命には一定の枠あるいは資格が存在した。新たに受領となるためには、外記《げき》・史《し》・式部丞《しきぶのじょう》などの顕官および（六位）蔵人《くろうど》・検非違使尉《けびいしのじょう》を数年つとめて五位に昇った者、すなわち叙爵《じょしゃく》した者である必要があった。一方、すでに受領を経験した者については、任期中に租税納入などに関する文書の審査にパスした者や、任期終了後数年以内にパスした者が有資格者とされた。とはいえ、これらの有資格者は、受領の欠員に対して常に数倍存在していたから、そのなかから誰を選ぶかということが問題となったのである。

さて、天皇が摂関をおかない場合や、摂政がいる場合には、受領の任官には天皇もしくは摂政の意思が貫かれるといってよいのであるが、天皇が関白をおいている場合はどうなるのだろうか。この場合は、基本的には天皇と関白との間で受領の人選に関する議論が行われ、決められていくと考えてよい。これまで何度も登場した『小右記《しょうゆうき》』『権記《ごんき》』などの蔵人頭《くろうどのとう》をつとめた貴族の日記にも、しばしば受領の人選に関する両者の折衝を取り次いだ記事がでてくる。

また三条天皇の時代、受領の人選に、天皇と内覧をつとめた道長との意向がどのように反映されているかを検討した寺内浩氏による興味深い研究がある。第三章で述べたとおり、両者の関係は道長が天皇の外叔父だったにもかかわらず、終始険悪なものだったのだが、受領の人選にもそれがあらわれている。三条天皇の意向が実現したケースは五例ほどあり、いずれも天皇と姻戚関係を持つ者や、東宮時代から天皇に仕えていた者などである。とくに長和《ちょうわ》三年（一〇一四）に伊予守《いよのかみ》となった藤原為任《ためとう》は、皇后娀子《せいし》の弟であるが、彼はその二年前、道長を呪詛したという噂を立てられた人物であり、にもかかわらず伊予守任官を道長が最終的には承認している点が注目される。

一方、明らかに道長主導で任命された受領も六人ほど確認できる。いずれも道長の家司《けいし》（家政職員）であり、彼らが任国からもたらす富を道長家の家政にとりこむための人事である。このうち近江守《おうみ》となった藤原惟憲《これのり》という人物は、この後、大宰大弐《だざいのだいに》となり、『小右記』に彼が任を終えて帰京した時のこととして、「九国二島（九州全体ということ）の物、底を掃《はら》ひて奪ひ取る。唐物《からもの》も又同じ。已《すで》に恥を忘るるに似たり」と評されている。このように、三条天皇と藤原道長は、受領の人選という点でもお互い譲らなかったようであり、それだけ受領の人事が天皇や摂関、さらには公卿などにとって重要な意味を持っていたことを示している。

受領の罷申と功過定

受領に任命された者は、一定の期日までに任国に赴任する必要があったが、その前に天皇や摂関・公卿などに赴任の挨拶を行った。これを罷申《まかりもうし》と称し、とくに天皇に対する罷申は、『侍中群要《じちゅうぐんよう》』や『北山抄《ほくざんしょう》』にその次第が記されていたから、必ず行わなければならない一種の儀式と捉えられていたらしい。

両書によると、受領は清涼殿近くまで赴き、蔵人を通じて「何日に任国に罷《まか》り向かいます」と奏上する。蔵人は天皇にそれを取り次ぎ、勅許の後、受領が天皇の御前に召される。そこで天皇は、受領に禄《ろく》を賜り、その際に、任国でのつとめに応じて賞を与えること、任国を復興すべきことなどを仰せる。この時天皇が受領に授ける禄は、『侍中群要』によれば、大袿《おおうちき》や襖子《あおし》（衾《ふすま》）だったらしく、これらは第五章で触れたように、節会などの際に上級官人に与えられたものと同じで、天皇のために調製された衣服や寝具を授けることによって、天皇が受領に任国の支配を委ねる意味を持ったとみることができる。また天皇が、任国でのつとめに応じて賞を与えると仰せるのは、天皇と受領との間で、地方の支配に関して一種の契約が交わされたということになる。

さて、任期が終了した受領は、任期中の租税納入などに関する書類の審査を受け、それに合格すると、受領功過定《こうかさだめ》という公卿による成績判定会議にかけられることになる。この会議は、第五章で触れたように、叙位議や除目議などのなかで行われるのが普通で、そこで結論が出ない時には、陣座《じんのざ》で継続審議されることもあるが、本来的には天皇の面前で行われる御《ご》前定《ぜんさだめ》といってよい。そもそも継続審議されるというのは、功過定では、受領の成績――功《こう》・無《む》過《か》・過の三段階評価――を全員一致で決めなければならなかったからで、結論を一つにまとめるというのは、これも第五章で述べたように御前定の特徴だからである。

功過定で審議されたのは、受領が朝廷にどの程度の物品を納めたかというよりは、納入物に関する書類が整っているか（例えば納入できない理由をきちんと挙げているかどうかなど）であって、当時の国家財政そのものがここで監督されるしくみになっているとは言い難い。しかし、任期を終えた受領の成績を、御前定の形で、言い換えれば天皇と公卿の総意によって決定したことの意味も軽視すべきではないと思う。そこには、かなり形骸化していたとはいえ、受領を公卿の挙を参考にしながら任命するという方式との共通性があり、受領が摂関政治の時期の国家財政に果たしていた役割がいかに重要なものだったかを物語っているからである。

さらに功過定で、無過以上の成績となった受領には、一定の基準で位階が授与されることになっていた。『北山抄』によれば、従五位下で受領となって功過定にパスすると、従五位上に、その後二ヵ国の受領を大過なくつとめると正五位下に、その後は一ヵ国ごとに従四位下、従四位上と昇進させ、最初から数えて七ヵ国の受領をつとめると参議に任命するとある。このような昇進は、前述した罷申で交わされた天皇と受領との契約の実行を意味しているのであり、摂関期の天皇は叙位・任官という人事権を梃子《てこ》にして、受領を通じた地方支配を実現していたという見方も可能だろう。

任国へ赴任する受領の一行　「因幡堂薬師縁起」より。東京国立博物館蔵

私費を投じる「国充」

摂関期の受領が、天皇個人あるいは天皇家の財政にどのような形で寄与していたかについては、よくわからない点が多い。摂関や公卿については、彼らの日記のなかに、受領が「志」（絹や綿などが多い）や馬を贈っている記事がよく出てくるし、十一世紀初め頃になると、公卿の知行国《ちぎょうこく》の事例も登場する。知行国というのは、公卿がある国の受領の任命を朝廷から委ねられ、公卿は自分の子弟や縁者を受領に任命して、任国からの収入を公卿の家政に組み入れる制度である。例えば藤原実資《さねすけ》は、後《ご》一条《いちじょう》天皇の治《じ》安《あん》年間（一〇二一～二四）に伯《ほう》耆《き》国の知行国主となり、養子の資頼《すけより》を伯耆守（受領）に任命して、伯耆からの貢物を当時小《お》野宮《ののみや》家と呼ばれた実資を家長とする一家の財政収入に充てている。

受領の摂関や公卿に対する貢献で、もっとも顕著なものは、やはり道長に対するそれである。寛仁《かんにん》二年（一〇一八）六月に新造された土御門第《つちみかどてい》の調度品一切を、道長の家司で伊予守だった源頼光《みなもとのよりみつ》が献上したことはすでに第五章で触れた。またこの時には、土御門第の寝殿を一間ずつ受領に割りあてて造営させている点も注目される。当時の土御門第寝殿は、東西が七間だったとされているから、具体的には七人の受領がその造営を負担したことになる。また土御門第の東隣に寛仁三年から造営を始めた九体阿弥陀堂（中河御堂《なかがわのみどう》、のち無《む》量寿院《りょうじゅいん》と呼ばれ、この堂を含む寺院がやがて法成寺《ほうじょうじ》となる）でも、一一間の堂を、一一人の受領に割りあてている。

道長の土御門第や中河御堂の造営方式は、第五章第二節で触れたように、国充《くにあて》と呼ばれるものて、村上天皇の天徳《てんとく》四年（九六〇）の内裏《だいり》焼亡以来、内裏をはじめとする平安宮内の施設の造営・修理に採用された方式である。天徳の時には、紫宸殿《ししんでん》・仁寿《じじゅう》殿・承明《じょうめい》門は修理《しゅり》職《しき》、承香《じょうきょう》殿・淑景北舎《しげいほくしゃ》は木工寮《もくりょう》の造営となったが、それ以外は、貞観《じょうがん》殿は周防《すおう》、春興《しゅんこう》殿は山城《やましろ》、宜陽《ぎよう》殿と襲芳舎《しゅうほうしゃ》は播磨《はりま》といったように、諸国に割りあてられた。

割りあてられた受領は、天徳の時の状況は明らかではないが、その後の内裏造営に関する史料をみると、任国の公的財源ではなく、受領の私費によって造営するのが原則だったらしい。前述したように、受領が任国からとりたてた官物などの物品は、納所に一括して蓄積されており、公費・私費といっても結局は納所から費用を捻出するのであるから、それを公的支出としては計上しないといったほうが実態に近いかもしれない。ともかく、そのような形で造営が成し遂げられれば、それは受領の「功」として、叙位などの勧賞の対象となった。

「成功」による任官

このような国充方式は、具体的な史料はあまりのこされていないのであるが、第六章で登場した四円寺の造営などにも採用されていたと推測されている。ところで、国充によって私費で造営を成し遂げると、それは受領の「功」とされたと述べたが、ここで、私費を献上したり、それによって朝廷の建物などを造営した者が、位階や官職を授けられるという成功《じょうごう》と呼ばれる制度を想起された読者もいるだろう。実際、国充は朝廷から割りあてられ、成功はその希望者を募るという点で違いがあるが、私費を投じて位階や官職を得るという点では両者はかなり近い性格のものである。受領が成功によって天皇家の財政に寄与するという事例は、摂関期には見当たらず、院政期になってから、御願寺《ごがんじ》の造営などで明確な形で登場する。しかし摂関期においても、成功が天皇家の財政運営に一定の役割を果たしていたのは事実であり、受領とは少し離れるが、この点についても若干説明しておきたい。

長保《ちょうほう》三年（一〇〇一）八月に行われた除目の大間書《おおまがき》（第五章第二節参照）に、「東三条院千部経料」を負担したという理由で惟宗致貞《これむねのむねさだ》という人物が主水令史《しゅすいれいし》（宮内省管下の主水司《しゅすいし》の主典《さかん》）に任命されたという記述があり、寛弘《かんこう》二年（一〇〇五）正月の大間書には、「朱雀院修理料」を出した八木連理《やぎのつらまさ》が土佐権介《とさごんのすけ》に任命されたと記されている。東三条院は一条天皇の生母で、この年の閏《うるう》十二月に没する藤原詮子《せんし》であり、朱雀院は天皇が代々伝えている後院《ごいん》（本章第三節参照）の一つであって、その写経にかかる経費や修理費用はいずれも国家財政というよりは、天皇個人の財政に属するものである。惟宗致貞や八木連理は、それらの費用を負担して官職に任命されたのだから、成功による任官にほかならない。

これらはもう少し具体的にいうと、内給《ないきゅう》という天皇が保有する権利に基づいた任官であると考えられる。内給というのは、年給制度、すなわち皇族や上級貴族に叙位や任官を希望する者の推挙権を与えて、希望者から皇族・貴族（年給の給主）に叙料・任料というい わば口利き料を得させる制度の一つである。年給制度には、このような経済的な側面だけでなく、給主がこの制度を通じて近親や縁者を優遇するという側面もあるが、ともかく内給は天皇を給主とする年給であって、上記の例でいえば、「東三条院千部経料」や「朱雀院修理料」が任料に相当する。内給の制度はすでに九世紀末には存在しており、十世紀に入ると、例えば第六章で紹介した醍醐寺の塔の造営について、内給を用いたことを示す史料などがのこされており、天皇や天皇家の財政を支えるしくみとして少なからぬ役割を果たしていたことがうかがえる。

2　蔵人所と天皇の食事・料物

天皇の食事の国風化

蔵人所《くろうどどころ》については、第四章や第五章で、天皇と公卿や摂関とを連絡する秘書官的機能について詳しく述べたが、もう一つの重要な機能として天皇の家政運営があった。

この問題をみていくために、近年佐藤全敏氏によって、天皇の食事に関する大変注目すべき研究が出されているので、この研究を本書なりの関心にしたがって紹介するところからはじめてみたい。

蔵人の業務についてのマニュアルである「蔵人式《くろうどしき》」（寛平《かんぴょう》・延喜《えんぎ》・天暦《てんりゃく》の三度にわたって作られている）などによれば、天皇の日常的な食事のありかたは、九世紀末から十世紀初めにかけての時期に、大きく変化したらしい。食事の回数は、朝夕の二回で基本的には変わらないのだが、九世紀末以前は、清涼殿母屋の大床子《だいしょうじ》という腰掛け状の座具に座った天皇の前に、御大盤《おだいばん》というテーブルが据えられ、その上に飯・調味料・副食物などのいくつもの膳が並べられるという形で食事が行われた。ところがそれ以後になると、このような食事は形式的なものとしてのこされるものの、実質的な食事は清涼殿西庇《にしびさし》の朝餉間《あさがれいのま》という所で、天皇が床に敷かれた畳に座り、その前にさまざまな膳が並べられるという形で行われるようになった。

　使用される食器や天皇の食事に奉仕する女官（女房）の姿も異なっており、大床子での食事では銀器や銀箸・銀匙などが用いられ、女房は髪を結い上げていたのに対して、朝餉間での食事ではおもに土器や木の箸が用いられ、女房は垂髪、すなわち長い髪をうしろに垂らしていた。前者が中国風であるのに対して、後者は日本風であることは一目瞭然で、天皇の食事の「国風化」が進められたのである。

京都御所清涼殿の大床子（左）と御大盤（右）　大床子には円座が載る

京都御所清涼殿の朝餉間　平敷の畳２枚の上に半帖が載る

さらに、天皇の食事を準備する機関にも変化がみられた。九世紀末以前の食事は「内膳御《ないぜんご》膳《ぜん》」とも呼ばれたように、宮内省管下の内膳司でおもに用意されており、それは律令で内膳司が天皇の食事を用意するという職務を規定しているとおり、律令制以来の伝統だった。これに対して、朝餉間での食事は蔵人所管下の所々の一つである御厨子所《みずしどころ》で準備された。九世紀末以前の「内膳御膳」がもっぱら女房によって配膳されていたのに対して、十世紀以後には男房、すなわち蔵人や殿上人もこれに加わるようになったこととあわせて、天皇の食事の変化は、同時に蔵人所がそれを直接差配する体制への移行をも意味したのである。

料物調達と蔵人所

次に朝廷で行われるさまざまな行事と蔵人所との関係についてみていきたい。

行事には実に多種多様な物品が必要となる。神事では神に捧げる幣帛《へいはく》や神饌《しんせん》、仏事では香や僧侶への布施、饗宴では参列者に振る舞われる酒食などの類である。これらの料物を調達するには、これも多様な方法があるが、一般的にいえばその行事を差配する者が関係する官司に指示して調達することになる。

これまで何度か述べたように、行事を差配する公卿を上卿《しょうけい》と呼び、したがって多くの場合、料物の調達は上卿の指示によって行われると考えてよい。第四章第三節で、白馬節会《あおうまのせちえ》に関する『権記』の記事を紹介したが（一八二頁参照）、そこで参列者に授けられる禄を大宰府から送られてきた絹・綿によって支給したいという大蔵省の申請を、内弁（上卿）の右大臣藤原顕光《あきみつ》が天皇に奏上したうえで許可しているのはその一例である。この場合、太政官を中心とした律令官僚機構の統属関係に則って料物の調達が行われているのである。

ところが、とくに十世紀以後になると、行事の運営や料物調達に蔵人所が深く関与するようになる。とはいえ、蔵人所の関与は、その行事の性格や行われる場によって違いがあったようで、清涼殿などで行われる天皇の個人的な行事では、もっぱら蔵人所がそれを差配し、紫宸殿などでの行事では、全体の差配は上卿が行い、天皇個人に関わる部分についてのみ蔵人所が関わるなどといった違いがあった。

行事を差配する蔵人を行事蔵人《ぎょうじのくろうど》と呼ぶが、この行事蔵人が料物を調達する方式は、上卿によるものとはかなり異なっていた。それは請奏《しょうそう》と呼ばれる方式で、行事蔵人が命じて、中務《なかつかさ》省管下の内蔵寮《くらりょう》にその行事に必要な料物を申請する文書（請奏）を作成、提出させ、これを行事蔵人が天皇に奏上して裁可を得る。その後、これを上卿に下し、上卿から弁・史を経て大蔵省・大炊寮《おおいりょう》などの官司に料物の進上を命じるというものだった。この手続きの後半は、太政官からその管下の諸司へという従前のルートであるが、前半の料物の調達をいわば発議する部分に関しては太政官はまったく関与しておらず、蔵人所が料物調達を主導している点が注目される。

内蔵寮は、元来天皇の財産を保管、出納する官司であるが、とくに九世紀末の宇多《うだ》天皇の頃から、内蔵寮の頭《かみ》（長官）や助《すけ》（次官）が蔵人を兼帯する事例が増加し、それを梃子に十世紀には蔵人所が実質的に内蔵寮を管下におさめるようになったとされている。請奏方式の成立と発展は、このような変化と連動したものであり、さらにそれは内蔵寮のみにとどまらず、前述した内膳司や宮内の調度や諸施設を管理する主殿《とのも》寮についても、蔵人所が太政官を経ないで、直接それらの官司を指揮して、料物を調達する体制が生み出されていくのである。

なお前述した内給も、やや性格は異なるが、天皇家の財政を蔵人所が管轄していた事例の一つである。内給に関わる業務を担当していたのは内給所《ないきゅうしょ》という蔵人所管下の所で、そこでは内給によって任官を希望する者を募って、用途を納入させ、それが完了すれば希望者から提出された書類に基づいて任官申請文書（申文《もうしぶみ》）を作成、提出した。そのほか、銭などの財物が保管されていて、必要に応じて天皇家の私的な行事等にそれを支出するなどといった業務も行っていたらしい。このような面でも、蔵人所は天皇家の財政を支える機関として重要な役割を果たしていたのである。

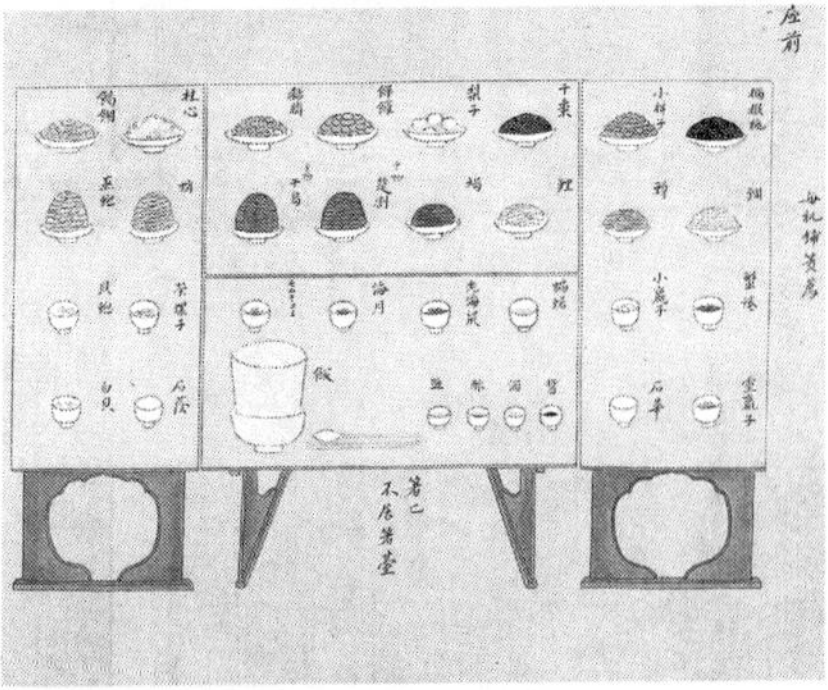

平安時代の天皇の食事　永久4年(1116)の東三条殿母屋大饗のようすを描いた「類聚雑要抄」より。江戸時代の写本。東京国立博物館蔵

蔵人所牒と蔵人所領

蔵人所が天皇家の財政機関として成長していくと、その活動は朝廷内にとどまらず、諸国へもおよんでいくことになる。

これまで何度か登場した『権記《こうぜい》』の記事をみていくと、長保元年（九九九）九月九日、蔵人頭藤原行成は、内裏の壁代《かべしろ》（部屋を仕切るための帳《とばり》の一種）に用いる絹を、出羽《でわ》・伊勢《いせ》・三河《みかわ》などの諸国に納めさせるために作成した蔵人所牒《ちょう》について、部下に指示を与えている。また同二年十月七日には、絹五〇疋を三河・越前《えちぜん》・但馬《たじま》・大和《やまと》・伊勢の五ヵ国から調達するため、蔵人所牒の作成を蔵人菅原孝標《すがわらのたかすえ》（『更級日記《さらしな》』の作者の父）に命じている。これらは、おそらく内裏で行われる行事蔵人差配の行事に必要な物品だったと思われ、それらの進上を、蔵人所牒という文書で命じているのである。このほかにも、蔵人・殿上人・女官等に、その出勤状況に応じて与えられる給与である等第料《とうだいりょう》も、原則としては内蔵寮や穀倉院《こくそういん》などから支給されたが、場合によっては蔵人所牒を諸国に発して進納を命じることもあったらしい。

蔵人所牒の実例としては、『朝野群載《ちょうやぐんさい》』（十二世紀初めの文例集）のなかに収められた治暦《じりゃく》元年（一〇六五）九月一日付の文書などがある。この文書は、右に紹介したような料物の進上を諸国に命じたものであり、「蔵人所牒　国々」ではじまり、鴨頭草移《つゆくさのうつし》（露草の花の汁をすりつけて色をしみこませた紙）や紙・墨などの進上を、丹後をはじめとする九ヵ国に命じる本文が記され、年月日のうしろには、蔵人所別当（この時は左大臣藤原教通）以下、蔵人頭・五位蔵人・出納《しゅつのう》などの蔵人所職員の署名が置かれるという形式になっている。文書の書式からみても、太政官の関与はまったくなく、蔵人所が独自に諸国に命じて、料物の調達を行っていることがわかる。

また、蔵人所は九世紀後半頃から、供御物《くごもつ》、すなわち天皇の飲食物や日常生活に必要な物資を貢納する御厨《みくりや》・御薗《みその》・禁野《きんや》などと称する拠点の多くを、直接管理するようになった。元来、天皇の食物のうち、魚介類や鳥などは、贄《にえ》という形で諸国から貢納されていた。贄にはさまざまな系統があって複雑なのだが、大雑把に整理すると、八世紀段階では、①諸国から年一回あるいは数回貢進される贄、②近江《おうみ》・志摩《しま》・若狭《わかさ》などの特定の国から毎月貢進される贄、③贄戸《にえこ》という律令制以前から天皇の食物生産に携わっていた特定の集団から毎月貢進される贄、の三種に大別でき、①③は朝廷の食事全般を掌る大膳職《だいぜんしき》に収納され、②は内膳司《ないぜんし》に納められた。平安時代に入ると、基本的にすべての贄は内膳司の管理に入り、ほかにもいくつかの変化がみられるが、①~③の大枠は維持されていたといってよい。

ところが九世紀末から十世紀にかけて、このような贄の貢進体制に大きな変化がおきる。一つは、贄を貢進する拠点として御厨が形成されるという点である。もともと③については、各地に所在する贄戸とそれを監督する「江長《えのおさ》」「網曳長《あびきのおさ》」などからなる組織があって、それらは御厨と呼んで差し支えなく、実際、近江国の筑摩御厨《つかまのみくりや》（現滋賀県米原市）のように、天智天皇の頃に成立したという伝承を持つ御厨もある。ただしこれらは、九世紀末には贄戸の実体が失われ、各地域の有力者が「江長」「網曳長」などに統属するという体制に改められる。

また②の系統の贄についても、九世紀末以後になると御厨が成立し、さらに同じ頃には日《ひ》次御贄《なみのみにえ》、すなわち毎日の贄を貢進する御厨が畿内諸国や若狭・紀伊《きい》・淡路《あわじ》などに設定されていった。この日次御贄を貢進する御厨は、さらに十世紀前半に改編され、畿外諸国のそれはなくなり、もっぱら畿内諸国および近江国に限定されるようになる。

もう一つの変化は、贄の収納や御厨の監督に蔵人所が強く関わるようになったことである。まず①の系統の贄については、これを内裏で保管していた贄殿《にえどの》の管理が、内膳司から蔵人所に移行する。②の御厨は依然として内膳司が管理したようだが、日次御贄については、内膳司に収納された後、その一部が蔵人所の指示によって御厨子所《みずしどころ》へも納められるようになったから、やはり蔵人所の関与が強まったといえる。③の御厨については、前述の近江国筑摩御厨のように、内膳司の監督下に置かれ続けたものもあるが、一部は蔵人所管下の御厨子所が直接監督するようになった。やや細かい経緯を書き連ねたが、十世紀になると、蔵人所は諸国から貢進される贄の収納に直接関与するようになり、贄を生産、貢納する御厨にも、その監督下に置かれるものが増加していったのである。

このほかにも、元慶《がんぎょう》六年（八八二）には、美濃《みの》国不破《ふわ》郡と安八《あんぱち》郡の野、および備前《びぜん》国児島《こじま》郡の野を蔵人所が管轄する猟野とする法令が出されている。これらは一定の範囲を指定して、一般の狩猟を禁じ、そこで獲れた鳥獣類を供御物《くごもつ》として貢進するための禁野《きんや》と呼ばれる土地である。また『西宮記《さいきゅうき》』には、蔵人所の管轄になる田原御栖《たわらのみくるす》（山城国綴喜郡、現京都府宇治田原町）・丹波御栖《たんばのみくるす》がみえているが、これらは栗を献上するための拠点である。

以上のように、とくに十世紀以後になると、蔵人所は内裏での儀式に必要な料物を、諸国に直接指示して調達したり、天皇の日常的な供御物を、諸国の御厨などを監督下に置くことによって調達したりする体制を整えていったのである。

3　天皇家の財産

後一条天皇の遺領処分

最後に、摂関政治の時代の天皇あるいは天皇家の財産について、みていくことにする。

この問題を考える時、よく引用されるのが、後一条天皇が亡くなった時に次代の後朱雀天皇に伝えられた財産を列挙した文書である。この文書は、平範国《たいらののりくに》という後一条天皇の蔵人をつとめた経歴を持つ貴族の日記に記されたものである（原漢文）。

後一条院度《わた》し奉《たてまつ》る御領所等の事
朱雀《すざく》院
冷泉《れいぜい》院
石原《いしはら》院

五条院《ごじょう》
福地御牧《ふくちのみまき》
会賀御庄《えがのみしょう》
神崎御庄《かんざき》
鹿忍御庄《かしの》
右、度し奉ること件《くだん》の如《ごと》し。
年　号
別当民部卿　源《みなもと》朝臣
内蔵頭兼美作守大江《おおえ》朝臣　　判官代《はんがんだい》無きに依《よ》り、署所《しょしょ》を注せず。

年号の後の別当源朝臣（道方《みちかた》）と大江朝臣（定経《さだつね》）は、後一条天皇の後院をとりしきる後院別当の署名であり、末尾の一文は、通常この種の機関には別当の下に判官代がいるのだが、後院には判官代は存在しないという意味の平範国の注記である（判官代のかわりに預《あずかり》・蔵人などが置かれる）。この文書の直後には、後朱雀天皇の後院司の任命が記録されているので、この文書は後一条天皇の後院から後朱雀天皇の後院へと、列挙された財産を渡す（文中の「度」は「渡」と同じ）ために作成されたということになる。そこで、以下この文書を「渡文《わたしぶみ》」と呼ぶことにする。

後院については、第三章で、内裏が焼亡した際に、仮の皇居として用いられる邸宅として説明したが、実は後院にはさまざまな意味があり、摂関政治の時期の天皇の財産をみていくうえでのキーワードともいえる言葉である。

さて、右の渡文をみると、後一条天皇から後朱雀天皇に渡された財産は、「～院」と呼ばれる邸宅と、「～御牧《みまき》」「～庄《しょう》」といったいわゆる荘園とからなっているが、このような不動産以外にも、やはり後一条から後朱雀に渡された「累代御物」や、上東門院《じょうとうもんいん》彰子《しょうし》や中宮藤原威子《いし》などに相続された砂金・帯などの動産もあった。そこで以下、邸宅・荘園・動産という順で、後院という言葉の意味にも留意しながら天皇の財産についてみていきたい。

後院と邸宅

後院にはさまざまな意味があると述べたが、そのなかには「皇太后宮後院」とか「太皇太后後院」というように、後院の上に天皇以外の語が冠される用例もある。しかし、このような例は少数で、普通単に後院という場合は、現天皇のそれを指すので、ここでも天皇の財産としての後院をとりあげる。

渡文に列挙された「～院」のうち、とくに朱雀院と冷泉院については、後院としてしばしば史料に登場し、内裏焼亡などの場合の仮の皇居として、あるいは太上天皇の御所として用いられている。このうち仮の皇居として用いる場合は、現天皇がそこに居住するのだから、その邸宅は天皇の所有になることは疑いない。第三章第一節で、円融《えんゆう》天皇の天元《てんげん》三年（九八〇）の内裏焼亡の際、藤原頼忠《よりただ》の四条《しじょう》院を後院とみなして、そこを御所としたと述べた。貴族の私邸だった所を仮の御所とする例という点では、そのような言い方もできるのだが、天皇の財産所有という点からみると、頼忠は四条院を献上し、円融天皇がそれを後院として所有し、皇居としたとするほうが、より正確である。

一方、太上天皇の御所についてはどうか。渡文に登場する邸宅では朱雀院が、宇多・冷泉の各太上天皇の御所として用いられ、冷泉院は嵯峨《さが》・陽成《ようぜい》・冷泉が太上天皇御所として用いている。ただし、ここで注意しておかなければならないのは、朱雀院・冷泉院などが太上天皇御所として使用される場合、その所有者は天皇ではなく各太上天皇だったという点である。もちろん現代的な所有者・所有権といった概念を平安時代に適用するのは問題もあるが、一応そのように考えることができる。これを三条天皇の場合を例にもう少し詳しくみておくことにしよう。

「一代限り」と「わたり物」

三条天皇は、その眼病が進行していた長和四年（一〇一五）八月、藤原定輔《さだすけ》という人物から、もと村上天皇の娘資子《しし》内親王の邸宅だった三条院を献上され、後院としたという記事が『小右記』にある。三条太上天皇は、寛仁元年（一〇一七）、この邸宅で没しており、譲位後の御所として使用することを見越して、定輔からの献上を受けたと考えてよい。また三条天皇は、少なくともほかに冷泉院・朱雀院も所有していたことがわかっている。冷泉院については譲位後も所有し続けており、その没後に後一条天皇の所有に帰したらしく、また朱雀院については譲位後まもなく次代の後一条天皇に渡されていることが史料から確かめられる。一方、先の三条院は、三条太上天皇の没後にその娘禎子《ていし》内親王に伝えられ、さらにその後菅原孝標が購入したらしく、ふたたび天皇の財産になることはなかった。

以上の経緯から判明するのは、後院としての邸宅のなかには、譲位後も太上天皇によって所有され続けるものと、次代の天皇に「渡される」ものとがあったということであり、前者はさらに、結局現天皇のもとに戻されるものと、戻されないものとがあったということである。

渡文に列挙された「～院」は、まさしく天皇から次の天皇へと渡されていく邸宅なのであるが、逆に渡文には記載されない邸宅、言い換えればその天皇一代限りの後院も存在したのである。代々の天皇に受け継がれていく後院を、「わたり物」とか「累代後院《るいだいのごいん》」と称し、その成立は近年の吉江崇氏の研究では十世紀中葉頃とされている。後院のなかで、天皇個人の財産というよりは、天皇という地位に付属する財産とされるものが、固定されていくようになるわけであるが、一方でその後も三条院のような、あくまで天皇個人の財産である後院も存在していたのである。

渡文に記された「～院」のうち、石原院と五条院については不明な点が多い。しかし五条院は、九世紀末には仁明《にんみょう》天皇女御《にょうご》で文徳《もんとく》天皇の生母藤原順子《じゅんし》（父冬嗣）や宇多天皇女御藤原温子《おんし》（父基経）らが、夫である天皇の死去後、あるいは譲位後に御所とした東五条院と同じ邸宅で、後に藤原忠平《ただひら》の所有となったが、朱雀天皇の時に、後院として献上されたとする説がある。その後、五条院は邸宅として使用された形跡がないが、くだって院政期になると、五条院に関して天皇の「御物」を保管したり、それらを管理する機能があったことを示す史料がみられるようになるらしい。「わたり物」となってからの五条院は、邸宅というよりは、むしろそのような天皇の財産を管理する施設として機能したと考えられるのである。

後院と荘園

渡文に掲げられた「福地御牧」以下の牧や荘園は、後院が管理する天皇の荘園である。この「わたり物」となっている荘園については、いずれも九世紀以来の伝統を持つ可能性が高いとされている。

これらのなかでもっとも著名なのは、「神崎御庄」＝神崎荘である。肥前国神埼郡のほぼ全域を占めるこの荘園の起源は、仁明天皇の承和《じょうわ》三年（八三六）十月、空閑地六九〇町（約七八〇ヘクタール）を勅旨田《ちょくしでん》としたことにはじまる。勅旨田とは、八世紀後半頃から天皇の勅旨によって占定された土地で、その多くは空閑地・荒廃田であり、国司によって開発・経営された。勅旨田は天皇によって皇族や寺院に与えられることも多かったが、天皇の所有する田地として伝えられていくものもあり、神崎郡の勅旨田はその代表的なものといえる。

長和四年（一〇一五）七月、在宋僧寂照《じゃくしょう》（俗名大江定基《おおえのさだもと》）の弟子念救《ねんぐ》が、藤原道長らから天台山修造のための寄進の品を持って宋に戻る際、平安京から九州まで「神崎御庄司豊嶋《としまの》方人《かたひと》」に案内されており（『御堂関白記』）、神崎荘は広大な荘園というだけでなく、大陸との交易とも深く関わっていた。そのような伝統を基礎に、十二世紀前半の鳥羽院政下、鳥羽院司だった平忠盛《ただもり》が神崎荘での日宋貿易を独占しようとして大宰府と争ったのは著名な話である。

そのほかの「福地牧」と「会賀庄」は河内国、「鹿忍庄」は備前国に所在するが、これらも、その起源が九世紀前半から半ばにかけて設定・開発された勅旨田に求められる可能性がある。

さて、後院領の荘園は、「わたり物」とされたもの以外にも当然存在した。例えば朱雀天皇の天慶二年（九三九）、伊勢国曾禰《そね》荘と安芸国牛田《うしだ》荘の地子米《じしまい》（耕作者から所有者に納められる地代で、収穫の二割が一般的）を醍醐寺で行われる法会の費用に充てている。醍醐天皇皇子の重明《しげあきら》親王の日記『吏《り》部王記《ほうおうき》』では、これを「朱雀院庄田」と記しているから、両荘は朱雀院に付属する荘園だったことがわかる。この場合、土地そのものではなく、そこからの収入が醍醐寺に施入されているのであるが、結局曾禰荘に関しては、村上天皇の天暦二年（九四八）に荘園そのものが醍醐寺に施入されている。

また、長和元年（一〇一二）四月には、前年六月に死去した一条太上天皇の遺領処分が行われ、中宮藤原彰子と東宮敦成《あつひら》親王には勅旨田が各一〇〇町、第一皇子敦康《あつやす》親王と第一皇女脩子《しゅうし》内親王（ともに藤原定子所生）には各八〇町が伝えられている。これらは勅旨田であることからしても、一条天皇の後院領であったと考えてよく、それがいわば遺産として妻や子に相続されたのである。このように、邸宅と同様、その時その時の天皇によって処分される後院領の荘園も存在したのであり、それは逆にみれば、代々の天皇によってその都度集積されていたことも意味している。十世紀半ば以後の後院領は、「わたり物」という固定的な部分と、非常に流動的な部分とからなっていたのである。

後院と動産

最後に、動産についてもみておきたい。渡文のところでもみたように、後一条天皇の動産には、後朱雀天皇に渡された「累代御物」と、母の彰子や妻の威子に相続された砂金・帯などがあった。また、前項で述べた一条太上天皇の遺領処分の時にも、女御や宮々に蘇芳《すおう》（衣服を染める染料）や「宝物」が贈られている。動産についても「わたり物」と処分可能なものとがあったことがわかる。

このうち「累代御物」が具体的に何を指すのか、例えば第五章でみたようないわゆる神器もそれに含まれるのかどうかなどは、わからない点が多い。しかし例えば、康保四年（九六七）五月二十五日に死去した村上天皇の遺品である琴や箜篌《くご》（ハープ状の楽器）が、翌日「御倉《みくら》」に納められたという記録が、中世の百科全書である『拾芥抄《しゅうがいしょう》』にある。それらは「名物」を列挙するなかに置かれていて、『拾芥抄』が成立した時点で、天皇家に伝わっているものとも考えられるので、「累代御物」に含まれている可能性があるだろう。

さて、これらの動産は、前項の荘園からの収入も含めて、天皇の個人的な行事や御願寺の造営費用・法会の運営費などに充てられた。前項の醍醐寺の例もその一つであり、天皇の私的な饗宴の料物として用いられたり、後院の牧の馬が、親王や近臣に下賜された事例も指摘されている。さらに、一条太上天皇が寛弘八年（一〇一一）に死去した際などには、葬儀の費用が後院から支出されている。

このような後院の財産――邸宅や荘園も含めて――の管理と運用にあたったのが、後院司であって、後院司は前節で述べた蔵人所とは、また別の側面から、天皇の家政運営、財産の管理に重要な役割を果たしたといえる。

終章　天皇像の変容

天皇と学芸

最後に、本書で述べきたったところの大要をまとめ、摂関政治の時代の天皇とはいったいどのような存在だったのかについて考えてみたいが、その前に、本論では触れられなかった天皇と学芸との関係について、若干みていきたいと思う。

この問題を考える時、まず参考にすべきは、『禁秘抄《きんぴしょう》』の記述である。『禁秘抄』は鎌倉時代の順徳《じゅんとく》天皇（在位一二一〇～二一）によって著された有職書《ゆうそくしょ》で、天皇として知っていなければならない事柄を九〇項目あまりにわたって記したものである。そのなかに「諸芸能事」という項目があり、そこでは天皇が身につけるべき学芸として、「御学問」「管絃」「音曲」「和歌」の四つを挙げている。

これら四つの学芸と天皇との結びつきの歴史を具体的に述べている部分を簡単に紹介すると、「御学問」については、宇多《うだ》天皇の「寛平御遺誡《かんぴょうのごゆいかい》」で『群書治要《ぐんしょちよう》』を重んじている点を挙げ（七一頁参照）、「管絃」では延喜《えんぎ》・天暦《てんりゃく》以後、天皇が笛《ふえ》や箏《そう》などに通じてきたとする。また「音曲」（雑多な歌謡の意）では、堀河《ほりかわ》天皇の時の内侍所《ないしどころ》神楽《かぐら》以来の例を掲げ、「和歌」については光孝《こうこう》天皇以来絶えていないこと（この場合、勅撰和歌集に絶えず入集していることを指すか）を説いている。

このように『禁秘抄』では、四種の学芸と天皇との関わりを、音曲を除き（一応、堀河以前について「上古も例あり」としているが）、九世紀末ころから説き起こしているのである。もっとも中世貴族の歴史観は、「光孝より上つかたは一向上古なり」（『神皇正統記《じんのうしょうとうき》』、第一章第三節参照）というものだったから、それより以前には関心があまり向かなかったという点を考慮に入れなければならず、実際、第一章第一節で紹介したように、仁明《にんみょう》天皇の学芸については、宇多天皇や大江匡衡《おおえのまさひら》によって高い評価が与えられている。しかしそれらの点を差し引いてもなお、本書が対象とした時期に、天皇と学芸との結びつきが深まったことは、認められるだろう。

勅撰和歌集と歌合

『禁秘抄』では第四とされているが、摂関政治の時代の天皇と学芸との結びつきといえば、まず醍醐《だいご》天皇の時代の『古今和歌集《こきんわかしゅう》』編纂、すなわち勅撰和歌集編纂の開始が挙げられる。その成立年代や編纂過程には諸説あるが、仮名序《かなじょ》（仮名書きの序文）によれば、醍醐天皇が延喜五年（九〇五）四月、紀友則《きのとものり》・紀貫之《きのつらゆき》・凡河内躬恒《おおしこうちのみつね》・壬生忠岑《みぶのただみね》の四人に編纂を命じたとあり、真名序《まなじょ》（漢文体の序文）も同じく延喜五年四月の日付で記されている。収録された和歌の年代については、延喜十年代のものも含まれているので、何度にもわたって添削や追加が行われたらしいが、ともかく醍醐天皇の時代に完成をみたことは動かない。

その後、摂関政治の時代には、村上《むらかみ》天皇の命による『後撰《ごせん》和歌集』（天暦九年〈九五五〉ころ成立か）、花山《かざん》太上天皇の命によると考えられている『拾遺《しゅうい》和歌集』（十一世紀初め）が編纂され、さらに十五世紀前半までに合わせて二一の勅撰和歌集（二十一代集）が連綿と編まれ続けた。

この『後撰和歌集』『拾遺和歌集』の編纂を命じた村上・花山両天皇は、内裏《だいり》歌合《うたあわせ》の主催者でもあった。歌人を左右に分け、和歌を一首ずつ詠ませてその優劣を競う歌合は、現在のこされている史料でみる限り、仁和《にんな》年間（八八五〜八八九）の「民部卿（在原行平《ありわらのゆきひら》）家歌合」に始まるとされている。その後、皇族や貴族の主催する歌合がさかんとなるが、天皇が主催して内裏で行われた歌合としては、村上天皇による「天徳《てんとく》四年（九六〇）内裏歌合」がもっとも著名である。この歌合は、単に歌の優劣を競うというものではなく、会場となった清涼殿の装束、参加者の衣服、勝負の音楽などにも周到な配慮がなされ、まさに宮廷文化の粋を集めた行事だったと評価されている。摂関期の内裏歌合は、その後、花山天皇の時期に二度、後冷泉《ごれいぜい》天皇の時期に二度行われており、とくに在位期間の短かった花山天皇が歌合開催に積極的だったことは、譲位後の『拾遺和歌集』編纂とあわせて注目される。

さて、このような天皇による和歌の振興を、どのような意味を持つものと捉えたらよいのだろうか。九世紀前半の勅撰漢詩集は、『凌雲集《りょううんしゅう》』序文の「文章は経国《けいこく》の大業《たいぎょう》、不朽の盛事なり」（中国三国時代魏の文帝〈一八七〜二二六〉の言葉）や、『経国集《けいこくしゅう》』序文の「古《いにしえ》、採詩の官有り、王者以て得失を知る」という文言に示されるように、漢詩の制作が国家の経営や民情の把握、すなわち政治と密接に結びつくという理念のもとで編纂された。その内実についてはさまざまな評価があるが、ともかくこの理念が、九世紀前半には出自は低くとも、漢詩文に堪能な文人を積極的に登用するという形で、実践されようとしたことは認められよう。

これに対して、『古今和歌集』の真名序には、「昔の天皇は、宴席で侍臣に和歌の献上を命じ、それによって君臣の情を判断したり、臣下の賢愚を見極めた」という、和歌と君臣関係との結びつきを述べた部分がある。その点で、天皇による和歌の振興に政治的な意図がまったくなかったとはいえないのであるが、しかし右の文で「侍臣」といい、内裏歌合の参加者が、基本的には公卿・殿上人と内裏の女房によって構成されていたことといい、ここでの君臣関係とは、本書第五章でも述べたような、ごくうちわのそれだったと考えられる。『古今和歌集』以後の天皇による和歌の振興は、そのような摂関政治の時期に明確化するうちわの君臣関係という秩序のなかで、なされたものと評価できるのではないだろうか。

摂政・関白と天皇との関係

さて、右の天皇と学芸との関係もふまえながら、本書で述べてきたことをもう一度ふりかえり、摂関政治の時代の天皇像について考え、さらにそれが、近代・現代の天皇のありかたにどのような影響を及ぼしているのかについても触れておきたい。

第一章〜第三章では、藤原良房《よしふさ》が文徳《もんとく》天皇の時に太政大臣《だいじょうだいじん》となり、清和《せいわ》天皇即位とともに臣下で初の摂政の職務をつとめてから、十一世紀半ば頃、藤原頼通《よりみち》の時代に摂関政治が行き詰まりをみせるまでを、ほぼ年代順に概観した。

この摂関政治の時代のなかで、摂政・関白の性格は十世紀後半に大きく変化する。良房・基経《もとつね》、そして忠平《ただひら》の時代までの摂政・関白は、独立した地位というより特定の職務を指す言葉だった。その職務を行う根拠は太政大臣という、律令官制の上ではやや特殊な地位ではあるが、しかしまぎれもなくその最上位の地位にあった。この時代の摂政・関白は、太政大臣の地位にある者が、それぞれの時期の状況に応じて果たす職務だったといえる。

ところが、天皇でいえば村上天皇の子の世代である冷泉《れいぜい》・円融《えんゆう》の頃、藤原氏でいえば師輔《もろすけ》の子の世代になって、摂政・関白と外戚《がいせき》関係との結びつきが強まっていく。もちろん、この時代にも藤原実頼《さねより》や頼忠《よりただ》のように、天皇と外戚関係を持たない摂政・関白は存在した。彼らは、摂政・関白となった時に、太政大臣または左大臣、すなわち太政官《だいじょうかん》の最上位の地位を占めていたから、旧来の摂関のありかたを踏襲しているとみることができる。

これに対して、実頼の弟師輔の子どもたちは、実頼―頼忠という小野宮流（藤原北家嫡流）に比べて、官位という点では後れをとらざるをえなかったかわりに、娘を天皇に配して皇子をもうけるという外戚関係の構築の面では、逆に一歩も二歩も先んじていた。そこで、師輔の子どもたちは、太政官の最上位にある者が就くというそれまでの考えから、外戚関係を根拠とするものであるというように、摂関の性格の読み替えを意図的に行ったのではないか。これが本書での想定である。

また、よく言われているように、外戚関係を基礎に摂関となり、権力を掌握するという方式は、娘を天皇のキサキとしても皇子が生まれなければ成立しないというリスクを抱えている。そのリスクを少しでも低くする方法として、冷泉天皇の子孫と円融天皇の子孫が交互に皇位に即く、いわゆる皇統《こうとう》の迭立《てつりつ》という状態が、これも師輔の子どもたちによって意図的に作り出されたのではないだろうか。

ところが、後一条《ごいちじょう》天皇即位の後、三条天皇皇子の敦明《あつあきら》親王が東宮を辞退し、後一条の弟敦《あつ》良《よし》親王が東宮となって、迭立状態が一応の解消をみた、まさにその後に、道長《みちなが》から政権を委譲された頼通《よりみち》が外戚関係の構築に失敗する事態となったのは、まことに歴史の皮肉というべきであろう。

摂関期の王権

摂関の地位が外戚関係を基礎とするようになると、それは王権の構造にとっても大きな影響を及ぼした。王権と外戚（とくに外祖父の場合）の「家」とが重なり合う構造が現出したのである。

その典型的な姿は、一条《いちじょう》天皇初期や後一条天皇初期にみられる。前者では幼帝一条天皇の内裏《だいり》に摂政兼家《かねいえ》が直廬《じきろ》を置き、天皇の母后藤原詮子《せんし》（兼家の娘）がしばしば内裏を訪れた。後者では、まず即位儀《そくいぎ》の時に、大極殿《だいごくでん》の高御座《たかみくら》についた幼帝後一条天皇の両脇を、摂政道長と母后藤原彰子《しょうし》が固め、さらに彰子は高御座の天皇の側に寄り添い、王権の一体性を誇示している。内裏では、寛仁《かんにん》二年（一〇一八）四月の時点で、天皇・母后彰子・東宮敦良親王に加えて、摂政頼通と無官の道長（前太政大臣）がともに内裏に直廬を構え、道長を家長とする一家が内裏を住まいとするかのような観を呈するにいたった。

このような構造の前例としては、九世紀前半、嵯峨《さが》太上天皇の家父長的権威のもとに王権が構成された時期があった。しかし家父長を中心とした「家」という構造は、この時期にはまだ発展途上の段階で、むしろこれ以後次第に実体化していくものである。それに対して、兼家や道長を中心とする構造は、子が母とその父母（外祖父・外祖母）によって養育・後見されるという従来からの貴族社会の慣行を基礎としているだけに、王権はより一体的なものとなったのである。

しかし「家」と王権とが重なり合うという原理そのものは、この後にも継承されていく。十世紀後半以後の皇統の迭立時代には潜在化していた父（前天皇）と子（次の天皇）との関係が、十一世紀後半以後、後三条―白河《しらかわ》―堀河《ほりかわ》―鳥羽《とば》と皇位が直系で継承されるようになったことで前面に押し出され、なおかつ道長の子孫が外戚関係の構築に失敗したことで、家父長を中心とした一家が王権を構成する院政が出現したという見方もできるだろう。

政務と天皇

第一章～第三章や第五章で述べてきたことからも明らかなように、序章で紹介した、摂関が天皇の意向を無視して行った恣意的・専制的な政治が摂関政治だとする古典的な見方が誤りであるのは明らかである。むしろ摂政・関白は、天皇にとって蔵人所《くろうどどころ》・検非違使《けびいし》などと同じように、自分の手足となって政務を代行あるいは補佐してくれる存在だという見方も可能だろう。したがって、摂関政治の時代は、誰が天皇になっても、摂関や蔵人所などが天皇の権能を過不足無く行使できる体制が整えられた時代だと評価でき、その意味で天皇は制度化されたという表現を用いることができる。

また天皇（および摂関）と太政官との関係をみると、具体的には人事面での政務についてしか触れられなかったが、天皇の側のほうが前代よりも優位に立つという傾向は否定できない。九世紀初めまでの奏任官の任命は、太政官（公卿《くぎょう》）が一つのポストについて候補者を一人に絞って天皇に奏上していたと推測されるのに対して、摂関期にはそのような方式での任官は、相対的に低い地位の官職に限られ、より重要な官職については、実質的に太政官は関与できず、天皇の指示によって任官されたからである。このような人事面での天皇側の優位性は、九世紀後半に顕著になるとされているから、具体的には良房・基経によってそれが推進されたのであろう。

しかし当時国政に関わる事項は必ず太政官を経て奏上され、天皇の決裁も太政官を経て下されたから、太政官が国政運営の中心であるという点は動かない。また天皇・摂関の優位といっても、そこには先例という枠があったし、とくに重要な政務では、基本的には公卿の合意（それが単に見守るという形ではあれ）が必要だったから、摂関期の政治は太政官政治と呼ぶのが、やはり妥当である。第三章で述べたように、一条天皇の時の道長が、実質的に関白の職務を行いながら、左大臣としての立場を手放そうとしなかった背景には、そのような太政官の重みがあったのである。

天皇と君臣関係

即位儀などで読み上げられる宣命《せんみょう》の冒頭では、天皇の詔旨《みことのり》を「親王諸王諸臣百官人等天下公民」は謹《つつし》んで聴くように、という文言が定型句となっている。このような宣命の形式は、七世紀末に成立し、それは摂関期にも継承されているから、天皇が「親王～天下公民」の上に立つ君主であるという建前は変わらない。しかし、この即位儀や、ほぼ同様の式次第を持つ元日朝賀《がんじつちょうが》がこのような君臣関係確認の場であるとするなら、それらが形骸化し、あるいは行われなくなっていくのも摂関政治の時代の特徴である。

また同様に君臣関係確認の場といえる節会《せちえ》でも、平安時代初期には豊楽院《ぶらくいん》で五位以上・六位以下の群臣参列のもとで行われていたのに対して、九世紀後半以後、内裏で公卿・殿上人《てんじょうびと》のみの参列で行われるようになり、天皇が多くの群臣の前に姿を現す機会は、確実に減っていった。

一方で、九世紀後半には、昇殿《しょうでん》制が確立し、殿上人という、従来の位階・官職とは異なる原理によって、天皇個人と直接的に結びついた身分が成立する。そして公卿（原則的に昇殿を許されている）と殿上人は、元日の小朝拝や節会などで、絶えず天皇との関係を確認していたのである。前述した内裏歌合も、そのようなうちわの君臣関係を確認する場だった。

したがって摂関政治の時代の天皇は、公卿・殿上人といういわばごくうちわの近臣との間の関係は重視したものの、群臣一般との君臣関係には、極端に言えばほとんど無関心な存在だったといえる。

天皇と仏教・祭祀

天皇と人（臣下）との関係が右のように捉えられるとすれば、神や仏との関係はどうだったのだろうか。

律令制下、天皇は全国の神々の祭祀《さいし》を総攬《そうらん》する存在だった。最も重要な予祝《よしゅく》祭祀である祈《き》年祭《ねんさい》で、全国の神社の祝を神祇官に集め、彼らに幣帛《へいはく》を頒布していた（班幣《はんぺい》）のも、行事自体に天皇は直接関わらないものの、天皇のこうした性格を明確に示している。しかし平安時代に入って、祈年祭を中心とする班幣祭祀は次第に形骸化していき、予祝祭祀の中心は、伊勢神宮や京周辺の特定の神社に使者を派遣して幣帛を奉《たてまつ》る祈《き》年穀奉幣《ねんこくほうべい》へとうつっていった。

また、祈年穀奉幣の対象に含まれる賀茂《かも》社や石清水《いわしみず》八幡宮では、天皇の個人的な祈願を契機に臨時祭が行われるようになり、十世紀半ばころからは、やはり祈年穀奉幣の対象となる神社に対して、神社行幸が行われ、次第にそれが制度化していく。すなわちこれらの変化は、天皇の祭祀の対象が全国から京周辺の特定の神社へ、班幣による祭祀の総攬から、奉幣や行幸による天皇個人の祈願へという方向を示しているのである。

仏との関係においても、同じ方向の変化がみられる。たしかに、いわゆる国家仏教体制は平安時代に入っても存続し、御斎会《ごさいえ》をはじめとする国家的法会はむしろ九世紀に整備が進んだとされている。しかし御斎会や春季御読経で行われる内論義や、御斎会と並行して行われる後七日御修法《ごしちにちのみしほ》などに注目すれば、国家仏教体制下では仏教の保護者（外護者）であった天皇が、そのような性格は維持しながらも、逆に仏教の力で護られている存在であるという側面も次第に明確になっていく。

本書では詳しく触れられなかったが、十一世紀前半の頼通政権期から、延暦寺《えんりやくじ》や興福寺《こうふくじ》の強訴《ごうそ》が朝廷を悩ませるようになり、院政期には、白河法皇が「天下三不如意」のなかに山法《やまほう》師《し》（延暦寺の僧兵）を挙げるような事態に発展する。その背景には、大寺社の荘園領主化をはじめとするさまざまな要因があったが、摂関期の天皇が神や仏との関係を、上記のような形で築いたことも、これと全く無関係とはいえないだろう。

さらに、天皇は穢《けが》れや怨霊からも自由な存在ではなかった。天皇の死そのものが穢れとなる事態は、十一世紀前半に在位中に天皇は死去しないという了解が成立したことで回避され、そのこと自体、天皇のありかたにとって大きな意味を持ったが、天皇の居所である内裏の触穢《しょくえ》が慎重に回避されたのは、それだけ天皇が穢れに染まる危険性が高かったことを示してもいる。また怨霊は、しばしば天皇本人やその親族を病気や、場合によっては死にいたらしめたのであり、それに対して天皇は怨霊を慰撫するという対処しかできなかったのである。

天皇のみがなしえたもの

ここまで、摂関政治の時代の天皇の存在について、非常に消極的な面だけを強調してきた。それでは、この時代、なお天皇のみがなしえたこととは一体何なのだろうか。

摂政・関白や蔵人所によって、誰が天皇となっても、朝廷の政治が滞ることはなくなった。しかし、それは天皇がいなくてもよいというのとはもちろん違うのであって、天皇の存在を前提として摂政・関白・蔵人所が存在し、機能するのはいうまでもない。また、第五章では、節会などの饗宴に天皇が出御《しゅつぎょ》しない事例が増加する点を指摘したが、しかし、君臣関係を確認するという行為に天皇が積極的とはいえなかったのは事実であるとしても、節会に摂政が出て、天皇の代わりをするということはありえなかった。行幸も同様で、幼帝の場合、母后が天皇と同じ輿《こし》に乗ることはあったが、摂政や関白はあくまで行幸に付き従う立場である。さらに、大嘗祭《だいじょうさい》・新嘗祭《しんじょうさい》・神今食《じんごんじき》での神との共食儀礼は、まさに天皇自身にしかなしえない行事であった。

以上のように、いわば個別具体的に天皇のみがなしえたことを列挙したのであるが、それでもなお、前代の聖武《しょうむ》天皇や桓武《かんむ》天皇を念頭に置いた時、摂関政治の時代の天皇の存在感は、宇多《うだ》天皇などの例外は多少あるものの、極めて乏しいといわざるを得ない。そのような、いわば薄い存在感が、逆にその後の天皇の存続をもたらしたという見方もあるわけで、それは一面の真理をついているともいえるが、もう一つ、この時代の天皇のありかたで、その後に大きな影響を及ぼしたと思われる点を挙げておきたい。

それは、神器を継承する存在としての天皇という点である（第五章で述べたように神器という言葉は中世以後のものであるが、剣《けん》・璽《じ》・神鏡《しんきょう》などの総称として便宜的に用いる）。摂関政治の時代の皇位継承に関する儀礼をみると、結局のところ剣・璽という神器の移動が、いわば即物的に皇位の移動を示すものとなった。また、神鏡は常に内裏の温明殿《うんめいでん》に安置されるべきものとされていたが、しばしばおきた内裏の火災で不思議な力を発揮している。この時代の神器をめぐるこのような状況は、本来は天皇として認められた者が、その権威を高めるために神器を持つという関係から、神器を持ち、護り、継承していく者こそが天皇であるという逆転した関係への変化を促したと考えられる。

何度も述べてきたように、摂関政治の時代には誰が天皇になっても天皇を中心とする国制が過不足無く維持されるしくみ、天皇の制度化が達成されたのであるが、それと同時に、天皇にとって、神器を保持し、それをつつがなく次代に継承していくことが、最も重要な、しかも天皇にしかなしえない仕事となっていくのである。

摂関期の天皇と近現代の天皇

最後に、以上のように摂関期の天皇を捉えた時、そこから近現代の天皇のありかたはどのように見直すことができるだろうか。もちろん、摂関期と現代との間には一〇〇〇年の隔たりがあり、その間におきたさまざまな変化が無視できないのは当然のことだが、あえてそれらは捨象し、断絶する面と連続する面を一点ずつあげてみることにする。

断絶する面としては、天皇と君臣関係の問題である。摂関期に天皇と直接的な君臣関係で結ばれた人々の範囲が極めて限定されるようになるのであるが、それは中世以後も基本的には変わらなかったといってよいだろう。しかし、近世になって朱子学《しゅしがく》の大義名分論や、国学の尊皇論《そんのう》などによって、天皇は日本全土を統治する君主である、あるいはあるべきだという議論が生まれる。明治維新を王政復古という形で達成した近代日本は、それらの議論を基礎に近代天皇制を形成し、大日本帝国憲法では、天皇は大日本帝国を統治する君主であり、帝国の人々はひとしく「日本臣民」とされた。そして、教育勅語などによって、「臣民」は天皇との関係を父子関係になぞらえながらも、たえず意識し、「忠君」に勤しむことになったのである。

しかし、大日本帝国憲法で設定された天皇―臣民という関係は、古代律令制に直結するものではなく、江戸時代なかごろから唱えられるようになったのであり、しかも少なくとも明治維新まではきわめて観念的なものに過ぎなかった。そもそも「臣民」という言葉は、儒教的な考えに立てば、臣（主君に仕える者）と民（統治の対象となる者）であって、「臣たる民」というのはやや落ち着かない用法なのである。すなわち、明治憲法下の天皇と「臣民」との関係は、摂関期に始まる天皇のありかたからすれば、かなり無理をして設定されたものと考えることができる。

連続する面としては、天皇と神器との関係に注目したい。『昭和天皇独白録』によれば、一九四五年（昭和二十）八月九日深夜から翌日にかけての最高戦争指導会議（御前会議）で、ポツダム宣言受諾が決まったことに関して、昭和天皇は、ポツダム宣言を受諾しなければ、第一に日本民族が滅びてしまい、自分は赤子《せきし》（「日本臣民」のこと）を保護できず、第二に国体護持ができない、具体的には敵が伊勢湾岸に上陸すれば伊勢神宮・熱田神宮から神器を移動する余裕が無いとし、自分を犠牲にしてでも講和が必要だと思ったと語ったという。このうち国体護持については、当時の内大臣木戸幸一《きどこういち》も同意見だったとしている。その『木戸幸一日記』によれば、七月二十五日に木戸が天皇に、現時点でもっとも真剣に考えなければならないのは三種の神器の護持で、この皇統二千六百年の象徴を失えば、皇室も国体も護持できないと奏上している。また七月三十一日条では、二十五日の奏上をうけて、天皇が木戸に対して、伊勢と熱田の神器は自分の側に移して守るのが一番よく、万一の場合には自分と運命をともにするほかないと語ったとしている。

このように、敗戦間際の昭和天皇とその側近木戸幸一にとって、三種の神器の保全こそが最重要の課題であり、それなくしては国体の護持もなしがたく、講和はそのために絶対なしとげなければならなかったのである。そこには、神器の保持とその継承こそが天皇にとってもっとも重要な責務であるという意識が鮮明にあらわれている。摂関期の天皇と神器との関係が、昭和天皇のこの意識に直結しているというつもりはないが、少なくともこのような意識の端緒は、摂関政治の時代に認められるのではないだろうか。

主要人物略伝

●天皇および皇族

仁明天皇　にんみょうてんのう（八一〇～八五〇）

在位天長十年（八三三）～嘉祥三年（八五〇）。諱《いみな》は正良《まさら》。父は嵯峨《さが》天皇、母は橘《たちばな》嘉智《のかち》子《こ》。在位前半は父の嵯峨太上天皇の権威が朝廷をおおい、承和九年（八四二）、その死去の直後におきた承和の変以後は、藤原良房《ふじわらのよしふさ》が権力を伸張した。後世、その贅沢な生活が財政窮乏を招いたという批判的評価がある一方で、儒教・史学・詩文・書道・音楽などのさまざまな学芸に秀で、「深草聖帝《ふかくさせいてい》」「承和聖主《じょうわせいしゅ》」などと称揚する評価もある。

文徳天皇　もんとくてんのう（八二七～八五八）

在位嘉祥三年（八五〇）～天安二年（八五八）。諱は道康《みちやす》。父は仁明天皇、母は藤原冬嗣《ふゆつぐ》の娘順子《じゅんし》。承和九年（八四二）、承和の変で皇太子恒貞《つねさだ》親王が廃され、かわりに立太子した。即位の後、藤原明子《めいし》（良房の娘）との間の皇子惟仁《これひと》を皇太子としたが、本意は第一皇子惟喬《これたか》（母は紀名虎《きのなとら》の娘静子《せいし》）にあったとされる。病弱で良房の力に終始屈していたとされるが、天安元年（八五七）良房を太政大臣としたのを、そのためだけと捉えるのは一面的だろう。

清和天皇　せいわてんのう（八五〇～八八〇）

在位天安二年（八五八）～貞観十八年（八七六）。諱は惟仁《これひと》。父は文徳天皇、母は藤原良房の娘明子。文徳天皇の死去により、わずか九歳で即位、初の幼帝となった。当初から太政大臣良房が摂政となり、天皇元服後、一時その職務を離れるも、貞観八年（八六六）、応天門《おうてんもん》の変の最中に、天皇は再び良房を摂政とした。長子の陽成《ようぜい》天皇に譲位した後は清和院を御所とし、出家してからは洛西水尾《みずのお》に隠棲した。

陽成天皇 ようぜいてんのう（八六八〜九四九）

在位貞観十八年（八七六）〜元慶八年（八八四）。諱は貞明《さだあきら》。父は清和天皇、母は藤原長良《ながら》の娘高子《こうし》。九歳の時、清和天皇から譲位され、その勅により伯父の右大臣藤原基経《もとつね》が摂政となった。しかし粗暴な行動が目立ち、基経によって退位を余儀なくされた。しかし退位後も、自分の子孫こそが正しい皇統だとの意識を持ち続けたらしい。粗暴な行動はやまなかったようだが、和歌・狩猟などを好み、長寿を全うした。

光孝天皇 こうこうてんのう（八三〇〜八八七）

在位元慶八年（八八四）〜仁和三年（八八七）。諱は時康《ときやす》。父は仁明天皇、母は藤原総継《ふさつぐ》の娘沢子《たくし》。太政大臣藤原基経に擁立されて五五歳で即位。基経に酬いるため、実質的関白の職務を与えた。久しぶりの成年の天皇として、政務には意欲的だったらしい。一代限りの天皇という意志を示すため、皇子女すべてに源朝臣の姓を与えたが、第七皇子源定省《さだみ》を親王に戻して皇太子に立て、後事を基経に託し、その翌日死去した。

宇多天皇 うだてんのう（八六七〜九三一）

在位仁和三年（八八七）〜寛平九年（八九七）。諱は定省。父は光孝天皇、母は桓武天皇の孫班子《はんし》女王。即位直後に基経の関白をめぐっておきた阿衡《あこう》事件では、基経に屈服することとなった。寛平三年（八九一）基経が死去してからは、その嫡子時平《ときひら》に対して、学者出身の菅原道真《すがわらのみちざね》を登用して牽制し、政治的主導権を確立した。退位後においた道真の失脚事件で発言権を失うが、法皇として仏道に励み、その拠点となった仁和寺《にんなじ》はその後の仏教界に重きをなし続けた。『宇多天皇日記』（逸文）がある。

醍醐天皇 だいごてんのう（八八五〜九三〇）

在位寛平九年（八九七）〜延長八年（九三

〇）。諱は敦仁《あつひと》（もと維城《これざね》）。父は宇多天皇、母は藤原高藤《たかふじ》の娘胤子《いんし》。当初は宇多太上天皇の影響力が強かったが、延喜元年（九〇一）菅原道真の左遷後は、藤原時平主導のもとで、延喜荘園整理令を発し、また『延喜格式《えんぎきゃくしき》』『日本三代実録《にほんさんだいじつろく》』『古今《こきん》和歌集《わかしゅう》』編纂などの事業が行われた。在位後半は道真の怨霊に苦しみ、清涼殿への落雷事件の後、病気となり、朱雀天皇に譲位した直後に死去した。『醍醐天皇日記』（逸文）がある。

朱雀天皇　すざくてんのう（九二三〜九五二）

在位延長八年（九三〇）〜天慶九年（九四六）。諱は寛明《ゆたあきら》。父は醍醐天皇、母は藤原基経の娘穏子《おんし》。皇太子時代から母后穏子の手厚い庇護のもとにあり、即位後は穏子の兄忠平が摂政、ついで関白となった。東国の平将門《たいらのまさかど》、西国の藤原純《すみ》友《とも》が相次いで蜂起し（承平・天慶の乱）、その対応に追われた。母穏子の戯言によって譲位したと伝えられるが、太上天皇となってからは政治に意欲的だったことを示す史料もある。

村上天皇　むらかみてんのう（九二六〜九六七）

在位天慶九年（九四六）〜康保四年（九六七）。諱は成明《なりあきら》。父は醍醐天皇、母は藤原基経の娘穏子。即位当初は外伯父藤原忠平が関白となったが、忠平死後は関白を置かず、忠平の子実頼《さねより》・師輔《もろすけ》が左右大臣として政治を主導した。天皇自身が笛の名手であり、勅撰儀式書や『後撰《ごせん》和歌集』の編纂、内裏《だいり》歌合《うたあわせ》の開催など、宮廷文化が花開いた時代だったが、一方で平安遷都以来はじめての内裏焼亡にも見舞われた。『村上天皇日記』（逸文）がある。

冷泉天皇　れいぜいてんのう（九五〇〜一〇一一）

在位康保四年（九六七）〜安和二年（九六九）。諱は憲平《のりひら》。父は村上天皇、母は藤原師輔の娘安子《あんし》。東宮時代から奇行が目立ち、貴族たちは村上天皇の時代の華やかな宮廷をしのんで歎いたという。安和の変で源高明が失脚した後、同母弟守平《もりひら》親王に譲位。太上天皇となってからは冷泉院・朱雀院などに住んだが、晩年は東三条第南院《ひがしさんじょうていなんいん》を御所とした。

円融天皇 えんゆうてんのう（九五九〜九九一）

在位安和二年（九六九）〜永観二年（九八四）。諱は守平。父は村上天皇、母は藤原師輔の娘安子。師輔の子の世代が台頭した時代で、伊尹《これただ》が摂政、兼通《かねみち》が内覧《ないらん》ついで関白をつとめたが、兼通死後は、外戚関係にない頼忠《よりただ》が関白となった。譲位後は出家して御願寺《ごがんじ》である円融寺に住んだが、子の一条天皇の時代になると、朝廷の人事にも一定の影響力を行使した。

花山天皇 かざんてんのう（九六八〜一〇〇八）

在位永観二年（九八四）〜寛和二年（九八六）。諱は師貞《もろさだ》。父は冷泉天皇、母は藤原伊尹の娘懐子《かいし》。父冷泉天皇と同様、奇行も伝えられる一方で、外叔父藤原義懐《よしちか》や側近藤原惟成《これしげ》の補佐により、荘園整理などの政策を積極的に打ち出した。藤原兼家《かねいえ》の謀略によって出家、退位させられた。以後、和歌や仏道に励み、播磨の書写山や熊野で長期間修行した。また女性関係も華やかで、それが藤原伊周《これちか》失脚のきっかけともなった。

一条天皇 いちじょうてんのう（九八〇〜一〇一一）

在位寛和二年（九八六）〜寛弘八年（一〇一一）。諱は懐仁《かねひと》。父は円融天皇、母は藤原兼家の娘詮子《せんし》。当初は外祖父兼家と母后詮子の影響力が強かったが、道隆・道兼を経て道長《みちなが》が権力を掌握すると、道長と協調しながら国政にあたった。この時期には、公卿《くぎょう》・殿上人《てんじょうびと》をはじめ、さまざまな学問・文芸・宗教などにすぐれた人物が輩出し、貴族文化の一つの頂点が築かれた。わずかだが、『一条天皇日記』が逸文としてのこる。

三条天皇 さんじょうてんのう（九七六〜一〇一七）

在位寛弘八年（一〇一一）〜長和五年（一〇一六）。諱は居貞《いやさだ》。父は冷泉天皇、母は藤原兼家の娘超子《ちょうし》。三六歳で即位。外叔父道長との関係は、皇位継承問題などをめぐり終始険悪だった。自身の眼病や度重なる内裏の火災などにより、道長の圧力に屈して譲位を余儀なくされた。それと引き替えに実現した皇子敦明《あつあきら》親王の東宮の地位も、譲位の翌年、自身の死去の直後に水泡に帰することになる。

後一条天皇　ごいちじょうてんのう（一〇〇八〜一〇三六）

在位長和五年（一〇一六）〜長元九年（一〇三六）。諱は敦成《あつひら》。父は一条天皇、母は藤原道長の娘彰子《しょうし》。外祖父道長が摂政となり、その全盛期を迎えるが、ほどなくその地位は道長の長子頼通《よりみち》に譲られた。道長の娘威子《いし》を中宮とし、いわゆる「一家三后」が実現するが、天皇のキサキは威子ただ一人で、この時期としては非常に異例である。

後朱雀天皇　ごすざくてんのう（一〇〇九〜一〇四五）

在位長元九年（一〇三六）〜寛徳二年（一〇四五）。諱は敦良《あつよし》。父は一条天皇、母は藤原道長の娘彰子。前代に引き続き頼通が執政したが、兄の後一条に比べて、政務には意欲的で、その分頼通との確執も伝えられている。わずかだが、『後朱雀天皇日記』が逸文としてのこる。

後冷泉天皇　ごれいぜいてんのう（一〇二五〜一〇六八）

在位寛徳二年（一〇四五）〜治暦四年（一〇六八）。諱は親仁《ちかひと》。父は後朱雀天皇、母は藤原道長の娘嬉子《きし》。頼通政権の末期に相当するが、政務は頼通に任せきりだったらしい。頼通や教通の娘が入内するが皇子は成長せず、ここに外戚関係に基づく摂関政治は破綻を迎えた。『後冷泉天皇日記』の存在が史料に散見するが、現存逸文は一条のみである。

敦康親王　あつやすしんのう（九九九〜一〇一八）

一条天皇第一皇子。母は藤原道隆の娘皇后定《てい》子《し》。定子の兄伊周が失脚した後に誕生したが、その時点でほかに皇子がいなかったため、道長の庇護のもとに置かれた。道長の外孫敦成親王が生まれると、皇位継承の可能性は大幅に低下したが、一条天皇が譲位する際には、天皇は敦康を三条天皇の東宮に立てることを望んだらしい。さらに、敦明親王が東宮を辞退した際にも後継候補に挙がったが、結局実現しなかった。

敦明親王 あつあきらしんのう（九九四〜一〇五一）

三条天皇第一皇子。母は大納言藤原済時《なりとき》の娘娍《せい》子《し》。長和五年（一〇一六）、三条天皇から後一条天皇への譲位の際、東宮に立てられたが、翌年父三条太上天皇が死去すると自ら東宮の辞退を申し出た。辞退後は、小一条院の号を授けられ、太上天皇なみの待遇をうけるとともに、道長の娘寛子《かんし》を妃に迎えた。

●后妃

藤原明子 ふじわらのめいし（八二八〜九〇〇）

文徳天皇の女御、清和天皇の母。父は藤原良房、母は嵯峨天皇の娘源潔姫《きよひめ》。文徳の東宮時代に妃となり、即位直前に惟仁親王（清和）を生んだ。清和即位後に皇太后となり、譲位後は太皇太后《たいこうたいごう》となって、染殿院に住んだ。良房の力が圧倒的で、ほかの母后のように、清和天皇に対して影響力を行使することはなかったらしい。

藤原高子 ふじわらのこうし（八四二〜九一〇）

清和天皇の女御、陽成天皇の母。父は権中納言藤原長良、母は藤原総継の娘。入内する前の在《あり》原業平《わらのなりひら》との関係は『伊勢物語』などによって著名である。陽成天皇の即位により皇太夫人、ついで皇太后となる。しかし寛平八年（八九六）、僧侶との情事の醜聞を理由に皇太后の地位を廃された。

藤原穏子 ふじわらのおんし（八八五〜九五四）

醍醐天皇の中宮。朱雀・村上天皇の母。父は藤原基経、母は人康《さねやす》親王（仁明天皇皇子）の娘。延喜元年（九〇一）醍醐天皇の女御となり、所生の保明《やすあきら》親王が皇太子となるが、延長元年（九二三）死去。その直後に穏子は中宮となり、孫の慶頼《よしより》王を東宮とするが、延長三年、慶頼王も死去したため、保明の弟寛明親王が東宮に立てられた。寛明が朱雀天皇となると、兄の摂政忠平とともに母后として大きな影響力を持ち、それは村上天皇（朱雀の同母弟）の初期まで変わらなかった。『太后御記』と呼ばれる日記（逸文）があり、最古の仮名日記とされるが、異説もある。

藤原安子　ふじわらのあんし（九二七～九六四）

村上天皇の中宮。冷泉・円融天皇の母。父は藤原師輔、母は藤原経邦《つねくに》の娘。東宮成明親王のもとに妃として入り、親王が村上天皇として即位すると女御、ついで天徳二年（九五八）皇后となった。師輔の子孫（九条流）の繁栄に大きな役割を果たした。村上天皇の「宣耀殿女御」（藤原師尹《もろただ》の娘芳子《ほうし》）に対する寵愛に嫉妬し、壁の穴から芳子の居室に皿のかけらを投げ込んだ話がのこされている。

藤原詮子　ふじわらのせんし（九六二～一〇〇一）

円融天皇の女御。一条天皇の母。父は藤原兼家、母は摂津守藤原中正《なかまさ》の娘時姫。天元元年（九七八）円融天皇の女御となり、同三年懐仁親王を生む。寛和二年（九八六）一条天皇の即位とともに皇太后となり、幼年の天皇を摂政兼家とともに支えた。正暦二年（九九一）落飾して、初めての女院号東三条院を賜った。同母弟道長を高く買い、その権力掌握に重要な役割を果たした。慈徳寺・解脱寺などの寺院の建立でも知られる。

藤原定子　ふじわらのていし（九七六～一〇〇〇）

一条天皇の中宮。父は藤原道隆、母は高階成忠《たかしなのなりただ》の娘貴子《きし》。正暦元年（九九〇）、一条天皇の女御、ついで中宮となる。清少納言《せいしょうなごん》をはじめとする才能あふれる女房に囲まれ、天皇の寵愛も厚かったが、長徳二年（九九六）、同母兄の伊周らが花山法皇に矢を射かける事件をきっかけに失脚すると、落飾した。長保元年（九九九）には第一皇子敦康親王を生む。同年道長の娘彰子が女御となり、翌年中宮となると、定子は皇后とされ、異例の一帝二后が現出した。同年媄子内親王を出産し、翌日死去した。

藤原彰子 ふじわらのしょうし（九八八～一〇七四）

一条天皇の中宮。父は藤原道長、母は左大臣源雅信《まさのぶ》の娘倫子《りんし》。長保元年（九九九）女御、翌年中宮となる。寛弘五年（一〇〇八）待望の皇子敦成親王を出産、その時のようすは彰子付きの女房だった紫式部《むらさきしきぶ》の『紫式部日記』に詳しい。翌年、敦良《あつよし》親王を生み、道長の外戚関係構築は万全のものとなった。三条天皇の時に皇太后、後一条天皇の即位にともない太皇太后となり、万寿三年（一〇二六）落飾して、上東門院の女院号を賜った。

藤原妍子 ふじわらのけんし（九九四～一〇二七）

三条天皇の中宮。父は藤原道長、母は左大臣源雅信の娘倫子。東宮居貞親王の妃となり、寛弘八年（一〇一一）親王が三条天皇として即位すると女御、長和元年（一〇一二）には中宮となった。翌年、禎子内親王を生むが、男子でなかったため道長はこれに不快の念を示したという。後一条天皇の即位にともない皇太后となるが、万寿四年（一〇二七）、父道長に先立ち死去した。

藤原威子 ふじわらのいし（九九九～一〇三六）

後一条天皇の中宮。父は藤原道長、母は左大臣源雅信の娘倫子。寛仁二年（一〇一八）後一条天皇の女御、ついで中宮となった。威子の立后によって、道長の一家三后が実現した。万寿三年（一〇二六）章子《しょうし》内親王、長元二年（一〇二九）馨子《けいし》内親王を生んだが、結局男子には恵まれなかった。また後一条天皇の後宮には威子以外入らず、これも摂関政治に影が差す原因となった。

禎子内親王 ていしないしんのう（一〇一三～一〇九四）

後朱雀天皇の中宮。父は三条天皇、母は道長の娘中宮妍子。長和四年（一〇一五）三歳の時、准三宮（皇后・皇太后・太皇太后なみの待遇）となる。万寿四年（一〇二七）東宮敦良親王の妃となり、長元七年（一〇三四）尊仁《たかひと》親王（のちの後三条天皇）を生む。後朱雀天皇の即位とともに中宮となるが、すぐに皇后に転じた。これは藤原頼通の養女嫄子女王を中宮とするためで、これにより頼通との軋轢が生じた。後冷泉天皇の時に皇太后、後三条天皇の即位により太皇太后となり、延久元年（一〇六九）陽明門院《ようめいもんいん》の女院号を賜った。

●摂関および主な貴族

藤原良房　ふじわらのよしふさ（八〇四〜八七二）
父は冬嗣、母は嵯峨天皇の尚侍《ないしのかみ》をつとめた藤原美都子《みつこ》。天長十年（八三三）仁明天皇の即位にともない蔵人頭《くろうどのとう》となってから急速に昇進し、中納言の時に起きた承和の変により、甥の道康親王（文徳）の立太子が実現して権力の基礎を築いた。天安元年（八五七）太政大臣となり、翌年外孫の惟仁親王（清和）が九歳で即位すると、摂政の職務を行うようになった。『貞観格式《じょうがんきゃくしき》』『続日《しょくに》本後紀《ほんこうき》』の編纂を主宰。没した際、忠仁公の諡《おくりな》を贈られた。

藤原基経　ふじわらのもとつね（八三六〜八九一）
父は良房の兄長良、母は藤原総継の娘。男子がいなかった良房の養子となり、甥の陽成天皇即位にともない、外伯父として摂政の職務を行う。素行に問題があった陽成天皇を廃して光孝天皇を擁立すると、天皇から太政大臣として関白の職務を行うよう命じられた。次の宇多天皇とは、自身の処遇をめぐって阿衡事件がおきた。陽成天皇の時に『日本文徳天皇実録』を完成、光孝天皇の時代には「年中行事障子」を献上した。没した際、昭宣公の諡を贈られた。

藤原時平　ふじわらのときひら（八七一〜九〇九）
父は基経、母は人康親王の娘。仁和二年（八八六）内裏で光孝天皇の加冠によって元服し正五位下を授けられたが、これは天皇が基経の恩顧に応えたもので、皇親なみの待遇だった。以後、急速に昇進し、醍醐天皇の昌泰二年（八九九）左大臣となる。同時に右大臣となった菅原道真を、延喜元年（九〇一）大宰府に左遷し、権力を確立、延喜荘園整理令の発布や『日本三代実録』『延喜格式』の編纂を主宰した。

菅原道真 すがわらのみちざね（八四五〜九〇三）

参議式部大輔是善《これよし》の子。早くから紀伝道《きでんどう》の学者として頭角をあらわし、宇多天皇の時代になると、基経の嫡子時平の対抗馬として急速に昇進、また娘を宇多天皇の女御とした。醍醐天皇の昌泰二年（八九九）右大臣となるが、延喜元年（九〇一）大宰府に左遷され、二年後その地で没した。死後怨霊として、醍醐天皇とその周辺に祟りをなしたため、天満大自在天神としてまつられるようになった。自身の詩文集に『菅家文草』『菅家後集』があり、六国史を内容ごとに部類した『類聚国史』の編纂でも知られる。

藤原忠平 ふじわらのただひら（八八〇〜九四九）

父は基経、母は人康親王の娘。兄の時平に比べて宇多天皇に近かったため、醍醐朝の昇進は速くはなかったが、時平の死後、政権を掌握。甥の朱雀天皇の即位にともない摂政、ついで関白となり、村上天皇の時代も関白をつとめた。朝廷の儀式・故実に詳しく、その知識は子の実頼・師輔に継承された。死後、貞信公《ていしんこう》の諡を贈られる。日記『貞信公記』が抄略本の形で伝わっている。

藤原実頼 ふじわらのさねより（九〇〇〜九七〇）

父は忠平、母は宇多天皇の娘源順子（異説もある）。忠平の嫡男として順調に昇進し、天暦元年（九四七）左大臣となり、冷泉天皇の関白、円融天皇の摂政をつとめたが、天皇に納《い》れた娘に皇子が生まれず、外戚関係構築には失敗した。忠平から受けた故実に関わる知識を小野宮《おののみや》流として子孫に伝えた。死後、清慎公の諡を贈られる。日記『清慎公記』があるが、散逸し逸文のみが伝わる。

藤原師輔 ふじわらのもろすけ（九〇八〜九六〇）

父は忠平、母は右大臣源能有《よしあり》の娘昭子《しょうし》。村上天皇の時代、右大臣として兄実頼とともに朝廷の政治を主導した。娘の安子が村上天皇の皇子をもうけたため、外戚関係の構築では兄を凌駕したが、皇子の即位をみないまま没した。父忠平から受けた故実に関する知識を九《く》条《じょう》流として継承し、『九条年中行事』を著す。また家訓というべき「九《く》条《じょう》右《う》丞相《しょうじょう》遺誡《ゆいかい》」は当時の貴族の生活を知るうえで好適な史料である。日記『九暦』が抄略本・部類記などの形で伝わっている。

源高明　みなもとのたかあきら（九一四〜九八二）

父は醍醐天皇、母は右大弁源唱《となう》の娘。延喜二十年（九二〇）源朝臣の姓を授けられる。村上天皇の時代に右大臣、ついで左大臣に昇る。冷泉天皇が即位すると、その同母弟為平《ためひら》親王に娘を納れていたため藤原氏に警戒され、安和の変（九六九）で大宰府に左遷された。藤原師輔の娘を室としただけでなく、故実に関する知識も師輔から伝えられ、高明の私撰になる『西宮記《さいきゅうき》』は、九条流の影響が強いとされている。

藤原頼忠　ふじわらのよりただ（九二四〜九八九）

父は実頼、母は藤原時平の娘。円融天皇の時代に左大臣に昇り、貞元二年（九七七）藤原兼通が病気により関白を辞任すると、その後継者に指名された。花山天皇の時代にも引き続き関白となるが、一条天皇が即位すると実質的に引退に追い込まれた。父実頼と同様、娘を入内させるも皇子には恵まれなかった。死後、廉義公の諡を贈られる。

藤原伊尹　ふじわらのこれただ（九二四〜九七二）

父は師輔、母は武蔵守藤原経邦の娘。円融天皇の外伯父であったが、当初は実頼が摂政をつとめ、その死後に摂政となる。娘懐子を冷泉天皇の女御とし、師貞親王が生まれており、円融天皇即位と同時に東宮に立てられたが、その即位をみることなく、没した。死後、謙徳公の諡を贈られた。歌人としても名高く、『後撰和歌集』編纂にも関わった。

藤原兼通 ふじわらのかねみち（九二五～九七七）

父は師輔、母は武蔵守藤原経邦の娘。兄伊尹の死後、官位は弟の兼家より低かったが、円融天皇にその生母安子の書き付けをみせて、内覧、ついで関白の地位を獲得した。兼家との確執はその後も続き、貞元二年（九七七）病気で関白を辞しても、その座を兼家には譲らなかった。死後、忠義公の諡を贈られた。

藤原兼家 ふじわらのかねいえ（九二九～九九〇）

父は師輔、母は武蔵守藤原経邦の娘。同母兄兼通との確執によって、円融～花山の時代には雌伏を強いられたが、一方で娘超子が冷泉天皇の皇子居貞親王を、詮子が円融天皇の皇子懐仁を生み、外戚関係の構築には恵まれた。寛和二年（九八六）花山天皇を謀略によって出家、退位させ、外孫懐仁親王の即位を実現。摂政となって全盛期を迎え、その子息らを急速に昇進させるなど、それまでの鬱憤を一気に晴らした。

藤原道隆 ふじわらのみちたか（九五三～九九五）

父は兼家、母は摂津守藤原中正の娘時姫。一条天皇の時代に入って急速に昇進し、正暦元年（九九〇）引退した父の跡を継いで関白となる。娘の定子を一条天皇の中宮とした。長徳元年（九九五）病気のため関白を辞し、子の伊周にその地位を譲ろうとしたが、天皇はこれを許さなかった。なお、道隆と伊周・定子らの一家を「中関白家《なかのかんぱく》」と称する。

藤原道兼 ふじわらのみちかね（九六一～九九五）

父は兼家、母は摂津守藤原中正の娘時姫。花山天皇の出家では、兼家の指示を受け蔵人として重要な役割を果たしたため、その功績を自負し、関白が兼家から兄道隆に受け継がれたことを不満に思っていたらしい。道隆が病気で関白を辞すると、その後を襲ったが、すでに当時猖獗《しょうけつ》を極めていた疫病に冒されており、一〇日あまり後に死去したため、世に「七日関白」と呼ばれた。

藤原道長　ふじわらのみちなが（九六六〜一〇二七）

　父は兼家、母は摂津守藤原中正の娘時姫。道兼没後、姉で一条天皇生母の詮子の強い推輓《すいばん》によって、内覧の地位を得た。翌長徳二年（九九六）、内大臣伊周の失脚によって権力を確立し、その後、後一条天皇の時代前半まで、約三〇年にわたり摂関政治の全盛を築いた。晩年は仏教に傾倒し、無量寿院《むりょうじゅいん》（のち法成寺《ほうじょうじ》）の造営に力を注ぎ、その阿弥陀堂で、浄土教の臨終行儀に則って死去する。日記『御堂《みどう》関白記』があり、その自筆本が京都の陽明文庫に伝わっている。

藤原伊周　ふじわらのこれちか（九七四〜一〇一〇）

　父は道隆、母は高階成忠の娘貴子。父の権力下で、正暦五年（九九四）わずか二一歳で内大臣となり、翌年道隆が病気の時には、一時的に内覧の職務を命じられたが、父の没後は、道兼・道長が関白・内覧となり、道長とは激しく対立した。長徳二年（九九六）花山法皇に矢を射かける事件を引き起こして大宰府に左遷。翌年、京に戻り、やがて朝廷での座も得るが、寛弘六年（一〇〇九）道長や彰子への呪詛《じゅそ》事件に関わったとして、出仕をとどめられ、翌年死去した。

藤原実資　ふじわらのさねすけ（九五七〜一〇四六）

　父は参議斉敏《ただとし》（実頼の子）、母は播磨守藤原尹文《ただふみ》の娘。幼年の頃から祖父実頼の養子となる。円融・花山・一条天皇の蔵人頭をつとめ、公卿に昇進した後、治安元年（一〇二一）右大臣にいたる。またその間、長く右近衛大将を兼任した。道長の権勢におもねることなく、独自の立場を貫き通し、「賢人右府」と称された。朝儀に詳しく、日記『小右記《しょうゆうき》』は摂関期の政務や儀式を知るための根本史料である。また『小野宮年中行事』を著し、小野宮流の故実を伝えた。

藤原行成　ふじわらのこうぜい（九七二〜一〇二七）

　父は右近衛少将義孝《よしたか》（伊尹の子）、母は中納言源保光《やすみつ》の娘。一条天皇の蔵人頭をつとめ、その後公卿となって権大納言にいたった。天皇や道長の信任が厚く、彰子立后の際には、一帝二后の変則を正当化する論理を道長に示して、感謝されている。日記『権記《ごんき》』がある。書道の名人として著名で、三蹟の一人に数えられている。

藤原頼通 ふじわらのよりみち（九九二〜一〇七四）
父は道長、母は左大臣源雅信の娘倫子。道長の嫡男として急速に昇進し、後一条天皇の寛仁元年（一〇一七）、わずか二六歳で道長から摂政を譲られた。以後、五〇年あまり摂関の座にあり、長期安定政権を築いたといえるが、一方で自前の外戚関係を作ることには失敗した。天喜元年（一〇五三）に落成した平等院阿弥陀堂（鳳凰堂）は、貴族による浄土信仰の到達点を示している。

藤原教通 ふじわらののりみち（九九六〜一〇七五）
父は道長、母は左大臣源雅信の娘倫子。寛仁元年（一〇一七）道長から兄頼通に政権が委譲されると、治安元年（一〇二一）内大臣となってからは永承二年（一〇四七）までその地位にとどまり、また娘の入内を妨げられたこともあり、頼通との関係は良好ではなかった。治暦四年（一〇六八）、後冷泉天皇死去の直前に頼通から関白職を譲られ、次の後三条天皇の関白もつとめるが、もはや権力を充分に振るえる条件は失われていた。

参考文献

全体にわたる概説書

土田直鎮『日本の歴史5　王朝の貴族』（中央公論社、一九六五年）
村井康彦『平安貴族の世界』（徳間書店、一九六八年）
橋本義彦『平安貴族』（平凡社選書、一九八六年）
笹山晴生『平安の朝廷――その光と影』（吉川弘文館、一九九三年）
保立道久『平安王朝』（岩波新書、一九九六年）
坂上康俊『日本の歴史05　律令国家の転換と「日本」』（講談社、二〇〇一年）
大津　透『日本の歴史06　道長と宮廷社会』（講談社、二〇〇一年）
加藤友康編『日本の時代史6　摂関政治と王朝文化』（吉川弘文館、二〇〇二年）
川尻秋生『日本の歴史4　平安時代　揺れ動く貴族社会』（小学館、二〇〇八年）

序章

森田　悌『研究史　王朝国家』（吉川弘文館、一九八〇年）
佐々木恵介「九世紀日本の歴史的位置――研究史を中心として」『アジア遊学』二六、二〇〇一年
土田直鎮「摂関政治に関する二、三の疑問」（初出一九六一年、『奈良平安時代史研究』吉川弘文館、一九九二年）
春名宏昭「太上天皇制の成立」『史学雑誌』九九―二、一九九〇年
玉井　力「成立期蔵人所の性格について――補任者の検討を中心として」（初出一九七三年、『平安時代の貴族と天皇』岩波書店、二〇〇〇年）

渡辺直彦『日本古代官位制度の基礎的研究　増訂版』（吉川弘文館、一九七八年）
鈴木景二「日本古代の行幸」『ヒストリア』一二五、一九八九年

第一章

目崎徳衛「惟喬・惟仁親王の東宮争い」『日本歴史』二一二、一九六六年
玉井　力「承和の変について」『歴史学研究』二八六、一九六四年
福井俊彦「承和の変についての一考察」『日本歴史』二六〇、一九七〇年
橋本義彦「太政大臣沿革考」（初出一九八二年、『平安貴族』平凡社、一九八六年）
酒井芳司「太政大臣の職権について」『古代文化』五一―一、一九九九年
北村有貴江「贈官としての太政大臣――摂関制成立の前史として」『寧楽史苑』四五、二〇〇〇年
坂上康俊「関白の成立過程」（笹山晴生先生還暦記念会編『日本律令制論集　下』吉川弘文館、一九九三年）
同　「初期の摂政・関白について」（笹山晴生編『日本律令制の展開』吉川弘文館、二〇〇三年）
坂本賞三「関白の創始」『神戸学院大学人文学部紀要』三、一九九一年
今　正秀「摂政制成立考」『史学雑誌』一〇六―一、一九九七年
弥永貞三「阿衡の紛議」（角田文衞ほか編『日本と世界の歴史6』学習研究社、一九七〇年）
河内祥輔『古代政治史における天皇制の論理』（吉川弘文館、一九八六年）

第二章

春名宏昭『平城天皇』（吉川弘文館人物叢書、二〇〇九年）
古瀬奈津子『日本古代王権と儀式』（吉川弘文館、一九九八年）
北條秀樹「文書行政より見たる国司受領化――調庸輸納をめぐって」（初出一九七五年、『日本古代国家の地方支配』吉川弘文館、二〇〇〇年）

佐々木恵介『受領と地方社会』（山川出版社日本史ブックレット、二〇〇四年）
石上英一「古代国家と対外関係」（『講座日本歴史2　古代2』東京大学出版会、一九八四年）
石井正敏「最後の遣唐使計画」（『新版古代の日本2　アジアからみた古代日本』角川書店、一九九二年）
坂本太郎『坂本太郎著作集9　聖徳太子と菅原道真』（吉川弘文館、一九八九年）
『日本思想大系8　古代政治社会思想』（岩波書店、一九七九年）
所　功編『三代御記逸文集成』（国書刊行会、一九八二年）
松園　斉「王朝日記〝発生〟についての一試論」『日本歴史』六四三、二〇〇一年
佐藤宗諄『平安前期政治史序説』（東京大学出版会、一九七七年）
森田　悌「藤原忠平政権の動向」（初出一九七八年、『解体期律令政治社会史の研究』国書刊行会、一九八二年）
真壁俊信『天神信仰の基礎的研究』（日本古典籍註釈研究会、一九八四年）
藤木邦彦『平安王朝の政治と制度』（吉川弘文館、一九九一年）
川尻秋生『古代東国史の基礎的研究』（塙書房、二〇〇三年）
同　　『戦争の日本史4　平将門の乱』（吉川弘文館、二〇〇七年）
下向井龍彦『日本の歴史7　武士の成長と院政』（講談社、二〇〇一年）
鈴木拓也「古代における将軍の展開と変質」『ヒストリア』二一八、二〇〇九年
山中　裕『平安時代の古記録と貴族文化』（思文閣出版、一九八八年）
林　陸朗「所謂「延喜天暦聖代説」の成立」（『上代政治社会の研究』吉川弘文館、一九六九年）
田島　公「延喜・天暦の「聖代」観」（『岩波講座日本通史5　古代4』岩波書店、一九九五年）
玉井　力「平安時代における加階と官司の労」（初出一九八八年、『平安時代の貴族と天皇』岩波書店、二〇〇〇年）
高田　淳「加階と年労――平安時代における位階昇進の方式について」『栃木史学』三、一九八九年
佐々木恵介「摂関期における官人昇叙の実態とその論理――『公卿補任』の調査を通して」『聖心女子大学論

叢』一〇八、二〇〇七年

第三章

山中　裕『平安朝文学の史的研究』（吉川弘文館、一九七四年）
橋本義彦「里内裏沿革考」（初出一九八一年、『平安貴族』平凡社、一九八六年）
今井源衛『花山院の生涯』（桜楓社、一九六八年）
坂本賞三「花山朝の政治史的評価について――『小右記』永観三年正月一日条をめぐって」『古代文化』三〇―九、一九七八年
倉本一宏『一条天皇』（吉川弘文館人物叢書、二〇〇三年）
吉川真司『律令官僚制の研究』（塙書房、一九九八年）
鷲見等曜『前近代日本家族の構造』（弘文堂、一九八三年）
沢田和久「円融朝政治史の一試論」『日本歴史』六四八、二〇〇二年
山中　裕『藤原道長』（教育社歴史新書、一九八八年）
同　　『藤原道長』（吉川弘文館人物叢書、二〇〇八年）
山本信吉『摂関政治史論考』（吉川弘文館、二〇〇三年）
黒板伸夫『藤原行成』（吉川弘文館人物叢書、一九九四年）
倉本一宏『三条天皇』（ミネルヴァ書房日本評伝選、二〇一〇年）
河内祥輔「村上天皇の死から藤原道長「望月の歌」まで」『史学雑誌』一一七―一一、二〇〇八年
坂本賞三『藤原頼通の時代』（平凡社選書、一九九一年）
古代学協会編『後期摂関時代史の研究』（吉川弘文館、一九九〇年）
佐藤進一『日本の中世国家』（岩波書店、一九八三年）

第四章

目崎徳衛『貴族社会と古典文化』（吉川弘文館、一九九五年）
春名宏昭「平安期太上天皇の公と私」『史学雑誌』一〇〇―三、一九九一年
橋本義彦『平安貴族社会の研究』（吉川弘文館、一九七六年）
西本昌弘「九条家本『神今食次第』所引の「内裏式」逸文について――神今食祭の意義と皇后助祭の内実」『史学雑誌』一一八―一一、二〇〇九年
並木和子「平安時代の妻后について」『史潮』三七、一九九五年
岡村幸子「皇后制の変質」『古代文化』四八―九、一九九六年
西野悠紀子「母后と皇后」（前近代女性史研究会編『家・社会・女性』吉川弘文館、一九九七年）
服藤早苗「王権と国母」『民衆史研究』五六、一九九八年
山本一也「日本古代の皇后とキサキの序列――皇位継承に関連して」『日本史研究』四七〇、二〇〇一年
古瀬奈津子「摂関政治成立の歴史的意義――摂関政治と母后」『日本史研究』四六三、二〇〇一年
玉井　力「女御・更衣制度の成立」『名古屋大学文学部研究論集　史学』一九、一九七二年
石和田京子「古代皇女の役割とその意義――摂関期を中心として」『聖心女子大学大学院論集』二五、二〇〇三年
榎村寛之『律令天皇制祭祀の研究』（塙書房、一九九六年）
佐藤宗諄先生退官記念論文集刊行会編『『親信卿記』の研究』（思文閣出版、二〇〇五年）
玉井　力「道長時代の蔵人に関する覚書――家柄・昇進を中心にして」（初出一九七八年、『平安時代の貴族と天皇』岩波書店、二〇〇〇年）
丸山裕美子「供御薬儀の成立――屠蘇を飲む習俗」（初出一九九〇年、『日本古代の医療制度』名著刊行会、一九九八年）
佐々木恵介「『小右記』にみる摂関期近衛府の政務運営」（笹山晴生先生還暦記念会編『日本律令制論集　下』

吉川弘文館、一九九三年）
高山京子「後朱雀朝における政務と行事の運営――『春記』を中心として」『聖心女子大学大学院論集』二四、二〇〇二年

第五章

藤森健太郎『古代天皇の即位儀礼』（吉川弘文館、二〇〇〇年）
井上光貞『日本古代の王権と祭祀』（東京大学出版会、一九八四年）
橋本義彦「即位儀礼の沿革」（初出一九九一年、『日本古代の儀礼と典籍』青史出版、一九九九年）
岡田精司『古代祭祀の史的研究』（塙書房、一九九二年）
柳沼千枝「践祚の成立とその意義」『日本史研究』三六三、一九九二年
土井郁磨「『譲位儀』の成立」『中央史学』一六、一九九三年
西本昌弘『日本古代儀礼成立史の研究』（塙書房、一九九七年）
早川庄八「天智の初め定めた「法」についての覚え書き」『名古屋大学文学部研究論集　史学』三四、一九八八年
大津　透「天皇の服と律令・礼の継受」（初出一九九七年、『古代の天皇制』岩波書店、一九九九年）
黛　弘道「三種の神器について」（井上光貞博士還暦記念会編『古代史論叢　上』吉川弘文館、一九七八年）
斎木涼子「一一世紀における天皇権威の変化――内侍所神鏡と伊勢神宮託宣」『古代文化』六〇―四、二〇〇九年
玉井　力『平安時代の貴族と天皇』（岩波書店、二〇〇〇年）
佐々木恵介「古代における任官結果の伝達について」（笹山晴生編『日本律令制の展開』吉川弘文館、二〇〇三年）
吉川真司『律令官僚制の研究』（塙書房、一九九八年）

曾我良成「王朝国家期における太政官政務処理手続について」（坂本賞三編『王朝国家国政史の研究』吉川弘文館、一九八七年）
倉本一宏『摂関政治と王朝貴族』（吉川弘文館、二〇〇〇年）
大津　透「摂関期の陣定――基礎的考察」『山梨大学教育学部研究報告』四六、一九九六年
渡邊　誠「年紀制の消長と唐人来着定――平安時代貿易管理制度再考」『ヒストリア』二一七、二〇〇九年
川尻秋生「日本古代における「議」」『史学雑誌』一一〇―三、二〇〇一年
山中　裕『平安朝の年中行事』（塙書房、一九七二年）
倉林正次『饗宴の研究　儀礼編』（桜楓社、一九六五年）
橋本義則『平安宮成立史の研究』（塙書房、一九九五年）
大津　透「節禄の成立」（初出一九八九年、『古代の天皇制』岩波書店、一九九九年）
神谷正昌「九世紀の儀式と天皇」『史学研究集録』一五、一九九〇年

第六章

吉田一彦『日本古代社会と仏教』（吉川弘文館、一九九五年）
曾根正人『古代仏教界と王朝社会』（吉川弘文館、二〇〇〇年）
上川通夫『日本中世仏教形成史論』（校倉書房、二〇〇七年）
福山敏男『寺院建築の研究　下（福山敏男著作集3）』（中央公論美術出版、一九八三年）
杉山信三『院家建築の研究』（吉川弘文館、一九八一年）
中井真孝『日本古代仏教制度史の研究』（法蔵館、一九九一年）
土谷　恵「平安前期僧綱制の展開」『史艸』二四、一九八三年
堀　裕「護持僧と天皇」（大山喬平教授退官記念会編『日本国家の史的特質　古代・中世』思文閣出版、一九九七年）

二十二社研究会編『平安時代の神社と祭祀』(国書刊行会、一九八六年)
岡田荘司『平安時代の国家と祭祀』(続群書類従完成会、一九九四年)
三橋　正『平安時代の信仰と宗教儀礼』(続群書類従完成会、二〇〇〇年)
虎尾俊哉編『訳注日本史料　延喜式　上』(集英社、二〇〇〇年)
大村拓生「中世前期の行幸——神社行幸を中心に」『年報中世史研究』一九、一九九四年
佐古愛己「平安中・後期における勧賞の一考察——神社行幸を素材として」『古代文化』五四—八、二〇〇二年
西山良平『都市平安京』(京都大学学術出版会、二〇〇四年)
西口順子『平安時代の寺院と民衆』(法蔵館、二〇〇四年)
堀　裕「天皇の死の歴史的位置——「如在之儀」を中心に」『史林』八一—一、一九九八年
山本幸司『穢と大祓』(平凡社選書、一九九二年)
坂上康俊「八〜十一世紀日本の南方領域問題」(九州史学研究会編『境界からみた内と外』岩田書院、二〇〇八年)
柴田實編『民衆宗教史叢書5　御霊信仰』(雄山閣出版、一九八四年)
西山良平「御霊信仰論」(『岩波講座日本通史5　古代4』岩波書店、一九九五年)

第七章

森田　悌『受領』(教育社歴史新書、一九七八年)
大津　透『律令国家支配構造の研究』(岩波書店、一九九三年)
寺内　浩『受領制の研究』(塙書房、二〇〇四年)
佐々木恵介「受領と日記」(山中裕編『古記録と日記　下』思文閣出版、一九九三年)
上島　享「受領成功の展開」(井上満郎・杉橋隆夫編『古代・中世の政治と文化』思文閣出版、一九九四年)
尾上陽介「年爵制度の変遷とその本質」『東京大学史料編纂所研究紀要』四、一九九四年

同　「内給所について」（虎尾俊哉編『日本古代の法と社会』吉川弘文館、一九九五年）
同　「年官制度の本質」『史観』一四五、二〇〇一年
網野善彦『網野善彦著作集7　中世の非農業民と天皇』（岩波書店、二〇〇八年）
佐藤全敏『平安時代の天皇と官僚制』（東京大学出版会、二〇〇八年）
春名宏昭「「院」について――平安期天皇・太上天皇の私有財産形成」『日本歴史』五三八、一九九三年
岡村幸子「平安前・中期における後院――天皇の私有・累代財産に関する一考察」『史学雑誌』一一二―一、二〇〇三年
古尾谷知浩『律令国家と天皇家産機構』（塙書房、二〇〇六年）
吉江　崇「平安時代における天皇制の展開と後院」『日本史研究』五五八、二〇〇九年

終章

山口　博『王朝歌壇の研究』（全四巻、桜楓社、一九六七〜八二年）
川口久雄『平安朝の漢文学』（吉川弘文館、一九八一年）
河内祥輔「学芸と天皇」（『講座前近代の天皇4　統治的諸機能と天皇観』青木書店、一九九五年）
西村さとみ『平安京の空間と文学』（吉川弘文館、二〇〇五年）
義江明子『日本古代の氏の構造』（吉川弘文館、一九八六年）
寺崎英成、マリコ・テラサキ・ミラー編著『昭和天皇独白録　寺崎英成・御用掛日記』（文藝春秋、一九九一年）
『木戸幸一日記　下』（東京大学出版会、一九六六年）
原　武史『昭和天皇』（岩波新書、二〇〇八年）

年表

○印の数字は閏月を示す

西暦	年号	天皇	摂関	国内事項	東アジア世界
八四二	承和九	仁明		7嵯峨太上天皇没、承和の変で、橘逸勢らを流罪、恒貞親王廃太子。8道康親王立太子。	
八四五	十二				唐で会昌の廃仏。白居易『白氏文集』完成。
八四八	嘉祥元			1藤原良房が右大臣となる。	
八五〇	三	文徳		3仁明天皇没（四一歳）、文徳天皇即位。5太皇太后橘嘉智子没（六五歳）。11惟仁親王（一歳）立太子。	
八五三	仁寿三			2天皇、藤原良房の染殿第に行幸、桜花を見る。	
八五五	斉衡二			5地震により東大寺大仏の首が落ちる。	
八五七	天安元			2藤原良房を太政大臣とする。	
八五八	二	清和	良房（摂政）	8文徳天皇没（三二歳）、清和天皇が九歳で即位し、太政大臣藤原良房が摂政の職をつとめる。	
八五九	貞観元			4饒益神宝を鋳造する。	
八六二	四				真如法親王（高岳親王）が唐に向けて出発する。
八六三	五			5神泉苑で御霊会を行う。	
八六四	六			1清和天皇元服。	
八六六	八			③応天門が炎上する。8藤原良房を摂政とする。9応天門放火の罪で伴善男・中庸を流罪に処す。	
八六九	十一			2清和皇子貞明親王を皇太子とする。8『続日本後紀』完成。	
八七〇	十二			1貞観永宝を鋳造する。	
八七二	十四			9藤原良房没（六九歳）。	

八七五	十七				唐で黄巣の乱が起きる。
八七六	十八	陽成	基経（摂政）	11清和天皇譲位、陽成天皇即位。右大臣藤原基経、摂政となる。	
八七九	元慶三			11『日本文徳天皇実録』完成。	
八八〇	四			12基経、太政大臣となる。	
八八四	八	光孝	基経（関白）	2陽成天皇譲位、光孝天皇即位。6太政大臣基経、関白の職務を行う。	
八八七	仁和三	宇多	基経（関白）	8光孝天皇没、宇多天皇即位。11太政大臣基経に関白の職務を行うよう命じる。⑪基経の辞表に対する勅答にあった「阿衡」の文字をめぐって事態が紛糾する（阿衡事件）。	
八八八	四			6宇多天皇、前年の勅答を撤回する。	
八九〇	寛平二			4寛平大宝を鋳造する。	
八九一	三			1藤原基経没（五六歳）。	
八九四	六			9菅原道真、遣唐使の停止を建議する。	
八九七	九	醍醐		7宇多天皇譲位、醍醐天皇即位。	
八九九	昌泰二			2藤原時平を左大臣、菅原道真を右大臣とする。9僦馬の党と呼ばれる群盗の取り締まりを命じる。	
九〇〇	三				朝鮮半島で後百済建国。
九〇一	延喜元			1菅原道真を大宰権帥に左遷する。8『日本三代実録』完成。	
九〇二	二			3延喜荘園整理令を発布、班田収授を励行する。	
九〇四	四			3宇多法皇、仁和寺に御室を造営する。	朝鮮半島で新羅・後百済・摩震の三国が並立。
九〇五	五			4紀貫之ら、『古今和歌集』を撰進する。	
九〇七	七			11延喜通宝を鋳造する。『延喜格』完成。	朱全忠、唐を滅ぼし、五代十国時代始まる。

西暦	年号	天皇	摂関	国内事項	東アジア世界
九〇九	九			4藤原時平没（三九歳）。	
九一四	十四			4三善清行『意見十二箇条』奏上。8藤原忠平、右大臣となる。	
九一六	十六				耶律阿保機、契丹を建国。
九一八	十八				王建、高麗を建国。
九一九	十九			11渤海使裴璆、来日（最後の渤海使）。	
九二三	延長元			3皇太子保明親王没（二一歳）。4故菅原道真を右大臣に復し正二位を贈る。女御藤原穏子を中宮とする。保明親王の子慶頼王を皇太子とする。	
九二五	三			6皇太子慶頼王没（五歳）。10寛明親王、皇太子となる。	
九二六	四				契丹、渤海を滅ぼし、東丹国を建国。
九二七	五			12『延喜式』完成。	
九三〇	八	朱雀	忠平（摂政）	6内裏清涼殿に落雷、大納言藤原清貫ら死亡。9醍醐天皇譲位、朱雀天皇即位。左大臣藤原忠平、摂政となる。	
九三一	承平元			7宇多法皇没（六五歳）。	
九三五	五			2平将門、伯父の国香らと争う。	高麗、新羅を滅ぼす。
九三六	六			8藤原忠平、太政大臣となる。	高麗、後百済を滅ぼし、朝鮮半島を統一。
九三九	天慶二			11平将門、常陸国府を襲撃、ついで下野・上野国府も襲撃し、「新皇」を称す。12藤原純友の部下、備前国司らを襲撃する。	
九四〇	三			1東海・東山・山陽道の追捕使を任命、藤原忠文を征東大将軍とする。2平貞盛・藤原秀郷ら、平将門を滅ぼす。8海賊、瀬戸内海沿岸諸国を襲撃、小野好古を追捕凶賊使とする。	
九四一	四		忠平	5藤原純友、大宰府を襲撃、小野好古が純友を博多津で破る。	

九四二	五		（関白）	6橘遠保、伊予国で純友を斬る。11藤原忠平、関白となる。4朱雀天皇、兵乱平定を謝するため、石清水臨時祭を行い、賀茂社に行幸する。	
九四四	七			4成明親王を皇太子とする。	
九四六	九	村上	忠平（関白）	4朱雀天皇譲位、村上天皇即位。5藤原忠平を関白とする。	
九四七	天暦元			6菅原道真を北野に祭る（北野天満宮の始まり）。	契丹、国号を遼と改める。
九四九	三			8藤原忠平没（七〇歳）。	
九五〇	四			7憲平親王を皇太子とする。	
九五四	八			1藤原穏子没（七〇歳）。	
九五五	九			この年、『後撰和歌集』撰進。	後周の世宗が仏教を弾圧。
九五八	天徳二			3乾元大宝を鋳造（本朝十二銭の最後）。	
九六〇	四			3内裏歌合を開催。5藤原師輔没（五三歳）。9平安京遷都以来、初めて内裏が焼亡。	趙匡胤が宋朝を興す。
九六三	応和三			8空也、賀茂川原で万灯会を行う。	
九六四	康保元			4村上天皇皇后藤原安子没（三八歳）。	
九六七	四	冷泉	実頼（関白）	5村上天皇没（四二歳）、冷泉天皇即位。6左大臣藤原実頼を関白とする。7『延喜式』を施行する。9守平親王を皇太子とする。12藤原実頼を太政大臣とする。	
九六九	安和二	円融	実頼（摂政）	3安和の変、左大臣源高明を大宰権帥に左遷する。8冷泉天皇譲位、円融天皇即位。藤原実頼を摂政とする。師貞親王を皇太子とする。	
九七〇	天禄元		伊尹（摂政）	5藤原実頼没（七一歳）、右大臣藤原伊尹を摂政とする。6初めて祇園御霊会を行う。	
九七一	二			3石清水臨時祭を行い、以後恒例とする。	

西暦	年号	天皇	摂関	国内事項	東アジア世界
九七二	三			11藤原伊尹没（四九歳）。藤原兼通、内大臣となり内覧の職務を行う。	
九七四	天延二		兼通（関白）	3太政大臣藤原兼通、関白となる。	
九七七	貞元二		頼忠（関白）	10藤原兼通、関白を辞任（翌月五三歳で没）、左大臣藤原頼忠を関白とする。	
九七九	天元二				宋が中国を統一。
九八二	五			10慶滋保胤、『池亭記』を著す。	
九八三	永観元			3天皇、円融寺を供養。8東大寺僧奝然、宋に向かう。	宋で『太平御覧』完成。
九八四	二	花山	頼忠（関白）	8円融天皇譲位、花山天皇即位。懐仁親王を皇太子とする。太政大臣藤原頼忠を関白とする。11荘園整理令を発する。	
九八五	寛和元			4源信、『往生要集』を著す。	
九八六	二	一条	兼家（摂政）	3京中沽価法を定める。6花山天皇、藤原兼家の謀略により出家、一条天皇即位。右大臣藤原兼家を摂政とする。7居貞親王を皇太子とする。兼家、右大臣を辞し、無官の摂政となる。	
九八八	永延二			11尾張国郡司百姓等、尾張守藤原元命の非法を訴える（翌年、元命解任）。	
九八九	永祚元			3初めて春日社に行幸。6太政大臣藤原頼忠没（六六歳）。	
九九〇	正暦元		兼家（関白）道隆（関白）道隆（摂政）	1一条天皇元服。藤原道隆の娘定子入内。5摂政藤原兼家を関白とし、直後に出家、関白職を藤原道隆に譲る。関白道隆を摂政とする。7藤原兼家没（六二歳）。10女御藤原定子を中宮とする。	

九九一	二			5藤原佐理「離洛帖」を書く。7道隆、内大臣を辞し、無官の摂政となる。9皇太后藤原詮子出家、東三条院の号を賜る（女院の始まり）。	
九九三	四		道隆（関白）	4摂政道隆を関白とする。6菅原道真に左大臣正一位を贈る。⑩道真に太政大臣を贈る。	
九九四	五			4～7京内で疫病流行。	
九九五	長徳元		道兼（関白）	3関白道隆の病気の間、内大臣伊周に内覧の職務を命じる。4～5京内で疫病流行。4道隆、関白を辞任し死去（四三歳）。右大臣道兼を関白とする。5関白道兼没（三五歳）。権大納言道長に内覧の職務を命じる。	
九九六	二			1伊周・隆家、花山法皇に矢を射かける。4伊周を大宰権帥、隆家を出雲権守に左遷する。7右大臣道長を左大臣とする。	
九九八	四			1天皇、円教寺を供養する。3左大臣道長、病気により辞表を提出、内覧の職務をとどめられる。	
九九九	長保元			11道長の娘彰子を女御とする。天皇第一皇子敦康親王（母中宮定子）誕生。	
一〇〇〇	二			2中宮定子を皇后、女御彰子を中宮とする。12皇后定子没（二五歳）。	
一〇〇一	三			⑫東三条院詮子没（四〇歳）。この年、『枕草子』成る。	
一〇〇二	四			12内侍所神楽を始める。	
一〇〇四	寛弘元			12行円、行願寺（革堂）を供養する。	遼と宋が講和（澶淵の盟）。
一〇〇七	四			8道長、金峯山に参詣し、経筒を埋納する。	
一〇〇八	五			2花山法皇没（四一歳）。9敦成親王（母中宮彰子）誕生。	
一〇〇九	六			11敦良親王（母中宮彰子）誕生。	
一〇一一	八	三条		6一条天皇譲位（九日後に三二歳で没）、三条天皇即位。敦成	

西暦	年号	天皇	摂関	国内事項	東アジア世界
				親王を皇太子とする。8藤原道長を内覧とする。10冷泉太上天皇没（六二歳）。	
一〇一二	長和元			2女御藤原妍子（道長の娘）を中宮とする。4女御藤原娍子（済時の娘）を皇后とする。7大江匡衡没（六一歳）。	
一〇一三	二			7禎子内親王（母中宮妍子）誕生。	宋で『冊府元亀』完成。
一〇一五	四			⑥三条天皇、眼病平癒の祈願のため、伊勢神宮に奉幣使派遣を計画（9月に実現）。10三条天皇、眼病のため、道長を准摂政とする。	
一〇一六	五	後一条	道長（摂政）	1三条天皇譲位、後一条天皇即位。藤原道長を摂政とし、敦明親王を皇太子とする。	
一〇一七	寛仁元		頼通（摂政）	3道長、摂政を辞し、内大臣藤原頼通を摂政とする。5三条法皇没（四二歳）。8敦明親王、皇太子を辞し、敦良親王を皇太子とする。敦明親王に小一条院の号を奉る。11天皇、賀茂社に行幸、山城国愛宕郡を寄進する。	
一〇一八	二			1後一条天皇元服（一一歳）、皇太后藤原彰子を太皇太后とする。3藤原威子（道長の娘）を女御とする。10中宮妍子を皇太后、女御威子を中宮とする（一家三后）。	
一〇一九	三		頼通（関白）	3藤原道長、出家。刀伊、対馬に来襲、ついで壱岐・筑前・肥前等を襲撃するも、大宰権帥藤原隆家らが、これを撃退する（刀伊の入寇）。12摂政頼通を関白とする。	
一〇二〇	四			3道長、無量寿院を供養する。	
一〇二一	治安元			7関白内大臣頼通を左大臣、大納言藤原実資を右大臣とする。10天皇、春日社に行幸、大和国添上郡を寄進する。	
一〇二二	二			7道長、法成寺金堂を供養する。	

一〇二四	万寿元			9天皇、頼通の高陽院に行幸、競馬を見る。	
一〇二五	二			8東宮敦良親王皇子親仁親王（母は道長の娘嬉子）誕生、ついで嬉子没（一九歳）。	
一〇二六	三			1太皇太后彰子、落飾して上東門院の女院号を賜る。	
一〇二七	四			9皇太后妍子没（三四歳）。12藤原道長没（六二歳）。藤原行成没（五六歳）。	
一〇二八	長元元			6前上総介平忠常、東国で反乱（平忠常の乱。一〇三一年に平定）。	
一〇三一	四			6伊勢神宮の託宣があり、斎宮頭を処罰し、神宮の禰宜等に加階する。8出雲杵築社（出雲大社）の神殿が倒壊、翌年9月その神託を詐称したとして出雲守を処罰する。	
一〇三四	七			7東宮第二皇子尊仁親王（母は禎子内親王）誕生。	
一〇三五	八			3延暦寺僧徒と園城寺僧徒が闘乱する。	
一〇三六	九	後朱雀	頼通（関白）	4後一条天皇没（二九歳）、後朱雀天皇即位。左大臣頼通を関白とする。9後一条天皇中宮威子没（三八歳）。	
一〇三七	長暦元			2禎子内親王を中宮とする。3中宮禎子内親王を皇后とし、嫄子女王（頼通養女）を中宮とする。8親仁親王を皇太子とする。	
一〇三八	長暦二				李元昊、西夏建国。
一〇三九	三			2延暦寺僧徒、天台座主の補任をめぐり、頼通の高倉第に強訴し、翌月高陽院に放火する。8中宮嫄子没（二四歳）。	
一〇四〇	長久元			6諸国に新立荘園の停止を命じる。	
一〇四五	寛徳二	後冷泉	頼通（関白）	1後朱雀天皇譲位（二日後に没、三七歳）、後冷泉天皇即位。尊仁親王を皇太子とする。左大臣頼通を関白とする。この年、諸国に新立荘園の停止を命じる。	
一〇四六	永承元			1右大臣藤原実資没（九〇歳）。7章子内親王（父後一条天	

西暦	年号	天皇	摂関	国内事項	東アジア世界
				皇、母中宮威子）を中宮とする。12興福寺、焼亡する。	
一〇四九	四			3後冷泉天皇の皇子（母は藤原教通の娘女御歓子）誕生、即日死去する。	
一〇五〇	五			12藤原寛子（頼通の娘）を女御とする。	
一〇五一	六			2女御寛子を皇后とする。この年、陸奥国で安倍頼良が反乱を起こし、前九年合戦始まる（一〇六二年平定）。	
一〇五二	七			3頼通、宇治平等院を供養する（翌年阿弥陀堂〈鳳凰堂〉を供養）。	
一〇五五	天喜三			3寛徳二年以後の新立荘園の停止を諸国に命じる。	
一〇六〇	康平三			7頼通、左大臣を辞し、右大臣教通を左大臣、内大臣頼宗を右大臣、権大納言師実（頼通の子）を内大臣とする。	欧陽脩ら『新唐書』編纂。
一〇六一	四			12頼通を太政大臣とする（翌年辞任）。	
一〇六七	治暦三			12頼通、関白を辞す。	
一〇六八	四		教通（関白）	4皇太后禎子内親王を太皇太后、中宮章子内親王を皇太后、皇后藤原寛子を中宮、女御藤原歓子を皇后とする。左大臣教通を関白とする。後冷泉天皇没（四四歳）、後三条天皇即位。	

代数	諡号・追号	名	父	母	在位期間
108	後水尾(ごみずのお)	政仁	後陽成	藤原前子	慶長16(1611) 3.27～寛永6(1629) 11.8
109	明正＊(めいしょう)	興子	後水尾	源和子	寛永6(1629) 11.8～寛永20(1643) 10.3
110	後光明(ごこうみょう)	紹仁	後水尾	藤原光子	寛永20(1643) 10.3～承応3(1654) 9.20
111	後西(ごさい)	良仁	後水尾	藤原隆子	承応3(1654) 11.28～寛文3(1663) 1.26
112	霊元(れいげん)	識仁	後水尾	藤原国子	寛文3(1663) 1.26～貞享4(1687) 3.21
113	東山(ひがしやま)	朝仁	霊元	藤原宗子	貞享4(1687) 3.21～宝永6(1709) 6.21
114	中御門(なかみかど)	慶仁	東山	藤原賀子	宝永6(1709) 6.21～享保20(1735) 3.21
115	桜町(さくらまち)	昭仁	中御門	藤原尚子	享保20(1735) 3.21～延享4(1747) 5.2
116	桃園(ももぞの)	遐仁	桜町	藤原定子	延享4(1747) 5.2～宝暦12(1762) 7.12
117	後桜町＊(ごさくらまち)	智子	桜町	藤原舎子	宝暦12(1762) 7.27～明和7(1770) 11.24
118	後桃園(ごももぞの)	英仁	桃園	藤原富子	明和7(1770) 11.24～安永8(1779) 10.29
119	光格(こうかく)	師仁・兼仁	典仁親王	大江磐代	安永8(1779) 11.25～文化14(1817) 3.22
120	仁孝(にんこう)	恵仁	光格	藤原婧子	文化14(1817) 3.22～弘化3(1846) 1.26
121	孝明(こうめい)	統仁	仁孝	藤原雅子	弘化3(1846) 2.13～慶応2(1866) 12.25
122	明治(めいじ)	睦仁	孝明	中山慶子	慶応3(1867) 1.9～明治45(1912) 7.30
123	大正(たいしょう)	嘉仁	明治	柳原愛子	明治45(1912)7.30～大正15(1926)12.25
124	昭和(しょうわ)	裕仁	大正	九条節子	大正15(1926) 12.25～昭和64(1989) 1.7
125	(上皇)	明仁	昭和	良子女王	昭和64(1989) 1.7～平成31(2019) 4.30
126	(今上)	徳仁	明仁	正田美智子	令和1(2019) 5.1～

代数	諡号・追号	名	父	母	在位期間
85	仲恭（ちゅうきょう）	懐成	順徳	藤原立子	承久3(1221) 4.20～承久3(1221) 7.9
86	後堀河（ごほりかわ）	茂仁	守貞親王	藤原陳子	承久3(1221) 7.9～貞永1(1232) 10.4
87	四条（しじょう）	秀仁	後堀河	藤原竴子	貞永1(1232) 10.4～仁治3(1242) 1.9
88	後嵯峨（ごさが）	邦仁	土御門	源通子	仁治3(1242) 1.20～寛元4(1246) 1.29
89	後深草（ごふかくさ）	久仁	後嵯峨	藤原姞子	寛元4(1246) 1.29～正元1(1259) 11.26
90	亀山（かめやま）	恒仁	後嵯峨	藤原姞子	正元1(1259) 11.26～文永11(1274) 1.26
91	後宇多（ごうだ）	世仁	亀山	藤原佶子	文永11(1274) 1.26～弘安10(1287) 10.21
92	伏見（ふしみ）	熙仁	後深草	藤原愔子	弘安10(1287) 10.21～永仁6(1298) 7.22
93	後伏見（ごふしみ）	胤仁	伏見	藤原経子	永仁6(1298) 7.22～正安3(1301) 1.21
94	後二条（ごにじょう）	邦治	後宇多	源基子	正安3(1301) 1.21～徳治3(1308) 8.25
95	花園（はなぞの）	富仁	伏見	藤原季子	徳治3(1308) 8.26～文保2(1318) 2.26
96	後醍醐（ごだいご）	尊治	後宇多	藤原忠子	文保2(1318) 2.26～延元4(1339) 8.15
97	後村上（ごむらかみ）	憲良・義良	後醍醐	藤原廉子	延元4(1339) 8.15～正平23(1368) 3.11
98	長慶（ちょうけい）	寛成	後村上	藤原氏	正平23(1368) 3～弘和3(1383) 10以後
99	後亀山（ごかめやま）	熙成	後村上	藤原氏	弘和3(1383) 10.27以後～元中9(1392) 閏10.5
北朝	光厳（こうごん）	量仁	後伏見	藤原寧子	元徳3(1331) 9.20～正慶2(1333) 5.25
北朝	光明（こうみょう）	豊仁	後伏見	藤原寧子	建武3(1336) 8.15～貞和4(1348) 10.27
北朝	崇光（すこう）	益仁・興仁	光厳	藤原秀子	貞和4(1348) 10.27～観応2(1351) 11.7
北朝	後光厳（ごこうごん）	弥仁	光厳	藤原秀子	観応3(1352) 8.17～応安4(1371) 3.23
北朝	後円融（ごえんゆう）	緒仁	後光厳	紀仲子	応安4(1371) 3.23～永徳2(1382) 4.11
100	後小松（ごこまつ）	幹仁	後円融	藤原厳子	永徳2(1382) 4.11～応永19(1412) 8.29
101	称光（しょうこう）	躬仁・実仁	後小松	藤原資子	応永19(1412) 8.29～正長1(1428) 7.20
102	後花園（ごはなぞの）	彦仁	貞成親王	源幸子	正長1(1428) 7.28～寛正5(1464) 7.19
103	後土御門（ごつちみかど）	成仁	後花園	藤原信子	寛正5(1464) 7.19～明応9(1500) 9.28
104	後柏原（ごかしわばら）	勝仁	後土御門	源朝子	明応9(1500) 10.25～大永6(1526) 4.7
105	後奈良（ごなら）	知仁	後柏原	藤原藤子	大永6(1526) 4.29～弘治3(1557) 9.5
106	正親町（おおぎまち）	方仁	後奈良	藤原栄子	弘治3(1557) 10.27～天正14(1586) 11.7
107	後陽成（ごようぜい）	和仁・周仁	誠仁親王	藤原晴子	天正14(1586) 11.7～慶長16(1611) 3.27

代数	諡号・追号	名	父	母	在位期間
57	陽成（ようぜい）	貞明	清和	藤原高子	貞観18(876) 11.29～元慶8(884) 2.4
58	光孝（こうこう）	時康	仁明	藤原沢子	元慶8(884) 2.4～仁和3(887) 8.26
59	宇多（うだ）	定省	光孝	班子女王	仁和3(887) 8.26～寛平9(897) 7.3
60	醍醐（だいご）	維城・敦仁	宇多	藤原胤子	寛平9(897) 7.3～延長8(930) 9.22
61	朱雀（すざく）	寛明	醍醐	藤原穏子	延長8(930) 9.22～天慶9(946) 4.20
62	村上（むらかみ）	成明	醍醐	藤原穏子	天慶9(946) 4.20～康保4(967) 5.25
63	冷泉（れいぜい）	憲平	村上	藤原安子	康保4(967) 5.25～安和2(969) 8.13
64	円融（えんゆう）	守平	村上	藤原安子	安和2(969) 8.13～永観2(984) 8.27
65	花山（かざん）	師貞	冷泉	藤原懐子	永観2(984) 8.27～寛和2(986) 6.23
66	一条（いちじょう）	懐仁	円融	藤原詮子	寛和2(986) 6.23～寛弘8(1011) 6.13
67	三条（さんじょう）	居貞	冷泉	藤原超子	寛弘8(1011) 6.13～長和5(1016) 1.29
68	後一条（ごいちじょう）	敦成	一条	藤原彰子	長和5(1016) 1.29～長元9(1036) 4.17
69	後朱雀（ごすざく）	敦良	一条	藤原彰子	長元9 (1036) 4.17～寛徳2(1045) 1.16
70	後冷泉（ごれいぜい）	親仁	後朱雀	藤原嬉子	寛徳2(1045) 1.16～治暦4(1068) 4.19
71	後三条（ごさんじょう）	尊仁	後朱雀	禎子内親王	治暦4(1068) 4.19～延久4(1072) 12.8
72	白河（しらかわ）	貞仁	後三条	藤原茂子	延久4(1072) 12.8～応徳3(1086) 11.26
73	堀河（ほりかわ）	善仁	白河	藤原賢子	応徳3(1086) 11.26～嘉承2(1107) 7.19
74	鳥羽（とば）	宗仁	堀河	藤原苡子	嘉承2(1107) 7.19～保安4(1123) 1.28
75	崇徳（すとく）	顕仁	鳥羽	藤原璋子	保安4(1123) 1.28～永治1(1141) 12.7
76	近衛（このえ）	体仁	鳥羽	藤原得子	永治1(1141) 12.7～久寿2(1155) 7.23
77	後白河（ごしらかわ）	雅仁	鳥羽	藤原璋子	久寿2(1155) 7.24～保元3(1158) 8.11
78	二条（にじょう）	守仁	後白河	藤原懿子	保元3(1158) 8.11～永万1(1165) 6.25
79	六条（ろくじょう）	順仁	二条	伊岐氏	永万1(1165) 6.25～仁安3(1168) 2.19
80	高倉（たかくら）	憲仁	後白河	平滋子	仁安3(1168) 2.19～治承4(1180) 2.21
81	安徳（あんとく）	言仁	高倉	平徳子	治承4(1180) 2.21～寿永4(1185) 3.24
82	後鳥羽（ごとば）	尊成	高倉	藤原殖子	寿永2(1183) 8.20～建久9(1198) 1.11
83	土御門（つちみかど）	為仁	後鳥羽	源在子	建久9(1198) 1.11～承元4(1210) 11.25
84	順徳（じゅんとく）	守成	後鳥羽	藤原重子	承元4(1210) 11.25～承久3(1221) 4.20

歴代天皇表②　在位欄は文武、桓武～昭和は践祚の年月日を起点とする　　＊=女帝

代数	諡号・追号	名	父	母	在位期間
29	欽明(きんめい)	(天国排開広庭)	継体	手白香皇女	宣化4(539) 12.5～欽明32(571) 4.15
30	敏達(びだつ)	(渟中倉太珠敷)	欽明	石姫皇女	敏達1(572) 4.3～敏達14(585) 8.15
31	用明(ようめい)	(橘豊日)	欽明	蘇我堅塩媛	敏達14(585) 9.5～用明2(587) 4.9
32	崇峻(すしゅん)	泊瀬部	欽明	蘇我小姉君	用明2(587) 8.2～崇峻5(592) 11.3
33	推古＊(すいこ)	額田部	欽明	蘇我堅塩媛	崇峻5(592) 12.8～推古36(628) 3.7
34	舒明(じょめい)	田村	押坂彦人大兄皇子	糠手姫皇女	舒明1(629) 1.4～舒明13(641) 10.9
35	皇極＊(こうぎょく)	宝	茅渟王	吉備姫王	皇極1(642) 1.15～皇極4(645) 6.14
36	孝徳(こうとく)	軽	茅渟王	吉備姫王	皇極4(645) 6.14～白雉5(654) 10.10
37	斉明＊(さいめい)	(皇極重祚)			斉明1(655) 1.3～斉明7(661) 7.24
38	天智(てんじ)	葛城・中大兄	舒明	宝皇女(皇極)	天智7(668) 1.3～天智10(671) 12.3
39	弘文(こうぶん)	伊賀・大友	天智	伊賀采女宅子娘	天智10(671) 12.5～天武1(672) 7.23
40	天武(てんむ)	大海人	舒明	宝皇女(皇極)	天武2(673) 2.27～朱鳥1(686) 9.9
41	持統＊(じとう)	鸕野讃良	天智	蘇我遠智娘	持統4(690) 1.1～持統11(697) 8.1
42	文武(もんむ)	珂瑠	草壁皇子	阿閇皇女(元明)	文武1(697) 8.1～慶雲4(707) 6.15
43	元明＊(げんめい)	阿閇	天智	蘇我姪娘	慶雲4(707) 7.17～和銅8(715) 9.2
44	元正＊(げんしょう)	氷高・新家	草壁皇子	阿閇皇女(元明)	霊亀1(715) 9.2～養老8(724) 2.4
45	聖武(しょうむ)	首	文武	藤原宮子	神亀1(724) 2.4～天平勝宝1(749) 7.2
46	孝謙＊(こうけん)	阿倍	聖武	藤原安宿媛	天平勝宝1(749) 7.2～天平宝字2(758) 8.1
47	淳仁(じゅんにん)	大炊	舎人親王	当麻山背	天平宝字2(758) 8.1～天平宝字8(764) 10.9
48	称徳＊(しょうとく)	(孝謙重祚)			天平宝字8(764) 10.9～神護景雲4(770) 8.4
49	光仁(こうにん)	白壁	施基親王	紀橡姫	宝亀1(770) 10.1～天応1(781) 4.3
50	桓武(かんむ)	山部	光仁	高野新笠	天応1(781) 4.3～延暦25(806) 3.17
51	平城(へいぜい)	小殿・安殿	桓武	藤原乙牟漏	延暦25(806) 3.17～大同4(809) 4.1
52	嵯峨(さが)	神野	桓武	藤原乙牟漏	大同4(809) 4.1～弘仁14(823) 4.16
53	淳和(じゅんな)	大伴	桓武	藤原旅子	弘仁14(823) 4.16～天長10(833) 2.28
54	仁明(にんみょう)	正良	嵯峨	橘嘉智子	天長10(833) 2.28～嘉祥3(850) 3.21
55	文徳(もんとく)	道康	仁明	藤原順子	嘉祥3(850) 3.21～天安2(858) 8.27
56	清和(せいわ)	惟仁	文徳	藤原明子	天安2(858) 8.27～貞観18(876) 11.29

歴代天皇表①

代数	漢風諡号	日本書紀	古事記	父	母
1	神武（じんむ）	神日本磐余彦（カムヤマトイハレヒコ）	神倭伊波礼毗古	鸕鷀草葺不合尊	玉依姫命
2	綏靖（すいぜい）	神渟名川耳（カムヌナカハミミ）	神沼河耳	神武	媛蹈鞴五十鈴媛命
3	安寧（あんねい）	磯城津彦玉手看（シキツヒコタマテミ）	師木津日子玉手見	綏靖	五十鈴依媛命
4	懿徳（いとく）	大日本彦耜友（オホヤマトヒコスキトモ）	大倭日子鉏友	安寧	渟名底仲媛命
5	孝昭（こうしょう）	観松彦香殖稲（ミマツヒコカエシネ）	御真津日子訶恵志泥	懿徳	天豊津媛命
6	孝安（こうあん）	日本足彦国押人（ヤマトタラシヒコクニオシヒト）	大倭帯日子国押人	孝昭	世襲足媛
7	孝霊（こうれい）	大日本根子彦太瓊（オホヤマトネコヒコフトニ）	大倭根子日子賦斗邇	孝安	押媛
8	孝元（こうげん）	大日本根子彦国牽（オホヤマトネコヒコクニクル）	大倭根子日子国玖琉	孝霊	細媛命
9	開化（かいか）	稚日本根子彦大日日（ワカヤマトネコヒコオホヒヒ）	若倭根子日子大毗毗	孝元	鬱色謎命
10	崇神（すじん）	御間城入彦五十瓊殖（ミマキイリヒコイニヱ）	御真木入日子印恵	開化	伊香色謎命
11	垂仁（すいにん）	活目入彦五十狭茅（イクメイリヒコイサチ）	伊久米伊理毗古伊佐知	崇神	御間城姫
12	景行（けいこう）	大足彦忍代別（オホタラシヒコオシロワケ）	大帯日子淤斯呂和気	垂仁	日葉洲媛命
13	成務（せいむ）	稚足彦（ワカタラシヒコ）	若帯日子	景行	八坂入姫命
14	仲哀（ちゅうあい）	足仲彦（タラシナカツヒコ）	帯中日子	日本武尊	両道入姫命
15	応神（おうじん）	誉田（ホムタ）	品陀和気	仲哀	気長足姫尊
16	仁徳（にんとく）	大鷦鷯（オホサザキ）	大雀	応神	仲姫命
17	履中（りちゅう）	去来穂別（イザホワケ）	伊耶本和気	仁徳	磐之媛命
18	反正（はんぜい）	瑞歯別（ミツハワケ）	水歯別	仁徳	磐之媛命
19	允恭（いんぎょう）	雄朝津間稚子宿禰（ヲアサヅマワクゴノスクネ）	男浅津間若子宿禰	仁徳	磐之媛命
20	安康（あんこう）	穴穂（アナホ）	穴穂	允恭	忍坂大中姫命
21	雄略（ゆうりゃく）	大泊瀬幼武（オホハツセノワカタケル）	大長谷若建	允恭	忍坂大中姫命
22	清寧（せいねい）	白髪武広国押稚日本根子（シラカノタケヒロクニオシワカヤマトネコ）	白髪大倭根子	雄略	葛城韓媛
23	顕宗（けんぞう）	弘計（ヲケ）	袁祁之石巣別	市辺押磐皇子	荑媛
24	仁賢（にんけん）	億計（オケ）	意祁	市辺押磐皇子	荑媛
25	武烈（ぶれつ）	小泊瀬稚鷦鷯（ヲハツセノワカサザキ）	小長谷若雀	仁賢	春日大娘皇女
26	継体（けいたい）	男大迹（ヲホド）	袁本杼	彦主人王	振媛
27	安閑（あんかん）	広国押武金日（ヒロクニオシタケカナヒ）	広国押建金日	継体	目子媛
28	宣化（せんか）	武小広国押盾（タケヲヒロクニオシタテ）	建小広国押楯	継体	目子媛

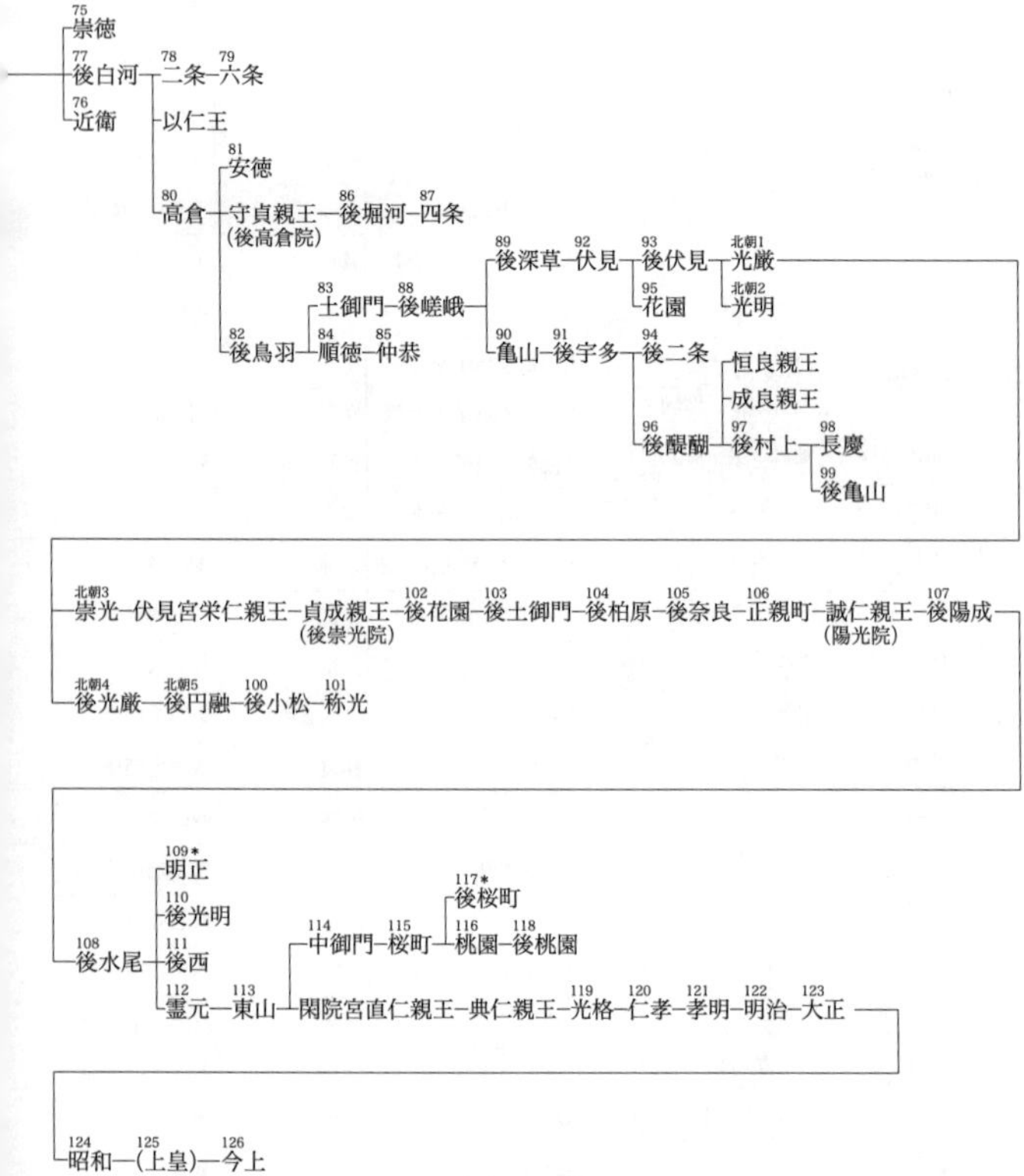

数字は『皇統譜』による代数。

＊は女帝を示す。なお、皇極・斉明、孝謙・称徳は重祚。

天皇系図

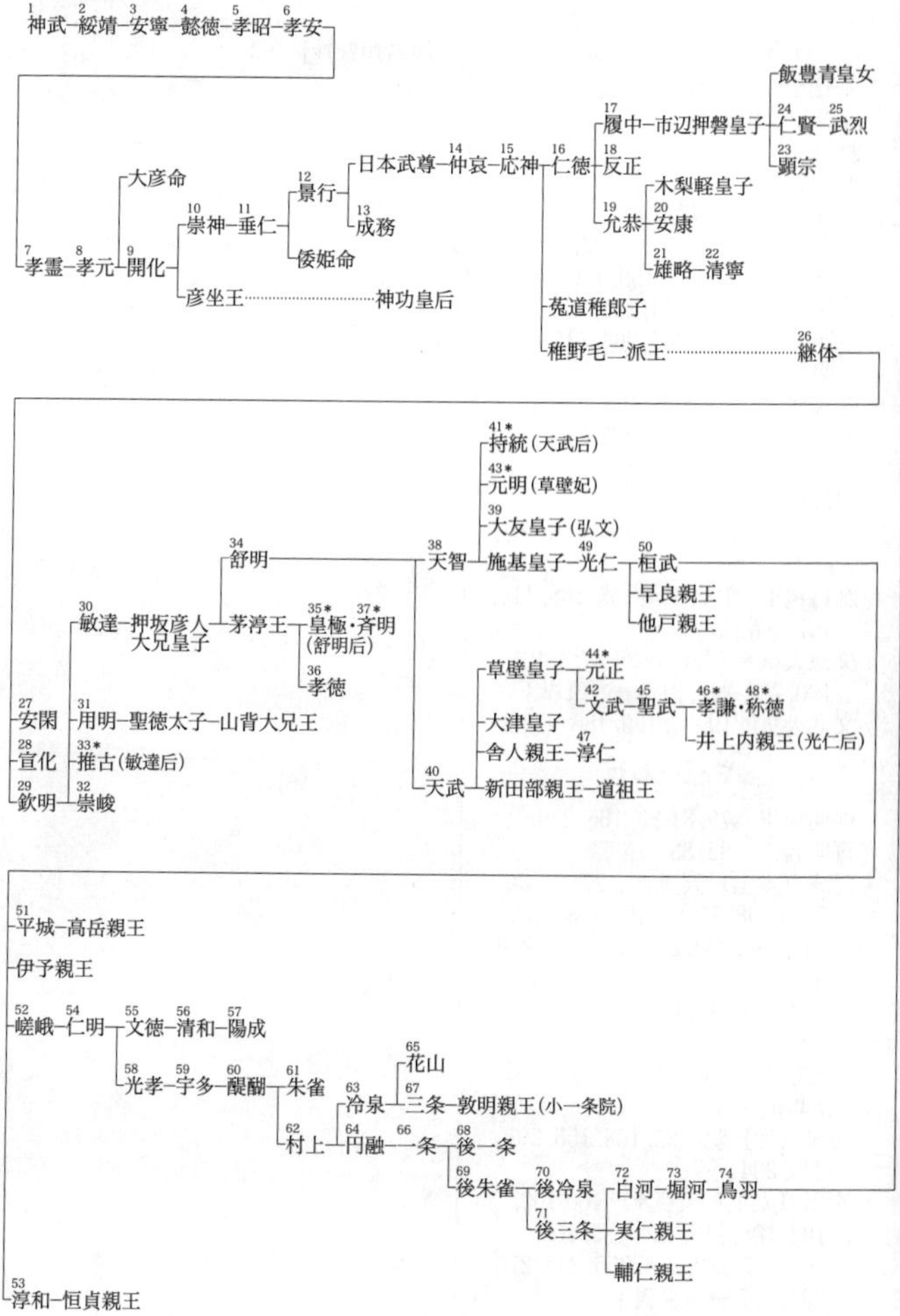
1 神武
2 綏靖
3 安寧
4 懿徳
5 孝昭
6 孝安
7 孝霊
8 孝元
大彦命
9 開化
10 崇神
11 垂仁
彦坐王
神功皇后
12 景行
倭姫命
日本武尊
13 成務
14 仲哀
15 応神
16 仁徳
菟道稚郎子
稚野毛二派王
17 履中
18 反正
19 允恭
市辺押磐皇子
飯豊青皇女
24 仁賢
25 武烈
23 顕宗
木梨軽皇子
20 安康
21 雄略
22 清寧
26 継体
27 安閑
28 宣化
29 欽明
30 敏達
押坂彦人大兄皇子
31 用明
聖徳太子
山背大兄王
33* 推古(敏達后)
32 崇峻
34 舒明
茅渟王
35* 皇極・37* 斉明(舒明后)
36 孝徳
38 天智
41* 持統(天武后)
43* 元明(草壁妃)
39 大友皇子(弘文)
施基皇子
49 光仁
50 桓武
早良親王
他戸親王
40 天武
草壁皇子
44* 元正
42 文武
45 聖武
46* 孝謙・48* 称徳
井上内親王(光仁后)
大津皇子
舎人親王
47 淳仁
新田部親王
道祖王
51 平城
高岳親王
伊予親王
52 嵯峨
54 仁明
55 文徳
56 清和
57 陽成
58 光孝
59 宇多
60 醍醐
61 朱雀
62 村上
63 冷泉
65 花山
67 三条
敦明親王(小一条院)
64 円融
66 一条
68 後一条
69 後朱雀
70 後冷泉
71 後三条
72 白河
73 堀河
74 鳥羽
実仁親王
輔仁親王
53 淳和
恒貞親王

や・ら・わ行

ま行

な行

は行

た行

さ行

索 引

＊を付した人名は、巻末の「主要人物略伝」に項目がある。

あ行

か行

KODANSHA

本書の原本は、二〇一一年二月、小社より刊行されました。

佐々木恵介（ささき　けいすけ）

1956年生まれ。東京大学大学院人文科学研究科博士課程単位取得退学。現在，聖心女子大学教授。専攻は日本古代史。主な著書に『受領と地方社会』『日本古代の歴史4　平安京の時代』『新日本古典文学大系　続日本紀』（共著）『御堂関白記全註釈』（共著），主な論文に「9-10世紀の日本―平安京」（共著），「古代における任官結果の伝達について」など。

講談社学術文庫

定価はカバーに表示してあります。

天皇の歴史3

天皇《てんのう》と摂政《せっしょう》・関白《かんぱく》

佐《さ》々《さ》木《き》恵介《けいすけ》

2018年2月9日　第1刷発行
2023年6月27日　第3刷発行

発行者　鈴木章一
発行所　株式会社講談社
東京都文京区音羽2-12-21 〒112-8001
電話　編集（03）5395-3512
販売（03）5395-4415
業務（03）5395-3615
装　幀　蟹江征治
印　刷　株式会社新藤慶昌堂
製　本　株式会社国宝社

ISBN978-4-06-292483-2

「講談社学術文庫」の刊行に当たって

これは、学術をポケットに入れることをモットーとして生まれた文庫である。学術は少年の心を養い、成年の心を満たす。その学術がポケットにはいる形で、万人のものになることは、生涯教育をうたう現代の理想である。

こうした考え方は、学術を巨大な城のように見る世間の常識に反するかもしれない。また、一部の人たちからは、学術の権威をおとすものと非難されるかもしれない。しかし、それはいずれも学術の新しい在り方を解しないものといわざるをえない。

学術は、まず魔術への挑戦から始まった。やがて、いわゆる常識をつぎつぎに改めていった。学術の権威は、幾百年、幾千年にわたる、苦しい戦いの成果である。こうしてきずきあげられた城が、一見して近づきがたいものにうつるのは、そのためである。しかし、学術の権威を、その形の上だけで判断してはならない。その生成のあとをかえりみれば、その根は常に人々の生活の中にあった。学術が大きな力たりうるのはそのためであって、生活をはなれた学術は、どこにもない。

開かれた社会といわれる現代にとって、これはまったく自明である。生活と学術との間に、もし距離があるとすれば、何をおいてもこれを埋めねばならない。もしこの距離が形の上の迷信からきているとすれば、その迷信をうち破らねばならぬ。

学術文庫は、内外の迷信を打破し、学術のために新しい天地をひらく意図をもって生まれた。文庫という小さい形と、学術という壮大な城とが、完全に両立するためには、なおいくらかの時を必要とするであろう。しかし、学術をポケットにした社会が、人間の生活にとってより豊かな社会であることは、たしかである。そうした社会の実現のために、文庫の世界に新しいジャンルを加えることができれば幸いである。

一九七六年六月

野間省一

日本の歴史・地理

畑井　弘著
物部氏の伝承
大和朝廷で軍事的な職掌を担っていたとされる物部氏。既存の古代史観に疑問をもつ著者が、記紀の伝承や物部氏の系譜を丹念にたどり、朝鮮語を手がかりに一族の謎に包まれた実像の解読を試みた独自の論考。
1865

E・B・スレッジ著／伊藤　真・曽田和子訳（解説・保阪正康）
ペリリュー・沖縄戦記
「最も困難を極めた上陸作戦」と言われたペリリュー戦。泥と炎にまみれた沖縄戦。二つの最激戦地で米海兵隊の一歩兵が体験した戦争の現実とは。夥しい生命を奪い、人間性を破壊する戦争の悲惨を克明に綴る。
1885

酒井シヅ著
病が語る日本史
古来、日本人はいかに病気と闘ってきたか。糖尿病に苦しんだ道長、ガンと闘った信玄や家康。漱石や古文書は何を語るのか。病という視点を軸に、歴史上の人物の逸話を交えて日本を通覧する、病気の文化史。
1886

網野善彦著（解説・大津　透）
日本の歴史00　「日本」とは何か
柔軟な発想と深い学識に支えられた網野史学の集大成。列島社会の成り立ちに関する常識や通説を覆し、日本のカタチを新たに描き切って反響を呼び起こした力作。本格的通史の劈頭、マニフェストたる一冊。
1900

岡村道雄著
日本の歴史01　縄文の生活誌
旧石器時代人の遊動生活から縄文人の定住生活へ。日本文化の基層を成した、自然の恵みとともにあった豊かな生活、そして生と死の実態を最新の発掘や研究の成果から活写。従来の古代観を一変させる考古の探究。
1901

寺沢　薫著
日本の歴史02　王権誕生
巨大墳丘墓、銅鐸のマツリ、その役割と意味とは？　稲作伝来、そしてムラからクニ・国へと変貌していく弥生・古墳時代の実態と、王権誕生・確立へのダイナミックな歴史のうねり、列島最大のドラマを描く。
1902

日本の歴史・地理

熊谷公男著
日本の歴史03
大王《おおきみ》から天皇へ

王から神への飛躍はいかにしてなされたのか？　なぜ天下を治める「大王」たちは朝鮮半島・大陸との貪欲な関係を持ったのか？　仏教伝来、大化改新、壬申の乱……。試練が体制を強化し、「日本」が誕生した。

1903

渡辺晃宏著
日本の歴史04
平城京と木簡の世紀

日本が国家として成る奈良時代。大宝律令の制定、和同開珎の鋳造、遣唐使、平城宮遷都、東大寺大仏の建立……。木簡、発掘成果、文献史料を駆使して、日本型律令制成立への試行錯誤の百年を精密に読み直す。

1904

坂上康俊著
日本の歴史05
律令国家の転換と「日本」

藤原氏北家による摂関制度、伝統的郡司層の没落と国司長官の受領化――。律令国家の誕生から百年、国家体制は変容する。奈良末期〜平安初期に展開した「古代の終わりの始まり」＝古代社会の再編を精緻に描く。

1905

大津　透著
日本の歴史06
道長と宮廷社会

平安時代中期、『源氏物語』などの古典はどうして生まれたのか。藤原道長はどのように権力を掌握したのか。貴族の日記や古文書の精緻な読解により宮廷を支えた国家システムを解明、貴族政治の合理性に迫る。

1906

下向井龍彦著
日本の歴史07
武士の成長と院政

律令国家から王朝国家への転換期、武装蜂起の鎮圧にあたる戦士として登場した武士。源氏と平氏の拮抗を演出し、強権を揮う「院」たち。権力闘争の軍事的決着に関与する武士は、いかに政権掌握に至ったのか。

1907

大津　透／大隅清陽／関　和彦／熊田亮介／丸山裕美子／上島　享／米谷匡史著
日本の歴史08
古代天皇制を考える

古代天皇の権力をはぐくみ、その権威を支えたものは何か。天皇以前＝大王の時代から貴族社会の成立、院政期までを視野に入れ、七人の研究者が、朝廷儀礼、天皇祭祀、文献史料の解読等からその実態に迫る。

1908

日本の歴史・地理

山本幸司著
日本の歴史09
頼朝の天下草創

幕府を開いた頼朝はなぜ政権を掌握できたのか。古代から中世へ、京都から東国へ、貴族から武士へ。幕府の職制、東国武士の特性、全国支配の地歩を固めた北条氏の功績など、歴史の大転換点の時代像を描く。

1909

筧《かけひ》　雅博著
日本の歴史10
蒙古襲来と徳政令

二度の蒙古来襲を乗り切った鎌倉幕府は、なぜ「極盛期」に崩壊したのか？　徳政令は衰退の兆しを示すものなのか。「御謀反」を企てた後醍醐天皇の確信とは——。鎌倉後期の時代像を塗り替える、画期的論考。

1910

新田一郎著
日本の歴史11
太平記の時代

後醍醐の践祚、廃位、配流、そして建武政権樹立。足利氏との角逐、分裂した皇統。武家の権能が拡大し、構造的な変化を遂げた、動乱の十四世紀。南北朝とはいかなる時代だったのか。その時代相を解析する。

1911

桜井英治著
日本の歴史12
室町人の精神

三代将軍足利義満の治世から応仁・文明の乱にかけての財政、相続、贈与、儀礼のしくみを精緻に解明し、幕府の権力構造に迫る。中世の黄昏、無為と恐怖と酔狂に彩られた混沌の時代を人々はどのように生きたのか？

1912

久留島典子著
日本の歴史13
一揆と戦国大名

室町幕府の権威失墜、荘園公領制の変質で集権的性格が薄れる中世社会。民衆はどのように自立性を強めていったのか。守護や国人はいかにして戦国大名に成長したのか。史上最も激しく社会が動いた時代を分析。

1913

大石直正／高良倉吉／高橋公明著
日本の歴史14
周縁から見た中世日本

国家の求心力が弱かった十二～十五世紀、列島「周縁部」としての津軽・十三湊、琉球王国、南西諸島では交易を基盤とした自立的な権力が形成された。京都中心の国家の枠を越えた、もう一つの中世史を追究。

1914

《講談社学術文庫　既刊より》

天皇と日本史を問い直す、新視点の画期的シリーズ

学術文庫版

天皇の歴史 全10巻

【編集委員】大津透 河内祥輔 藤井譲治 藤田覚

① **神話から歴史へ**
大津 透

② **聖武天皇と仏都平城京**
吉川真司

③ **天皇と摂政・関白**
佐々木恵介

④ **天皇と中世の武家**
河内祥輔・新田一郎

⑤ **天皇と天下人**
藤井譲治

⑥ **江戸時代の天皇**
藤田 覚

⑦ **明治天皇の大日本帝国**
西川 誠

⑧ **昭和天皇と戦争の世紀**
加藤陽子

⑨ **天皇と宗教**
小倉慈司・山口輝臣

⑩ **天皇と芸能**
渡部泰明・阿部泰郎・鈴木健一・松澤克行